体育授業を観察評価する

授業改善のためのオーセンティック・アセスメント

高橋 健夫 編著

明和出版

まえがき

■体育のオーセンティック・アセスメント

オーセンティック・アセスメントという言葉が盛んに使われるようになった。とくに外国の教育学や体育教育学の文献には必ずといってよいほど登場する。オーセンティック・アセスメントというのは,「真の評価」「信頼できる評価」といった意味がある。なぜこの言葉が頻繁に用いられるようになったのか。教育に対する厳しい財政事情を反映して教育のアカウンタビリティー(説明責任)が問われ,各科教育の目標・計画に対応した授業成果を明確に提示することが求められたためである。説明責任が果たせない教科は授業時間が削減されるか,選択教科となるか,あるいは学校から排除されるか,そのいずれかである。わが国においても,すでに教科間のサバイバル戦争が始まっており,体育科においてもその説明責任が厳しく問われている。

■アセスメントによる体育授業改善

「体育は健康・体力の向上を図るうえで不可欠だ」「スポーツの楽しさを味わわせ生涯スポーツを実現する」「スポーツの行為能力を育成する」等々と理想を語るだけでは許されない。そのような理想を行動目標やアクションプランとして具体化し,実践を行い,そして目標の実現度をオーセンティックに評価し,授業成果の証を示す必要がある。このようにして授業評価を行うことは,体育科の存在根拠を確かなものにしていくうえで,同時に体育授業改善を図っていくうえで不可欠な営みである。授業成果に照らして,授業の目標・内容・方法を反省し,修正をくわえ,継続的に授業を改善していく必要がある。「言いっ放し,やりっ放しの教育・体育」という声が聞かれるが,そのような謗りを払拭すべき時期にある。

■多様な体育授業観察評価法の提供

本書は,体育授業に対するオーセンティック・アセスメントを実行するための方法(instrument)を提供する。授業の目的に対応して異なった評価法が必要になるが,本書では,20余年にわたって私たちが開発してきたさまざまな観察評価法を紹介する。授業研究の目的に応じて最適な方法を選択いただきたい。また,授業研究の目的に応じて,ここで提供した観察評価法に修正をくわえて適用していただくのもよいだろう。

■現職の先生や将来の先生に不可欠な道具

小・中・高校の体育授業を実践する先生方に本書を活用していただき,体育授業改善に直接役立てていただきたい。また,教員養成系大学・学部の教科教育法に関連する授業科目で利用し,学生の教授技能の育成に役立てていただきたい。くわえて,各県の教育センターで行われている現職教育にも活かしていただきたい。本書で紹介する授業観察評価法は,授業改善や教授技能の向上に役立つはずである。

■本書の構成

序章では,体育授業を観察評価することの意義が説かれる。また,これまでの授業研究を通して明らかにされてきた「よい体育授業」の特徴を，「学習の勢い」と「学習の雰囲気」の２つの側面から説明している。くわえて，これらの特徴を意図的に生み出す指導方略について言及している。授業改善にすぐに役立つ指導方略である。

Ⅰ章では，まず，すべての体育授業に適用できる「診断的・総括的評価法」および「形成的評価法」が解説される。いずれも数多くの授業と子どもたちを対象に調査を行い，その結果にもとづいて標準化された体育授業診断法である。このような一般的な授業評価法にくわえて，「仲間づくりの評価法」や「ダンスの授業評価法」など，特殊な評価法が紹介される。さらに，授業を観察した者が授業の善し悪しを主観的に評価する「観察者の授業観察評価法」が紹介される。いずれの評価法も実に簡便でありながら，授業研究に有効な道具である。

Ⅱ章では，体育授業を組織的に観察するための方法が紹介される。組織的観察法は，研究の目的に応じて多様な道具が開発されてきたが，ここでは教科教育法の授業や教育現場で利用することを前提にして，複雑な観察法は排除し，観察や分析が比較的容易にできるものに限って取り上げた。とくに，よい体育授業の特徴である「学習の勢い」や「学習の雰囲気」の観察に焦点をおき，「体育授業場面の期間記録」「学習従事量の観察」「人間関係行動・情意行動観察法」「教師の相互作用行動観察法」について解説した。

Ⅲ章では，ゲーム分析に焦点を当てた。近年，ゲーム教材の学習内容として「ボールを持たない動き方」に関心が寄せられているが，この章では，ボールを持たない動き方や戦術的行動に目を向け，それらの学習成果を評価する観察分析法を取り上げた。また，ボール運動の学習成果を評価する方法として，認識テストが不可欠と考えたことから，バスケットボールの「戦術理解テスト」を例示した。

Ⅳ章では，体育授業に関わった質的授業分析法を紹介した。わが国では未だ本格的な質的研究が行われていないため，外国での典型的な質的授業研究例を取り上げ，紹介した。また，ナラティブ分析による研究例と教師の矯正的フィードバックを状況関連的に分析する方法についても取り上げた。

Ⅴ章では，観察法や評価法を適用して行われた授業研究例を掲載した。さまざまな運動種目に関わった授業研究例が掲載されているので，現場での授業研究に手がかりを与えることであろう。また，大学での模擬授業や教育実習をいかに研究的に進めるかが重要な課題になっているため，筑波大学と愛媛大学の模擬授業の進め方や授業観察の方法についても解説した。

Ⅵ章は，本書の各章で解説された観察・評価法の調査票や観察記録シートを掲載した。授業研究に際してそのまま利用できるようになっている。おそらく，これらの資料は頻繁に活用されることになろう。活用のしかたがわからなければ，その資料に対応したⅠからⅢ章の各節に戻って「解説」を読み直していただきたい。

本書を活用して体育授業研究が積極的に展開されることを願っている。これによって体育授業が改善されるとともに，体育科の存在価値がより向上することを期待したい。

最後に，本書の出版を快く引き受けていただき，編集の労をいただいた明和出版の和田義智氏に衷心より感謝したい。

2003 年 盛夏

編著者 筑波大学教授　高橋健夫

●体育授業を観察評価する・目次●

まえがき

序章　体育授業を観察評価する――――――――――――1

Ⅰ章　体育授業を主観的に評価する――――――――――――7

1　体育授業を診断的・総括的に評価する········8

2　体育授業を形成的に評価する········12

3　仲間づくりの成果を評価する········16

4　ダンス（表現運動）の授業を評価する········20

5　学級集団意識を調査する········24

6　子どもの有能感の変化をみる········27

7　観察者が体育授業を主観的に評価する········31

Ⅱ章　体育授業を組織的に観察する――――――――――――35

8　体育授業場面を観察記録する········36

9　授業の勢いを観察する········40

10　授業の雰囲気を観察する········45

11　教師の相互作用行動を観察する········49

12　教師のフィードバック行動を観察する········53

Ⅲ章　ゲームを分析する――――――――――――57

13　ゲームを観察記録する········58

14　ゲームパフォーマンスを分析する········62

15　戦術の理解度テストの作成方法········66

Ⅳ章　体育授業を質的に分析する――――――――――――69

16　質的分析：外国の分析例 1········70

17　質的分析：外国の分析例 2········73

18　ナラティブ分析の事例········78

19　矯正的フィードバックの状況関連的分析········83

20　小学校体育授業の質的研究の試み········89

Ⅴ章　体育の授業研究例——95

21　セストボールの戦術学習とゲーム分析········96
22　ボール運動の授業分析：プールバスケットボールの実践········100
23　小学校中学年における侵入型ゲームの授業実践の検討：ハンドボールのゲーム分析····103
24　バスケットボールの教材づくりと授業成果の検討········107
25　チャレンジ運動による仲間づくり········112
26　人間関係を豊かにする「チャレンジ運動」の実践········115
27　コミュニケーション・スキルを高める体育授業 121
28　奈良の体育授業研究：運動有能感を高める走り幅跳びの授業づくり········125
29　佐久の授業研究：ザ・シューター（ハンドボール型）の実践········129
30　松戸の授業研究：触球数からボール運動の評価を考える········133
31　体育授業の勢いと雰囲気をつくる········140
32　筑波大学の体育授業実習例········145
33　愛媛大学での模擬授業の実践········152

Ⅵ章　資料編——157

・診断的・総括的授業評価［評価票 /158・診断基準 /162］
・形成的授業評価［評価票 /163・診断基準 /164］
・運動有能感に関する調査票 /165
・仲間づくりの形成的評価票 /166
・ダンス（表現運動）の授業評価票 /167
・学級集団意識の調査票 /168
・体育授業観察者チェックリスト /169
・体育授業場面の観察 1［観察カテゴリーと定義 /170・コーディングシート /171］
・体育授業場面の観察 2［観察評価例 /172・観察記録 /173］
・学習従事の観察［観察カテゴリーと定義 /174・コーディングシート /175］
・学習場面の課題非従事の観察［観察カテゴリーと定義 /176・コーディングシート /177］
・人間関係行動・情意行動の観察［観察カテゴリー /178・コーディングシート /179］
・教師の相互作用行動の観察［観察カテゴリーと定義 /180・コーディングシート /181］
・教師の言葉かけの記録票 /182
・教師のマネジメント技能の観察記録 /183
・ゲームパフォーマンス記録カード /184

序章
体育授業を観察評価する

1 体育授業のアカウンタビリティー

いつの時代でも，ある体育理念が掲げられ，運動論の潮流が生まれ，その潮流にのった体育授業が実践されてきた。しかし，いつのまにかその潮流は消沈し，ふたたび新しい理念と運動論が展開されるようになる。教育や体育が時々の社会的要求や子どもの要求に対応して変化していくのは当然であるとしても，ある体育理念や実践構想のどこがよく，どこが悪くて変わらなければならなかったのか，授業の事実や成果にもとづいて語られることはほとんどなかった。授業実践の方向は風俗的に揺れ動いてきたという印象が強い。ある教育学者が「言いっ放し，やりっ放しの学校教育。もし学校が企業であったなら倒産の繰り返しであったにちがいない」と語ったが，体育授業についても同様であったといわざるをえない。

体育授業は何をめざし，何を内容として学習させようとするのかを明示するとともに，それらの目標や内容は授業実践を通してどれほど実現されたのか，厳しくアセスメントする必要がある。そうすることが，体育授業に課されたアカウンタビリティー（説明責任）である。この説明責任に応えることのできない教科は学校から追放されてもしかたがない時代に突入している。口先だけの「体力づくり」や「スポーツ教育」では，国民が納得しない。理想を行動目標やアクションプランとして具体化し，実践を通してどれほど実現されたのか，その実現度を評価・反省する必要がある。

このようにいうことは，体育の理想を哲学することの意義を否定するものではない。しかし，現在の世界的趨勢では，あるひとつの体育的立場にたったプログラムモデル（たとえば，フィットネスモデル，スポーツ教育モデル，社会性育成モデルなど）で一元的に支配しようとする考え方は受け入れられなくなった。それぞれのプログラムモデルの併存を認めつつ，それぞれのモデルにもとづいた実践を通して，いかに大きな授業成果を生み出すかが問われているといってよい。「覇権競争の時代」から「成果証明の時代」への転換である。

このような教育・体育の置かれた時代状況のなかで，多種多様な授業観察評価法が開発され，体育授業研究は急速に発展した。とくにアメリカを中心に，体育授業研究のための組織的観察法が開発され，これを適用したアカデミックな授業研究の成果が累積されてきた（シーデントップ，2003）。また，それらは大学での模擬授業や教育実習に活用され，学生の指導力（とくに教授技能）の育成に貢献した。近年では，このような組織的観察による量的研究（行動分析）にくわえて，授業の背後にあるさまざまなコンテキストとの関連で授業の現象を解釈したり，教師行動や生徒行動を状況関連的に分析したりする質的研究に注目が集まっている。また，教師養成に関わっても，授業を総合的に反省し，批判的に分析する「反省的授業(reflective teaching)」が強調されるようになっている。しかし，これまでの量的研究法が否定されたわけではなく，量的研究と質的研究を併用しながら，授業研究をより精緻に，より効果的に進めていこうとしているといってよい。私見では，体育ほど授業過程の諸事実が教師や生徒の行動となって顕現する授業は他にはみられず，その意味で，体育授業研究における組織的観察法（行動分析）の価値は将来的にも評価されるべきだと考えている。

2 よい体育授業は勢いがある

この20余年の間，奈良教育大学および筑波大学をベースに，学生，大学院生，そして小・中・高校の先生方の協力を得ながら，さまざまな体育授業観察評価法を開発してきた。これらの観察評価法については，本書の各章で詳しく紹介するが，私たちはこれらの観察評価法を適用して，さまざまな授業研究を行ってきた。しかし，研究の中心は，一貫して子どもが評価する「よい体育授業」の行動的特徴を描き出し，それらの特徴を意図的に生み出すための条件を探求することにあった。このような研究の積み重ねのなかで，子どもが評価する体育授業にいくつかの共通する特徴を見い出すことができた。

第1に，子どもが評価するよい体育授業は「学習の勢い」（福ヶ迫・高橋，2002）がある。学習の勢いとは，学習活動に淀みがなく，学習成果に向けてテンポよく学習が進行している様子をさしている。具体的には次のような特徴が見られる。

○学習場面に多くの時間が配当されている。とくに運動学習場面の時間量が潤沢である。
○逆にマネジメント場面（移動，待機，用具の準備・後片づけなど）やインストラクション場面（教師による説明・演示・指示）の時間量や頻度が少ない。
○運動学習場面での学習従事量が高い。
○学習場面でのオフタスク行動（課題から離れた行動）が少ない。
○成功裡な学習（ALT-PE）頻度が多く，「大きな失敗や困難」の割合は低い。

古くから体育授業に関わって運動量が問題にされてきたが，この研究で示唆されたことは，単なる運動量ではなく，学習従事量の重要性であった。問題は，学習の勢いを生み出すためにどのような指導方略が適用されているかということだが，次の諸点があげられる。

□教師が運動学習場面に多くの時間を確保することの重要性を認識しており，指導計画段階でその点について十分配慮している。
□学習規律を確立するための約束ごとが確立され，単元はじめに徹底した方向づけを行っている。このことを「構造化されたマネジメント」と呼んでいる。また，学習の進め方についても周到に指導されていて，少なくとも外見的には子どもが自主的に学習の流れを生み出しているように見える。
□子どもたちの学習が教師の介入によって中断される頻度が少なく，教師の介入が学習の妨げになっていない。クラス全体を集めて意味のない説明を行ったり，頻繁な指示で学習を中断させることが少ないということである。
□具体的で明確な学習目標が設定されている。個々人やグループの学習目標が明確で，外から見ても子どもたちが何をめざして学習しているのかよくわかる。明確な目標が学習意欲を喚起させ，主体的な学習活動を生み出している。

□学習目標の実現が予見できる「意味のある教材や場」が設定されている。子どもたちの関心や能力に見合った魅力のある教材，目標実現に有効な教材が提供されている。いかに学習の規律を確立したとしても，教材がおもしろくなかったり，技能的な上達を保障しない教材であれば，学習の勢いを保つことはできない。ボール運動では，ほとんど「ミニ化されたゲーム」が提供されている。器械運動の場合には，マットや跳び箱などの用具や場が潤沢で，しかもそれぞれの用具や場が十分活用されている。

3 よい体育授業は雰囲気がよい

もうひとつの特徴は「学習の雰囲気」（平野・高橋，1997）である。子どもが評価する授業は間違いなく明るく暖かい雰囲気が醸し出されている。逆に暗くて冷たい雰囲気の授業は，まず子どもに評価されることはない。このような学習の雰囲気は，授業中の子どもたちの人間関係行動や情意行動を観察記録することによって客観的に評価できる。私たちは，運動学習場面における人間関係行動や情意行動をGTS観察法（集団時間標本法）を適用して観察記録してきたが，授業評価の高い授業では次のような特徴が鮮明であった。

○集団での協同的活動，集団的思考，賞賛・励まし・助言などの相互作用，そして補助といった肯定的人間関係行動の頻度が高く，否定的な人間関係行動はほとんど生じていない。ボール運動の場合には，審判に文句をいう，失敗した仲間に苦言を吐く，ルールをめぐるトラブル等々，否定的人間関係行動が生じやすいが，よい授業ではそのような行動頻度がきわめて少ない。

○学習活動に関わって，笑い，拍手，ガッツポーズ，ハイタッチ等々の個人や集団での肯定的情意行動が頻繁に見られれば，明るい雰囲気が生まれる。逆に，怒り，泣く，緊張・不安な表情などの否定的情意行動が多く見られれば雰囲気は暗くなる。授業評価の高い授業では，明らかに肯定的な情意行動が多く見られ，否定的なそれは少ない。

このような肯定的な人間関係行動や情意行動はどのような状況や条件のもとで生じるのか。その因果関係が十分研究されてきたわけではない。しかし，私たちが試みた研究から，それらの肯定的な行動が頻出する授業では，教師が次のような指導方略を適用しているケースが多かった。

□教師の相互作用が頻繁に営まれている。授業中の教師行動は，インストラクション（説明，指示，演示などの直接的指導），マネジメント，観察行動，相互作用（発問－応答，フィードバック，励まし）の4つに大別できるが，形成的授業評価に一貫してプラスに影響するのは相互作用（とくに賞賛，助言，励まし，補助）のみである。逆にインストラクションやマネジメントの行動頻度が多くなれば授業評価は有意に下がる傾向が認められた。運動学習に関わって，個々人を対象にした教師の相互作用は子どもの運動学習を活性化したり，達成機会を多くする可能性が高いため，肯定的な雰囲気を高めるものと考えられる。端的に，授業評価の高い授業では教師は情熱的に子どもと関わっている。

□教師中心の一斉学習ではなく，ペア学習やグループ学習など集団が積極的に関われる学習形態が適用されている。また，そのような学習形態を導入するだけでなく，そこでの肯定的な関わり方（役割行動，教え合い活動，補助による協力，マナーなど）を徹底して指導している。

□ボール運動の場合，肯定的な人間関係行動や情意行動を儀式形式として位置づけ，意図的にこれらを表現させている。たとえば，ゲームに先立ってエールをする。ゲームの前後にきちんと礼を行い握手をする。得点をしたときには喜びを表現したり，みんなでハイタッチを行う。失敗してもドンマイ・コールを送る。ゲームの終了後にチームメイトのよかったところを評価し合う。兄弟チームを応援する等々の行動を励行させている。

以上，学習の勢いと雰囲気をよい体育授業の特徴としてあげたが，表1は，これら2つの特徴に関係する6要因を説明変数とし，子どもによる形成的授業評価を従属変数として重回帰分析を行った結果である (T. Takahashi, 2003)。表から明らかなように，それぞれの変数は授業評価（総合点）と有意な相関関係を示しており，重相関係数は.88，決定係数は.75であった。ということは，これら6要因で形成的授業評価の高低を75%決定しているということである。運動種目別でも分析したが，器械運動では決定係数が.78，ボール運動では.85というより高い値が得られた。

このような結果は，学習の勢いと雰囲気が体育授業の善し悪しを判断する重要な指標になることを示唆している。同時に，子どもの授業評価は主観的に行われるものであっても，その評価は確かな行動的事実にもとづいて行われていることを教えている。子どもが行う授業評価は十分根拠があり，信頼できるということである。

4 形成的授業評価得点は単元の進行とともに高くなる

これまで紹介した子どもが評価する「よい体育授業」の特徴は，単元なかの運動学習が中心となる授業を対象として分析された結果であった。では，単元全体を通してみた場合，どのような特徴

表1　学習の勢いと雰囲気が形成的授業評価に与える影響　(T. Takahashi ほか，2003)　全体：n = 60 クラス

基準変数	説明変数	標準回帰係数β	相関係数γ	貢献度	重相関係数R	決定係数 R^2 (自由度調整済み)
総　合					.88**	.75
	学習従事	.15	.15	.02		
	オフタスク	−.50**	−.65**	.32		
	肯定的な人間関係	.34**	.67**	.23		
	否定的な人間関係	−.44**	−.36**	.16		
	肯定的な情意行動	.08	.39**	.03		
	否定的な情意行動	−.09	−.24*	.02		
成　果					.81**	.61
	学習従事	.30†	.28*	.08		
	オフタスク	−.36**	−.62**	.22		
	肯定的な人間関係	.42**	.65**	.27		
	否定的な人間関係	−.32**	−.17	.05		
	肯定的な情意行動	.05	.46**	.02		
	否定的な情意行動	−.02	−.17	.00		
意欲・関心					.79**	.58
	学習従事	.03	.28*	.01		
	オフタスク	−.64**	−.71**	.46		
	肯定的な人間関係	.10	.45**	.04		
	否定的な人間関係	−.23†	−.10	.02		
	肯定的な情意行動	.10	.41**	.04		
	否定的な情意行動	−.16†	−.29*	.05		
学び方					.85**	.70
	学習従事	.01	−.08	.00		
	オフタスク	−.41**	−.46**	.19		
	肯定的な人間関係	.31**	.66**	.21		
	否定的な人間関係	−.56**	−.53**	.30		
	肯定的な情意行動	.10	.24	.02		
	否定的な情意行動	−.04	−.26*	.01		
協　力					.81**	.62
	学習従事	.05	.04	.00		
	オフタスク	−.50**	−.55**	.27		
	肯定的な人間関係	.23*	.58**	.13		
	否定的な人間関係	−.43**	−.39**	.17		
	肯定的な情意行動	.05	.27*	.01		
	否定的な情意行動	−.19*	−.37**	.07		

† .05 < p < .10　＊p < .05　＊＊p < .01

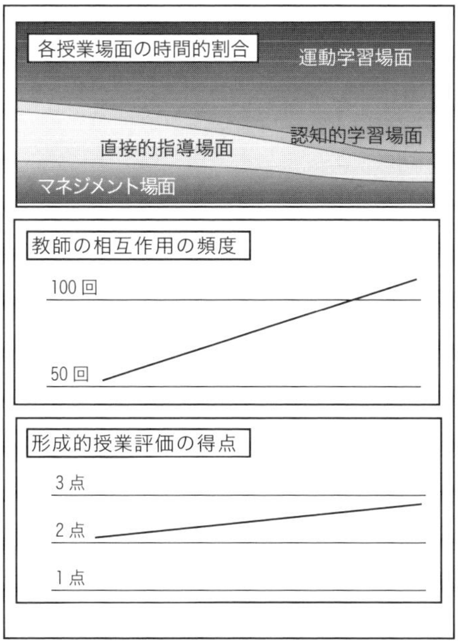

図 1　単元過程の授業場面および教師の相互作用の推移イメージ

表 2　単元後の体育授業評価と学級意識との関係　(日野・高橋ほか，2000)
(n = 49 クラス)

		学級集団意識				
		雰囲気	活動性	学習意欲	人間関係	総合評価
体育授業評価	総合評価	.736 ***	.426 **	.834 ***	.492 ***	.616 ***
	楽しさ	.772 ***	.416 **	.795 ***	.482 ***	.647 ***
	学び方	.679 ***	.470 ***	.726 ***	.548 ***	.646 ***
	技能	.609 ***	.383 ***	.782 ***	.286	.458 ***
	態度	.592 ***	.189	.678 ***	.477 ***	.447 **

＊p＜.05　＊＊p＜.01　＊＊＊p＜.001

が表れるであろうか。

単元の各授業が順調に進行していけば，図 1 に示すように各授業場面の時間量は推移していく。単元はじめは通常オリエンテーションに充てられ，教師の直接的指導が多くなる。準備後片づけの要領も悪く，マネジメント場面に多くの時間が費やされる。しかし，単元が進むにつれて，それらの時間量はしだいに減少していき，子どもたちが自主的に活動する学習場面（とくに運動学習場面）の時間量が増大していく。また，子どもの自主的な運動学習場面が増大すると，教師は全体指導から解放され，個々の子どもに対して相互作用行動を営む余裕ができ，フィードバックの頻度も増大していく。一方，子どもたちも単元が進むにつれて学び方が身につき，チームワークもよくなり，技能的にも向上していく。その結果，授業評価得点もしだいに向上していく。

この図はあくまでも予想イメージを表したものだが，よい体育授業はまさにイメージ図どおりになることを確認している（高橋，2000）。しかし，無計画な授業，教師中心の一斉学習，トラブルが頻繁に生じる授業，子どもの関心や能力にマッチしない学習内容や教材が位置づいている場合はその限りではない。

5 体育授業と学級活動とは深く関係する

「体育の授業を観れば，日頃の学級経営の様態がよくわかる」といわれる。実際，多くの体育授業や学級活動を観察してきた印象からも，体育授業での学習意欲や学習態度と教室での生活態度や学習規律とが深い関係にあることが予感できる。体育は広い空間で，集団的な身体活動を中心として展開されるため，日常的な人間関係や学習規律がストレートに立ち現れるためである。そこで私たちは，学級集団意識と体育の総括的授業評価との関係について分析し，体育授業の成否が学級集団意識にどのように影響するかを検討した（日野・高橋，2000）。対象は小学校中・高学年の 49 学級 1,508 の児童であった。

表 2 は，体育単元後の体育授業評価と学級集団意識との相関関係を示している。表から明らかなように，双者の間で有意な相関関係が得られた。とくに「学級の雰囲気（友だちと一緒に遊ぶのがすき。学校に来るのがすき。クラスは明るいなど）」や「学習意欲（もっとたくさん勉強したい。よく勉強するようになった。知らないことがわかるようになるなど）」との相関値が高い。

表 3 は，単元終了後に単元前より授業評価得点を向上させた児童（758 名）と停滞ないし下降させた児童（750 名）とに区分して，学級集団意識の変容の差異を検討した結果である。表から明らかなように，向上群は雰囲気，活動性，学習意欲，

表 3　単元前後の体育授業評価の変化と学級集団意識の変化（個人）（日野・高橋，2000）　n = 1, 508

	体育授業評価	向上群 n = 758 人		停滞・下降群 n = 750 人		分散分析		
		単元前 M (SD)	単元後 M (SD)	単元前 M (SD)	単元後 M (SD)	群の主効果 F 値	単元前後の主効果 F 値	交互作用 F 値
学級集団意識	雰囲気	2. 69 (0. 34)	2. 76 (0. 32)	2. 77 (0. 29)	2. 70 (0. 36)	0. 44	0. 39	57. 40***
	活動性	2. 09 (0. 51)	2. 28 (0. 53)	2. 22 (0. 50)	2. 25 (0. 50)	6. 43*	61. 01***	32. 90***
	学習意欲	2. 29 (0. 51)	2. 43 (0. 48)	2. 44 (0. 65)	2. 35 (0. 50)	3. 14	2. 96	83. 97***
	人間関係	2. 06 (0. 48)	2. 16 (0. 48)	2. 15 (0. 48)	2. 09 (0. 49)	0. 10	3. 82	38. 96***
	総合評価	2. 29 (0. 31)	2. 41 (0. 31)	2. 40 (0. 28)	2. 35 (0. 32)	3. 96*	25. 28***	134. 30***

＊p＜.05　＊＊p＜.01　＊＊＊p＜.001

人間関係のすべての次元で得点を向上させ，停滞・下降群は多くの次元で得点を下げた。

このことは，よい体育授業が実践されれば，学級集団意識にも好影響をもたらすが，悪い授業が行われれば，かえって悪影響を及ぼすことを教えている。体育教師は体育授業以外の生活指導で期待されるケースが多いが，体育教師にとって重要なことは，まずは体育授業に真剣に取り組み，確実に学習成果をあげることである。そのことが生活指導にも活かされ，ひいては体育教科の存立基盤を強化することにもなる。

7 まとめ

子どもが評価するよい体育授業では，学習の勢いと雰囲気という行動的特徴がみられる。しかし，そのような行動的特徴を生み出すのは，結局，教師の力量である。具体的には次のような教師の専門的力量が求められる。

○実現性の高い具体的な行動目標や学習内容の設定
○優れた教材開発（子どもの学習意欲を喚起し，学習内容の習得を容易にする教材）
○教材解釈（運動の技術的・戦術的理解と子どものつまずきに応じた指導）
○子どもの主体的学習や集団的な関わりを生かす学習スタイルや学習形態の選択
○肯定的な人間関係行動や情意行動を生み出す指導方略やコミュニケーションスキルの指導
○授業場面での教師の情熱的で適切な相互作用
○スムースな授業の流れを生み出したり，学習規律を維持するためのマネージメントスキル。

（高橋健夫）

■引用文献

福ヶ迫善彦・高橋健夫ほか（2003）体育授業における「授業の勢い」に関する検討．体育学研究 48(3) : 281-293.

日野克博・高橋健夫ほか（2000）小学校における子どもの体育授業評価と学級集団意識との関係．体育学研究 45(5) : 599-710.

平野智之・高橋健夫ほか（1997）体育授業における集団的・情意的行動観察法の開発．スポーツ教育学研究 17(1) : 37-51.

シーデントップ：高橋健夫他訳（2003）体育の教授技術（3 版）．大修館書店．

高橋健夫（2000）子どもが評価する体育授業過程の特徴．体育学研究 45(2) : 147-172.

Takeo Takahashi. Kouhei Yonemura et al., (2003) Effects of Momentum and Climate in Physical Education on Students' Formative Evaluation. The 6th International Sport pedagogy Seminar in Yeungnam University, proceedings pp.49-61.

Ⅰ章
体育授業を主観的に評価する

1. 体育授業を診断的・総括的に評価する‥‥8
2. 体育授業を形成的に評価する‥‥12
3. 仲間づくりの成果を評価する‥‥16
4. ダンス（表現運動）の授業を評価する‥‥20
5. 学級集団意識を調査する‥‥24
6. 子どもの有能感の変化をみる‥‥27
7. 観察者が体育授業を主観的に評価する‥‥31

1　体育授業を診断的・総括的に評価する

1 評価法の意義

評価の形態には，診断的評価（事前的評価），形成的評価，総括的評価の3つがある。診断的評価は，授業開始前に授業の学習課題が子どもにとって適切であるかどうかを判断する。総括的評価は，授業が一段落した後，その授業の成果を把握するために行われる。また，形成的評価は，授業の途中において学習課題が子どもにとって効果的なものであるか判断し，それ自体の軌道を修正したり，その時点での子どもの実状を把握し，目標に達していない子どもに対して処方を施すために行われる。

これらは学習評価における評価形態のとらえ方であるが，授業評価においても同様であり，ここでは，診断的評価と総括的評価の形態による授業評価について述べる。

授業改善のための有効な方法は，授業を経験した学習者に評価させることである。授業は学習者を主体に展開されるものであり，学習者の体育に対する態度に肯定的に働きかけることが重要な目標である。そのため授業を経験した学習者の授業評価からは，多くの意味あるフィードバック情報を得ることができると考えられる（東・中島，1988）。

このような考え方にもとづいて，小林（1979；1986）が70年代初頭に，大学生・高校生・中学生・小学生（高学年）を対象として子どもの目を通した授業評価から授業改善のためのフィードバック情報を得る「態度測定による体育の授業診断」を作成した。以後，この方法に補足・修正を加えた研究がいくつか行われた。たとえば，梅野・辻野（1980）や奥村ら（1989）は，小林の評価法が小学校の低・中学年へは適用できないことから，小林が用いた項目を生かしながら低・中学年用の評価法を開発した。また，鐘ヶ江ら（1986）や高橋ら（1986）は，小林の方法の意義を認めつつも，授業改善に向けてより具体的で的確な情報を与えてくれる項目を設定する必要があるとして，体育の授業成果に影響すると考えられる要因を論理的に構成し，新しい評価法の開発を試みた。このようにさまざまな研究者によって多様な方法が開発され，授業改善のために適用されてきた。

ところで，授業の評価は，授業改善に向けて多くの意味のある情報を得るために行うものであり，授業改善は，学習者によりよい学習成果を期待するために行われるはずである。すなわち，学習者にどのような学習成果が習得されたかを判断する情報は，そこで行われた学習指導が効果的であったかどうか，その指導の成否を問うために重要である。この学習指導は目標に依拠するため，当然，その指導による学習成果も目標に対応するはずである。そのことを踏まえれば，授業改善のためのフィードバック情報を得るための授業評価尺度も目標に対応していなければならない。

このような目標と評価の対応関係を踏まえて，シーデントップ（1986），Crum, B.（1992）や高橋（1981；1994）が主張する目標，すなわち，運動（技能）目標，認識目標，社会的行動目標，情意目標の4つの目標に一致する授業評価尺度（高田・岡澤ほか，2000）を開発した。ここではその方法について具体的に紹介する。

2 評価の方法

小学校高学年，中学校，高等学校，大学段階のそれぞれの評価尺度は，「たのしむ（情意目標）」「できる（運動目標）」「まもる（社会的行動目標）」「まなぶ（認識目標）」の4因子（項目群），各因子5項目，合計 20 項目で構成されている。

表 1 は，各因子とそれぞれの項目名を示したものであり，各学校段階の調査票は資料編（158-161 頁）に示した。

調査は，単元や学期などのまとまった期間を対象に行うことが望ましい。単元や学期の始まる前と終わった後の 2 回行い，診断的評価としての状況把握と総括的評価としての成果把握を比較検討

表 1　授業評価尺度の質問項目とその項目名

質問項目	項目名	因子名	小学生用	中学生用	高校生用	大学生用
体育では，みんなが，楽しく勉強できます	楽しく勉強	たのしむ	Q7	Q3	Q13	Q13
体育をすると体がじょうぶになります	丈夫な体		Q13	Q5		Q12
体育で体を動かすと，とても気持ちがいいです	心理的充足		Q2		Q11	
体育では，せいいっぱい運動することができます	精一杯の運動		Q17	Q12	Q17	Q20
体育は，明るくてあたたかい感じがします	明るい雰囲気		Q11	Q8	Q12	
体育では，自分の能力に合った運動の練習ができます	適した運動					Q15
体育では，運動がうまくなるための練習をする時間がたくさんあります	練習時間			Q16		
体育をするとすばやく動けるようになります	俊敏性					Q14
体育は，友だちと仲よくなるチャンスだと思います	仲よくなるチャンス					Q7
体育では，いろいろな運動が上手にできるようになります	いろんな運動の上達	できる	Q15	Q2		Q10
私は，少しむずかしい運動でも練習するとできるようになる自信があります	できる自信		Q19	Q7	Q1	Q1
私は，運動が，上手にできるほうだと思います	運動の有能感		Q9	Q11	Q16	Q18
体育では，自分から進んで運動します	自発的運動		Q10	Q13	Q4	Q3
体育がはじまる前は，いつもはりきっています	授業前の気持ち		Q6	Q17		
体育では，1 つの運動がうまくできると，もう少しむずかしい運動に挑戦しようという気持ちになります	挑戦意欲				Q19	
体育のグループやチームで話し合うときは，自分から進んで意見をいいます	積極的発言				Q3	
体育で運動するとき，自分のめあてを持って勉強します	めあてを持つ	まなぶ	Q5		Q15	
体育で，他の人が運動しているとき，応援します	応援			Q9		
体育をしているとき，どうしたら運動がうまくできるかを考えながら勉強しています	工夫して勉強		Q3		Q8	Q16
体育で習った運動を休み時間や放課後に練習することがあります	時間外練習		Q12			
体育では，チームで立てた作戦がゲームで成功することがしばしばあります	作戦の実現					Q9
体育で，グループで作戦を立ててゲームや競争をします	作戦を立てる			Q6		Q8
体育で，「あっ，わかった」「ああ，そうか」と思うことがあります	新しい発見				Q10	Q11
体育をしているとき，うまい子や強いチームを見てうまくできるやり方を考えることがあります	他人を参考		Q8	Q10		Q17
体育では，わかったと思うこと（知識）を実際に運動に生かすことができます	知識を生かす				Q18	
体育では，友だちや先生がはげましてくれます	友人・先生の励まし		Q16	Q15		
体育をすると，すばやく動けるようになります	俊敏性				Q14	
体育のグループやチームで話し合うときは，自分から進んで意見をいいます	積極的発言			Q20		
体育で，ゲームや競争をするときは，ルールを守ります	ルールを守る	まもる	Q20	Q4	Q2	Q2
体育では，いたずらや自分勝手なことはしません	自分勝手		Q4	Q18	Q9	
体育で，ゲームや競争をするとき，ずるいことや卑怯なことをして勝とうとは思いません	勝つための手段			Q1	Q6	Q5
体育で，ゲームや競争で勝っても負けてもすなおに認めることができます	勝負を認める		Q14	Q14	Q5	Q4
体育では，先生の話をきちんと聞いています	先生の話を聞く		Q1			
体育では，クラスやグループの約束ごとを守ります	約束ごとを守る		Q18	Q19	Q20	Q19
体育は，友だちと仲よくなるチャンスだと思います	仲よくなるチャンス					Q7

（網掛け）は学校段階で因子が分かれた項目

表 2　各学校段階における各因子の合計得点算出について

	たのしむ（情意目標）	できる（運動目標）	まなぶ（認識目標）	まもる（社会的行動目標）
小学校	2　7　11　13　17	6　9　10　15　19	3　5　8　12　16	1　4　14　18　20
中学校	3　5　8　12　16	2　7　11　13　17	6　9　10　15　20	1　4　14　18　19
高等学校	7　11　12　13　17	1　3　4　16　19	8　10　14　15　18	2　5　6　9　20
大学	12　13　14　15　20	1　3　6　10　18	8　9　11　16　17	2　4　5　7　19

1) 表中の数字は調査票の項目番号を示す。
2) 各因子内の項目得点の合計が合計得点。

すれば，授業計画や授業改善のための情報が得られる。

3 処理の方法

回答形式については，3段階評定法を用い，それぞれの項目を「はい」「どちらでもない」「いいえ」の順に，3，2，1点と得点化し，各因子は5項目の合計得点，総合評価はすべての項目の合計得点から算出し，結果を導き出す。なお，合計する各因子の5項目は表2に示したとおりである。

処理の方法については，量販されている表計算ソフトなどを用い，個人の各項目点を入力し，前述した各因子の合計点等を算出するとよい。

4 結果を評価する基準

表3～6に示した診断基準に照らし合わせ，各因子と総合評価を診断する。この診断基準は平均値から算出されたため，一般的な傾向から自らの授業評価を，相対的に把握することができる。しかし，その値との比較結果に一喜一憂するだけでなく，単元前の得点から単元後にどのように変容したかをとらえることが重要である。

5 結果の解釈の仕方

この評価法は，目標に対応していることから，授業の目標に対応させて結果の解釈をていねいに行う必要がある。つまり，“なぜ”そのような結果になったのかを授業実践を振り返り，“何が”問題であったのかを解釈する必要がある。また，授業全体の平均値に対する評価結果を切り口として，班別や個別にまでさかのぼり，それぞれの項目や因子の得点結果が生じた理由を追究すれば，授業改善のために有効な示唆を得ることができるはずである。

例として，小学校5年生の跳び箱の授業実践を取り上げ，解釈してみよう。

児童の実態は，本来4年生で教わるべき技能が獲得されておらず，5年生になって担任が代わり，技能もさることながら人間関係づくりにも力を注がなければいけない状況である。したがって，人間関係づくりに着目し，教え合い活動を通して技能を伸ばすことをねらいとして授業を計画した。

表3　小学校高学年段階の各項目・次元の得点に関する診断基準

項目名	+	0	−
たのしむ（情意目標）	15.00～13.64	13.64～11.40	11.40～ 5.00
できる（運動目標）	15.00～12.19	12.19～ 9.55	9.55～ 5.00
まなぶ（認識目標）	15.00～11.56	11.56～ 9.08	9.08～ 5.00
まもる（社会的行動目標）	15.00～13.53	13.53～11.46	11.46～ 5.00
総合評価	60.00～49.61	49.61～42.80	42.80～20.00

表4　中学校段階の各項目・次元の得点に関する診断基準

項目名	+	0	−
たのしむ（情意目標）	15.00～12.11	12.11～ 9.86	9.85～5.00
できる（運動目標）	15.00～11.28	11.28～ 8.80	8.80～5.00
まなぶ（認識目標）	15.00～11.95	11.95～ 9.72	9.72～5.00
まもる（社会的行動目標）	15.00～13.48	13.48～11.48	11.48～ 5.00
総合評価	60.00～47.45	47.45～41.22	41.22～20.00

表5　高等学校段階の各項目・次元の得点に関する診断基準

項目名	+	0	−
たのしむ（情意目標）	15.00～13.12	13.12～10.83	10.83～ 5.00
できる（運動目標）	15.00～11.72	11.72～ 9.20	9.20～ 5.00
まなぶ（認識目標）	15.00～11.22	11.22～ 8.86	8.86～ 5.00
まもる（社会的行動目標）	15.00～13.81	13.81～11.75	11.75～5.00
総合評価	60.00～48.55	48.55～41.96	41.96～20.00

表6　大学段階の各項目・次元の得点に関する診断基準

項目名	+	0	−
たのしむ（情意目標）	15.00～12.01	12.01～ 9.64	9.64～5.00
できる（運動目標）	15.00～12.29	12.29～ 9.65	9.65～5.00
まなぶ（認識目標）	15.00～12.90	12.90～10.44	10.44～ 5.00
まもる（社会的行動目標）	15.00～14.53	14.53～12.55	12.55～ 5.00
総合評価	60.00～50.44	50.44～43.57	43.56～20.00

そこで，診断的評価として授業評価を行った結果，表7に示したような単元前の値が得られた。この結果を表3の診断基準に照らすとすべての因子項目，総合評価において“－”の評価となった。この結果は授業計画前に教師が主観的に把握した状況と同様の傾向であるが，それ以上に“まなぶ”因子が低値であったことからすると，体育授業での指導が十分ではなかったようにも考えられる。そのことは情意目標に対応する“たのしむ”が低値であったことからも推察することができる。

さらに各項目ごとに分析を行えば，より詳細に状況や予想される原因を把握することが可能となる。

次に単元後の結果をみると，認識目標に対応する“まなぶ”が“＋”の評価となり，総合評価を含む他の因子項目も“0”の評価となり，すべてにおいて単元前に比べ向上した。ねらいとした教え合い活動が効果的で，学び方が身につき，そのことが円滑な人間関係を促したように思われる。このほか，“まなぶ”因子が大きく変容したことや“まもる”因子が高まったことからも，この授業実践はおおむね成功したといえよう。

改善点を知るためには，各因子の結果だけでなく，より具体的に各項目の結果を検討する必要がある。この実践についていえば，「Q 6 授業前の気持ち」や「Q 9 運動の有能感」「Q10 自発的運動」をさらに向上させる必要がある。つまり，授業に自主的に関われるような内容や教師の関わりを課題として検討する必要があると考えられる。これらの改善点は後述されるさまざまな観察法を用いればより明確になるであろう。

（高田俊也・岡澤祥訓・高橋健夫）

表7　体育授業評価の単元前後の結果

項目名	単元前 5年A組　全体 Mean　SD	単元後 5年A組　全体 Mean　SD
Q11　明るい雰囲気	2.04 (0.80)	2.30 (0.73)
Q7　楽しく勉強	2.05 (0.73)	2.42 (0.71)
Q2　心理的充足	2.12 (0.74)	2.45 (0.62)
Q13　丈夫な体	2.49 (0.48)	2.85 (0.36)
Q17　精一杯の運動	2.21 (0.75)	2.70 (0.59)
たのしむ	10.91 (2.19)	12.73 (2.02)
Q9　運動の有能感	1.58 (0.71)	1.85 (0.71)
Q19　できる自信	1.78 (0.83)	2.52 (0.67)
Q15　いろんな運動の上達	2.05 (0.82)	2.76 (0.56)
Q10　自発的運動	1.88 (0.74)	2.21 (0.65)
Q6　授業前の気持ち	1.98 (0.71)	2.15 (0.80)
できる	9.26 (2.57)	11.48 (2.22)
Q3　工夫して勉強	1.84 (0.85)	2.42 (0.66)
Q5　めあてを持つ	1.99 (0.78)	2.73 (0.52)
Q8　他人を参考	1.88 (0.85)	2.30 (0.77)
Q12　時間外練習	1.45 (0.67)	1.82 (0.73)
Q16　友人・先生の励まし	1.79 (0.70)	2.48 (0.71)
まなぶ	8.95 (2.31)	11.76 (1.94)
Q4　自分勝手	2.18 (0.69)	2.42 (0.75)
Q20　ルールを守る	2.49 (0.48)	2.88 (0.33)
Q1　先生の話を聞く	2.05 (0.66)	2.85 (0.36)
Q18　約束ごとを守る	2.18 (0.71)	2.70 (0.59)
Q14　勝負を認める	2.33 (0.70)	2.64 (0.65)
まもる	11.23 (2.53)	13.48 (1.54)
総合評価	40.36 (6.88)	49.45 (5.54)

■引用文献

東洋・中島章夫監修（1988）2 授業を改善する－授業の分析と評価－授業技術講座基礎技術編．ぎょうせい，pp.3-9.

Crum, B.（1992）The critical-constructive movement socialization concept. International Journal of Physical Education：19, pp.9-17.

鐘ケ江淳一・高橋健夫・江原武一（1986）体育の授業に対する生徒の態度構造に関する研究．奈良教育大学研究所紀要．22 : 9-21.

小林篤（1986）体育授業の原理と実践－体育科教育学原論－．杏林書院．pp.113-123.

小林篤（1979）体育の授業研究．大修館書店，pp.170-222.

奥村基治・梅野圭史・辻野昭（1989）体育科の授業に対する態度尺度作成の試み－小学校中学年児童を対象にして－．体育学研究 33 : 309-319.

シーデントップ：前川峯雄監訳・高橋健夫訳（1986）楽しい体育の創造．大修館書店，pp.259-293. <Siedentop, D.(1972,1976) Physical Education：Introductory Analysis., 2nd ed., Wm. C. Brown Company Publishers>

高田俊也・岡沢祥訓・高橋健夫（2000）態度測定による体育授業評価法の作成．スポーツ教育学研究 20（1）: 31-40.

高橋健夫編著（1994）体育の授業を創る．大修館書店，pp.12-14.

高橋健夫（1981）体育（スポーツ教育）の目的・目標－欧米の新しい理論モデルの比較研究－．近藤英男編集　スポーツの文化論的研究．体育学論叢・タイムス，pp.146-177.

高橋健夫・鐘ケ江淳一・江原武一（1986）生徒の態度評価による体育授業診断法の作成の試み．奈良教育大学紀要 35: 163-180.

高橋健夫・岡出美則・友添秀則・岩田靖編著（2002）体育科教育学入門．大修館書店，pp.118-129.

梅野圭史・辻野昭（1980）体育科の授業に対する態度尺度作成の試み－小学校低学年児童について－．体育学研究 25(2) : 139-148.

2　体育授業を形成的に評価する

1 形成的授業評価法の作成の試み

診断的・総括的評価に加えて，各時間の授業実践を形成的に評価し，当初の計画を修正したり，個々の児童生徒の学びの実態を把握することは，授業成果を高めるうえできわめて重要である。また，形成的評価の累積の上に総括的評価があるといってもよい。

文部省(1993)は，指導要録の改訂を行い，各教科に共通した評価観点として，①学習意欲，関心，態度，②思考・判断，③技能，④理解の序列で通達した。ここでの大きな変化は，技能と知識に焦点づけた従来の評価観点を改め，①と②の観点を重視した点であった。また，文部省は「これからの学習指導では，児童1人ひとりに自ら学ぶ意欲や能力を身につけさせるという視点が大切にされることから，運動を行う児童自身が，自分でめあてを決め，実施し，結果をみて修正する，という自己評価の活動を工夫することが大切になる」(体育・指導資料，p.113）と指摘しているように，自学能力を育成するねらいから自己評価や形成的評価を促進させようとしている。

ちなみに，体育分野での子どもによる授業評価は，小林らの先駆的な努力（体育の授業診断法）に始まって，多くの研究実績をもっている。形成的授業評価についても，いわゆる高田4原則と呼ばれる4つの評価項目（①精一杯の運動，②力や技の伸び，③新しい発見，④仲よく学習）が広く活用されてきた。しかしながら，それはあくまでも高田の経験的な考え方にもとづくもので，事実分析によって開発されたものではなかった。

そこで，私たちは，授業評価は体育の学習目標や内容に対応して行われるべきだという前提のもとに，仮定的な評価観点と項目（26項目）を設定し，標準化された形成的授業評価法（調査票と診断基準）の作成に取り組んだ。

調査は2回実施した。1回目の調査は，子ども授業評価の構造（観点）を明らかにすることを目的にして，小学校の中・高学年の42学級1,428名の児童を対象に実施した。調査から得られたデータに因子分析を施したところ，①意欲・関心，②成果，③学び方，④協力の4因子が抽出された。

この結果を踏まえ，4因子に対して因子負荷量の高かった項目あるいは因子内容を代表していると判断した項目を9つ選択し，調査対象を拡大するとともに（62小学校の中・高学年291学級，9,127児童），授業で取り扱われる運動種目に広がりがでるように配慮して（器械運動138授業，ボール運動58授業，陸上運動50授業，水泳13授業，表現14授業，体操10授業，その他8授業）再度調査を実施した。

その結果，表1のように先の調査と同様の因子構造が抽出された。また，この調査票に「今日の授業はよかったですか」という総合評価項目を加え，各因子との相関関係を調べたが，「意欲・関心」因子とは.543，「成果」因子とは.428，「協力」因子とは.377，「学び方」因子とは.368で，それぞれ有意な相関がみられ，体育授業評価として信頼できるものであることが確認された。

2 形成的授業評価の調査票と診断基準

この因子構造を踏まえて，形成的授業評価の調査票（表3）と診断基準（表4）を作成した。

表3の調査票は，調査項目は，「成果」「意欲・関心」「学び方」「協力」の4次元9項目から成り立っている。このなかの「成果」次元が意味することは，できたり，わかったりしたときに，子どもは大きな感動を味わうことができるというもの

である。端的に，体育の陶冶目標に対する実現度が評価できる。また，この次元の評価を大きく左右するのは，技能的な達成や習熟である。そのような意味で技能的成果をみる項目であるといってもよい。

「意欲・関心」次元は，運動欲求の充足度を評価するものである。子どもにとって体育授業が楽しかったかどうかのバロメーターとなる。子どもの体育授業に対する総合的評価（「きょうの授業はよかったですか」）に対して最も強い規定力をもつのはこの次元で，体育授業の成否を決定づける要因であるといっても過言ではない。

「学び方」次元は，学習の自発性や学習の合理性を問うものである。はじめに行った因子分析の結果では，これら2項目のほかに「考える」「工夫する」といった項目や学習規律に関する項目が含まれていたのであり，まさに「学び方」を評価する次元である。

最後の「仲間」次元は，友だちとの人間関係（態度）を評価するものである。学習指導要録では「関心・意欲・態度」として一括されているが，体育授業では人間関係の様態が学習に重大な影響を及ぼすことから，この次元を独立させて評価することが大切である。

なお，これらの4次元は，現在の学習指導要録の観点別評価項目とうまく対応しており，体育授

表1　形成的評価の構造：バリマックス回転後の因子構造

No. 質　問　項　目	因子 I	II	III	IV	共通性
成　果					
3.「あっわかった！」とか「あっそうか！」と思ったことがありましたか。	**.729**	.053	.294	.027	.621
1. ふかく心に残ることや，感動することがありましたか。	**.729**	.168	.082	.153	.590
2. 今までできなかったこと（運動や作戦）が，できるようになりましたか。	**.592**	.271	.020	.313	.524
学び方					
6. 自分から進んで，学習できましたか。	.172	**.777**	.192	.103	.681
7. 自分のめあてにむかって，何回も練習できましたか。	.174	**.731**	.190	.170	.630
協　力					
8. 友だちと協力して，なかよく学習できましたか。	.088	.162	**.800**	.285	.755
9. 友だちとおたがいに教えたり，助けたりしましたか。	.251	.256	**.777**	.040	.734
意欲・関心					
5. 楽しかったですか。	.254	.022	.220	**.812**	.773
4. せいいっぱい　ぜんりょくをつくして，運動できましたか。	.093	.425	.108	**.688**	.734
寄与	1.617	1.515	1.470	1.378	
累積寄与率	17.97	34.81	51.15	66.44	

表2　形成的評価と他の評価項目との相関係数

因子・質問項目		10. 教師の熱心な指導	11. 教師の明るい指導	12. 教師の適切な助言	13. 運動の好き・嫌い	14. 体育の愛好的態度	15. 学校生活の楽しさ	16. クラスのまとまり	17. よい授業
因子	成果	.300	.297	.349	.321	.235	.307	.266	.428
	意欲・関心	.264	.292	.257	.346	.315	.303	.244	.543
	学び方	.203	.247	.239	.269	.199	.236	.249	.368
	協力	.238	.257	.277	.242	.195	.289	.276	.377
項目	1. 感動の体験	.229	.240	.246	.239	.151	.245	.222	.328
	2. 技能の伸び	.197	.202	.225	.287	.218	.202	.180	.328
	3. 新しい発見	.239	.217	.302	.187	.152	.232	.187	.293
	4. 精一杯の運動	.203	.220	.207	.252	.211	.208	.207	.366
	5. 楽しさの体験	.240	.268	.225	.329	.318	.301	.201	.547
	6. 自主的学習	.163	.210	.180	.253	.175	.206	.242	.308
	7. めあてをもった学習	.175	.203	.217	.197	.157	.188	.173	.304
	8. なかよく学習	.195	.215	.225	.197	.173	.266	.226	.346
	9. 協力的学習	.214	.229	.250	.220	.162	.234	.247	.306

n = 9011　各因子の得点は当該項目の相加平均得点。相関係数はすべて p < .001 で有意。

業の目標や内容に即して適切に評価することができると考える。

3 活用のしかた

- 授業後に調査を実施し，調査票の各項目の「はい」「どちらでもない」「いいえ」の該当する箇所に○印をつけさせる。成績にはいっさい関係がないことを伝え，ありのまま回答させることが大切である。
- ○印をつけるだけでなく，その理由を記述させると，授業改善に有効な情報をもたらす。しかし，すべての項目に理由を記述させると多くの時間を要するため，最低限の項目に限定する必要がある。
- 各項目，各次元，全項目について，「はい」に3点，「どちらでもない」に2点，「いいえ」に1点を与えて平均点を算出する。そして，ここで得た平均点を，表4の評価基準に照らして5段階で

表3　形成的授業評価票

体育授業についての調査　　月　日（　）

小・中学校　　年　　組　　男・女　　番　　名前（　　　　　）

◎きょうの体育授業について質問します。下の1～9について，あなたはどう思いましたか。あてはまるものに○をつけてください。

1. 深く心に残ることや，感動することがありましたか。
（はい・どちらでもない・いいえ）
2. 今までできなかったこと（運動や作戦）ができるようになりましたか。
（はい・どちらでもない・いいえ）
3. 「あっ，わかった！」とか「あっ，そうか」と思ったことがありましたか。
（はい・どちらでもない・いいえ）
4. せいいっぱい，全力をつくして運動することができましたか。
（はい・どちらでもない・いいえ）
5. 楽しかったですか。
（はい・どちらでもない・いいえ）
6. 自分から進んで学習することができましたか。
（はい・どちらでもない・いいえ）
7. 自分のめあてにむかって何回も練習できましたか。
（はい・どちらでもない・いいえ）
8. 友だちと協力して，なかよく学習できましたか。
（はい・どちらでもない・いいえ）
9. 友だちとお互いに教えたり，助けたりしましたか。
（はい・どちらでもない・いいえ）

表4　形成的授業評価の診断基準

次元	項目＼評定	5	4	3	2	1
成果	1. 感動の体験	3.00～2.62	2.61～2.29	2.28～1.90	1.89～1.57	1.56～1.00
	2. 技能の伸び	3.00～2.82	2.81～2.54	2.53～2.21	2.20～1.93	1.92～1.00
	3. 新しい発見	3.00～2.85	2.84～2.59	2.58～2.28	2.27～2.02	2.01～1.00
	次元の評価	3.00～2.70	2.69～2.45	2.44～2.15	2.14～1.91	1.90～1.00
意欲・関心	4. せいいっぱいの運動	3.00	2.99～2.80	2.79～2.56	2.55～2.37	2.36～1.00
	5. 楽しさの体験	3.00	2.99～2.85	2.84～2.60	2.59～2.39	2.38～1.00
	次元の評価	3.00	2.99～2.81	2.80～2.59	2.58～2.41	2.40～1.00
学び方	6. 自主的学習	3.00～2.77	2.76～2.52	2.51～2.23	2.22～1.99	1.98～1.00
	7. めあてをもった学習	3.00～2.94	2.93～2.65	2.64～2.31	2.30～2.03	2.02～1.00
	次元の評価	3.00～2.81	2.80～2.57	2.56～2.29	2.28～2.05	2.04～1.00
協力	8. なかよく学習	3.00～2.92	2.91～2.71	2.70～2.46	2.45～2.25	2.24～1.00
	9. 協力的学習	3.00～2.83	2.82～2.55	2.54～2.24	2.23～1.97	1.96～1.00
	次元の評価	3.00～2.85	2.84～2.62	2.61～2.36	2.35～2.13	2.12～1.00
総合評価（総平均）		3.00～2.77	2.76～2.58	2.57～2.34	2.33～2.15	2.14～1.00

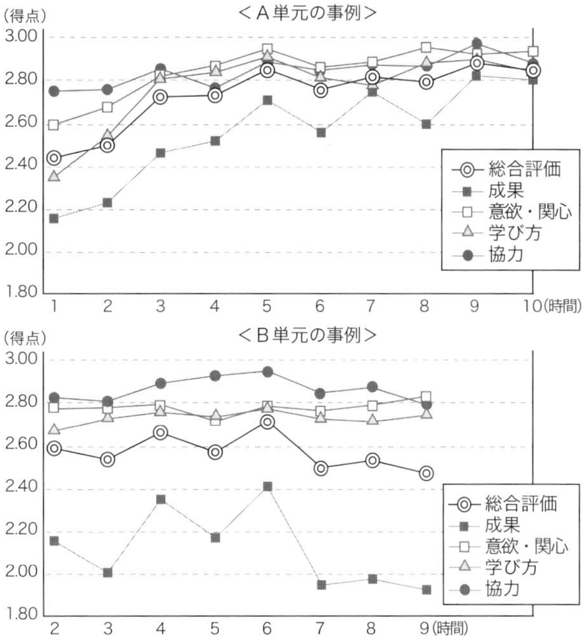

図１　単元過程における形成的授業評価の推移

評価する。たとえば，全項目のクラスの平均が2.5であれば5段階評価の4になり，2.2であれば2ということになる。2.77以上の評価が得られれば，大変評価の高かった授業であり，逆に2.33以下であればかなり低い評価であり，反省して授業改善に取り組む必要がある。

- クラスの全体の平均点を算出するだけでなく，男女別，技能度別，愛好的態度別などいくつかの観点から分析すると，授業改善に有益な示唆が得られる。また，個人別に一覧表にして記録を残していけば，単元過程の変容が一目瞭然であり，どの児童が問題を抱えているのかがわかり，個別指導に活用できる。
- この評価基準は，性や教材などの差異を無視して作成されているが，実際には，性別や教材によって，いくつかの項目で有意差が生じることを断っておかなければならない。とくに女子のほうが評価点が若干高くなり，教材別ではボール運動が陸上運動や器械運動よりも評価が高くなる傾向が認められる。
- この授業評価法は，小学校中・高学年の児童を対象に作成されたものであるが，中学生でも適用可能である。中学生を対象に分析しても，4つの評価次元はまったく同じであった。評価得点は若干下がる傾向にあるが，この点を踏まえて，また，調査票の表現を中学生用に修正すれば十分活用することができる。

4 単元過程における形成的授業評価の推移

図1は単元過程における形成的授業評価の推移を示している。2単元とも小学校高学年の跳び箱運動を対象としたものである。図1のAの単元は，授業が順調に進行し，大きな成果があがったことを教えている。この事例に限らず，成功した単元はおおむねこのような傾向がみられる。一方，B単元は，仲間関係で問題があって単元後半になっても評価があがらず，不完全燃焼に終わった授業であった。

このように，形成的授業評価は子どもの心情から授業の成果をうかがい知ることができる。しかし，何が原因でそのような評価が生まれたのか，具体的な情報を提供するものではない。そのような情報を得るためには，調査票の各項目に「はい」「いいえ」で回答させるだけでなく，その理由を記述させる必要がある。また，別の方法によって計画や授業過程の変数に関するデータを収集し，これらと授業評価との関係を分析する必要がある。

このような子どもによる評価は信頼できないのではないか，と疑問を投げかける人がいるかもしれない。しかし，これまで数多くの授業研究を行ってきた経験から，子どもは実に正直に評価するものだと実感している。また私たちは，授業過程の学習行動や指導行動の事実と子どもの形成的授業評価とが有意に関係することを，多くの論文で明らかにしてきた。

（高橋健夫・長谷川悦示・浦井孝夫）

■引用文献

長谷川悦示・高橋健夫ほか（1995）小学校体育授業の形成的評価票及び診断基準作成の試み．スポーツ教育学研究 14(2): 91-101.

高橋健夫・長谷川悦示ほか（1994）体育授業の「形成的評価法」作成の試み．体育学研究 39(1) : 29-37.

3　仲間づくりの成果を評価する

1 なぜ仲間づくりを評価するのか

体育の教科内容には「運動技能」「認識」「社会的行動」「情意」の4領域があげられており，それぞれが有機的に連携しながら教科としての機能を果たしてきた。とくに「社会的行動」領域の学習についていえば，昭和20年代の後半から30年代にかけてその内容や方法が熱心に探究された経緯をもつが，その後「体力つくり」や「楽しい体育」が標榜されていくなかで，しだいに周辺的に位置づけられるようになっていった。

近年，わが国において加速度的に進んでいる少子化，あるいは都市化にともなう遊び場の消滅，コンピュータゲームの発達などの要因によって，子どもたちが「他者との交流」を直接的に体験する機会は減少し，希薄化する人間関係が大きな社会問題となっている。

このことを受けて，たとえば「体ほぐしの運動」において「仲間との交流」のねらいが掲げられたことや，マットや跳び箱運動といった個人種目の集団化などにみられるように，これまでの体育において周辺的に取り扱われることが多かった「社会的行動」に関する学習，とくに人間関係，仲間づくりに焦点化した体育授業がふたたび注目されるようになってきた。このような課題を学習理念ではなく，確実な成果として実現するためには，仲間づくりに焦点をあててアセスメントする必要がある。

体育授業の評価法として広く活用されているのが形成的授業評価法（高橋ほか，1994）であるが，これはいわゆる体育授業改善に向けて開発された一般的な評価法である。体育授業で営まれる児童生徒間の関わり合い活動，仲間づくりの成果をより厳密にアセスメントしようとする場合には，形成的評価法の因子的な妥当性や簡便性を継承しつつ，質問項目をいっそう特化させ，実際の授業場面を想定する形で調査票を組みなおす必要がある。

なお，このように特定の体育授業に特化した形成的授業評価法は，ここで述べる仲間づくりに関する調査票のほかに，次節で紹介するダンス授業に関するもの（松本，1996）がある。

2 調査票の作成

調査票を作成するために，仲間づくりに関わった「集団的達成の喜び」「集団的規律」「集団的創意（思考・判断）」「集団的相互作用」「集団の人間関係」「集団活動への学習意欲」の6要因に焦点をあてて30項目を設定した。小学校6年生の12体育授業，364名を対象として調査を行い，その結果に項目分析を経て，9項目を削除し，21項目に対して因子分析を施したところ，表1に示した結果が得られた。はじめに仮定したとほぼ同等に「集団的相互作用」「集団的活動への意欲」「集団的人間関係」「集団的思考」「集団的達成」の5因子が抽出された。このような因子構造を踏まえて，仲間づくりに関わる調査票が作成された。

調査票は，毎授業時間終了時に適用される形成的授業評価であるという点を考慮し，5因子10項目で作成された。項目の選択は，探索的因子分析の手続きを経て，因子負荷量や項目の内容などを複数人の専門家が十分に検討したうえで行われた（表2）。

質問1，2は「集団的達成」の因子に属し，体育授業において「みんなでできた」ことを確認する項目として設定されている。授業中に設定されたグループの課題を達成できたか，そしてそれに導かれる喜びを味わうことができたか，という点に着目している。質問3，4は「集団的思考」の

表1　因子負荷行列および因子間相関行列

		因子間相関行列　集団的相互作用	1					
		集団的活動への意欲	.31	1				
		集団的人間関係	.46	.35	1			
		因子パターン行列　集団的思考	.45	.30	.41	1		
		集団的達成	.40	.27	.38	.31	1	
仮定次元	No.	質問項目　因子名	集団的相互作用	集団的活動への意欲	集団的人間関係	集団的思考	集団的達成	共通性
D	15	あなたは，グループの友だちをほめたり，はげましたりしましたか	.80	-.05	.05	.02	-.05	.65
D	14	あなたは，グループの友だちからほめられたり，はげまされたりしましたか	.73	-.19	.10	.05	-.06	.59
E	25	あなたのグループは，課題を成功したあとに自然と拍手や歓声がおこりましたか	.70	-.10	-.03	-.23	.26	.63
D	12	あなたは，グループの友だちを補助したり，助言したりして助けることができましたか	.61	.16	-.13	.29	-.21	.25
D	18	あなたは，グループの友だちのことを考えて行動することができましたか	.41	.26	-.01	.03	.09	.26
E	23	あなたは，グループの友だちのよさを見つけることができましたか	.37	.16	.35	-.09	-.07	.30
F	27	あなたは，今日取り組んだ運動をグループ全員でもっとやってみたいと思いますか	.04	.89	-.15	-.04	-.01	.81
F	26	あなたは，今日取り組んだ運動をグループ全員で楽しむことができましたか	-.13	.75	.03	.01	.03	.59
F	30	あなたは，今日の授業を行って，体育の授業が今までより好きになった気がしますか	.03	.69	.19	-.06	-.05	.49
F	28	あなたは，夢中になってグループの課題に取り組むことができましたか	-.13	.62	.04	.03	.20	.44
E	20	あなたは，グループのみんなで助け合うことの大切さがわかりましたか	.02	-.08	.80	.02	-.08	.66
E	19	あなたは，グループがひとつになったように感じましたか	-.16	.06	.65	.10	.30	.55
E	21	あなたは，グループのみんなに支えられているように感じましたか	.16	-.09	.63	.00	.09	.45
F	29	あなたは，今日の授業で強く心に残ることがありましたか	.06	.26	.62	-.07	-.21	.50
C	7	あなたのグループは，友だちの意見に耳を傾けて聞くことができましたか	-.16	-.07	.15	.82	-.12	.73
C	9	あなたのグループは，課題の解決に向けて積極的に意見を出しあうことができましたか	.06	.00	-.12	.72	.04	.54
C	8	あなたのグループは，みんなで決めた考え方や解決のしかたに従うことができましたか	.09	-.04	-.06	.60	.18	.41
C	11	あなたのグループは，みんなの意見を大切にして解決の方法が決められましたか	.21	.11	.10	.39	.12	.24
A	1	あなたのグループは，今日課題にしたことを解決することができましたか	-.11	.01	.02	.03	.82	.69
A	2	あなたは，グループのみんなで成しとげたという満足感を味わうことができましたか	.17	.10	-.14	-.01	.64	.49
E	24	あなたのグループは，課題の成功をみんなで喜びあうことができましたか	.34	-.13	.14	.02	.36	.28
		固有値	2.67	2.50	2.15	1.88	1.60	10.81
		寄与率（%）	12.72	11.89	10.25	8.96	7.63	51.46
		累積寄与率（%）	12.72	24.61	34.86	43.83	51.46	

注）A：課題達成の喜び　B：集団的規律　C：集団的創意（思考・判断）　D：集団の相互作用　E：集団の人間関係　F：集団活動への学習意欲

因子であり，ディスカッションの際に仲間の意見に対して傾聴することができたか，積極的に意見を出しあうことができたか，という点をチェックする項目である。質問5，6は「集団的相互作用」の因子であり，積極的な補助・サポートや励まし合いの活動に着目している。質問7，8は「集団的人間関係」の因子を表し，授業中の活動を通して仲間との一体感，連帯感を味わえたかという点をたずねている。質問9，10は「集団的活動への意欲」の因子であり，授業中の活動に対する満足度やさらなる活動欲求という情意的な側面を表している。なお，それぞれの質問項目には3件法にもとづいて，「はい」「どちらでもない」「いいえ」の選択肢が設定されている。

これらの5因子を先に述べた体育の教科内容領域と対応させると，「集団的達成」の因子は「運動技能」の領域に，以下「集団的思考」の因子が「認識」に，「集団的相互作用」と「集団的人間関係」の2因子が「社会的行動」に，「集団的活動への意欲」の因子が「情意」に，それぞれ一致している。

3 調査，集計方法

この調査票は10項目からなる簡便な形成的評価票であることから，毎授業時間終了時に適用することができる。体育授業終了時の「まとめ」の段階で児童生徒に調査票を配付し，回答させることになるが，調査票自体を授業で利用する「学習カード」に組み込んでしまうなどの工夫も考えられる。

回答に際しては，ダブルマーキングや回答の漏れに注意するよう指導者が助言を与えるなどの配慮が必要である。また，調査票の作成にあたっては，フォントサイズや行間など文書体裁（レイアウト）には十分留意し，ミスが少なく回答しやすい調査票を作成するよう努めるべきである。

集計にはExcelなどの表計算ソフトウェアを利用するとよい。回答は3件法であるから，「はい」に3点，「どちらでもない」に2点，「いいえ」に

表2　仲間づくり調査票

体育授業についての調査　　（月／日）

小学校　　年　　組　　男・女　　番　　名前（　　　　　　　）

今日の体育授業について質問します。次の1から10の質問に対して，あなたはどのように思いましたか。
自分の気持ちに一番近い答えに○をつけてください。

1. あなたのグループは，今日課題にしたことを解決することができましたか。	はい	どちらでもない	いいえ
2. あなたは，グループのみんなで成しとげたという満足感を味わうことができましたか。	はい	どちらでもない	いいえ
3. あなたのグループは，友だちの意見に耳を傾けて聞くことができましたか。	はい	どちらでもない	いいえ
4. あなたのグループは，課題の解決に向けて積極的に意見を出しあうことができましたか。	はい	どちらでもない	いいえ
5. あなたは，グループの友だちを補助したり，助言したりして助けることができましたか。	はい	どちらでもない	いいえ
6. あなたは，グループの友だちをほめたり，励ましたりしましたか。	はい	どちらでもない	いいえ
7. あなたは，グループがひとつになったように感じましたか。	はい	どちらでもない	いいえ
8. あなたは，グループのみんなに支えられているように感じましたか。	はい	どちらでもない	いいえ
9. あなたは，今日取り組んだ運動をグループ全員で楽しむことができましたか。	はい	どちらでもない	いいえ
10. あなたは，今日取り組んだ運動をグループ全員でもっとやってみたいと思いますか。	はい	どちらでもない	いいえ

表3 4つの体育授業のクラス平均得点

単元名＼授業時間数	1	2	3	4	5	6	7	8	9	10
チャレンジ運動	2.75	2.85	2.86	2.94	2.96	2.98	—	—	—	—
集団マット運動	2.31	2.43	2.64	2.55	2.64	2.59	2.74	2.89	—	—
ソフトバレーボール	2.32	2.25	2.41	2.85	2.71	2.73	2.64	2.96	—	—
サッカー	2.14	2.28	2.34	2.41	2.19	2.42	2.50	2.19	2.23	2.51

1点を割り当て，データ入力を行う。ワークシート関数などを利用してクラスの平均得点，各因子ごとの平均得点を算出すれば，授業で行われた仲間づくりの成果として活用できる。より詳細な分析をするならば，たとえばグループごとに活動を行った授業に関しては，グループごとの得点を算出したり，授業中に目立った言動を起こした児童生徒については個人プロフィールとして活用することも考えられる。

4 事例的研究の結果と解釈

これまでにこの調査票を使用して蓄積されてきた研究協力校のデータからすれば，少なくとも2.5点以上の平均得点を得ていることが授業成果のめやすと判断される。平均得点が2点を下回るようならば,子どもたちは「もの足りなかった」「あまり協力できなかった」という印象をもっていると考えられ，得点を低下させた何らかの要因が授業中にあったと見るべきである。

仲間づくりを学習内容に含んでいたチャレンジ運動，集団マット運動，ソフトバレーボール，サッカーという4つの体育授業において，単元を通してこの調査票を適用したところ，クラス平均得点は表3のように推移した。

サッカーの授業については比較的低い得点で推移しているが，この授業のねらいは仲間づくりよりもむしろ戦術学習に重点的であったために，仲間づくりに関する評価得点が伸び悩んだものと解釈される。このように，調査票の適用と解釈は，その授業で何をねらっているのかを明確にし，場合によっては他の評価法や観察法を併用しつつ行うことが重要である。

5～6時間扱い程度の単元であれば，得点はおおむね右肩上がりに向上していく傾向が認められてきた。また，7時間扱いを超える長い単元では，単元途中の1ないし2時間程度に得点の「落ち込み」が発生することがある。この原因には，課題の難易度が不適切であったり，児童生徒間の小競り合いによるもの，ゲームでの敗戦などさまざまな要因が関わっていると考えられている。たとえば，体ほぐしの運動のなかでもとくに「仲間との交流」に焦点化した「チャレンジ運動」の授業実践において，VTRを利用した授業観察法を併用して授業分析を行ったところ，児童が取り組む課題がむずかしすぎたり，逆にやさしすぎる場合にも得点が低下する傾向が認められた。

特定のグループや1個人，ひとつの因子などに着目したより詳細な得点推移は，次時以降に行う言葉かけを検討したり，課題の難易度を調整したりする際の判断材料として，すなわち授業をよりよく改善していくための評価としてきわめて有効に活用できると考えられる。

(小松崎敏・高橋健夫)

■参考文献

小松崎敏・米村耕平・三宅健司・長谷川悦示・高橋健夫（2001）体育授業における児童の集団的・協力的活動を評価する形成的評価票の作成．スポーツ教育学研究 21(2) : 57-68.
松本富子・高橋健夫・長谷川悦示（1996）子どもからみたダンス授業評価の構造―中学校創作ダンス授業に対する評価の分析から―．スポーツ教育学研究 16(1) : 47-54.
高橋健夫・長谷川悦示・刈谷三郎（1994）体育授業の「形成的評価法」作成の試み―子どもの授業評価の構造に着目して．平成4・5年度文部省科学研究費研究成果報告書　高橋健夫研究代表　優れた体育授業を実現するための指導法に関する実証的研究，pp,129-138.
高橋健夫・高谷昌・三宅健司・福ヶ迫善彦（2001）チャレンジ運動による仲間づくりの実践．体育科教育 49(1) : 66-69.

4　ダンス（表現運動）の授業を評価する

1 ダンス授業評価法の意義

ダンスは，スポーツや体つくり運動と並ぶ運動文化のひとつである。これらは基本的に性格を異にする運動文化であることから，それぞれの授業の目標・内容も大いに異なる。たとえば，スポーツの授業では既存の運動技術や作戦を中心に学習するが，ダンスの授業では，題材を探求したり，題材にふさわしい表現内容を創作し，これを身体活動として表現する学習活動が中心になる。スポーツでのゲームを中心とした活動のなかでは，子どもたちは相手との競争を楽しむことができるのに対して，ダンスの授業ではダンスを創造し，自己の描いた世界で踊る楽しみや，ダンスを発表したり鑑賞して，互いの表現を分かち合う喜びを経験することができる。このように，運動文化の特性や経験の質に大きな差異があり，学習過程で求められる資質や能力にも大きな差異があると思われる。したがって，ダンス授業の目標・内容に対応したダンス固有の授業評価法を用い，授業を直接受けた子どもに評価させ，そこから授業改善のための情報を得るようにすることが大切である。

2 授業評価法の作成と手順

(1) ダンス授業における評価構造の検討

ダンス学習の目標・内容に対応した授業評価法を作成するために，子どもからみたダンス授業における評価構造を明らかにしようとした。ダンス授業の目標・内容についての基本的な考え方は，体育科学習指導要領に示されている「技能」「態度」，新たに加えられた「学び方」の3つの柱に依拠している。さらに，創作ダンスの授業は「踊る」「創る」「観る」学習活動場面によって構想され，それらに対応する具体的な技能や理解に関するねらいや内容をもつ。また，これらの学習活動で求められる学習行動を意味するねらいや内容（態度や学び方)をもつ。そこで，表1のように，①「踊る」，②「創る」，③「観る」，④「学び方（態度を含む)」の4観点28項目による創作ダンス授業に関するアンケート調査項目を作成し，中学生(男女407名)に単元の授業が終了した後に，授業を振りかえり回答するよう依頼した。得られた結果に因子分析（主成分分析）を施したところ，4つの因子が抽出されたが，各因子を形成する0.40以上の因子負荷量をもつ項目に着目して評価構造を検討した。表2に，ダンス授業評価の構造を示す因子と項目，因子負荷量を示した。この結果から解釈されるように，子どもからみた場合，創作ダンスの授業は「おどる・つくる」「わかる」「かかわる」「とりくむ」の4因子からなる授業評価の構造をもつことが明らかとなった。

(2) ダンス授業をとらえる4評価観点

この結果にもとづいて，創作ダンスの授業では，「おどる・つくる」「わかる」「かかわる」「とりくむ」の4評価観点から授業評価を行うことにした。「おどる・つくる」は，ダンス学習における運動学習を評価する観点である。イメージに応じて創り踊るというダンス独自の運動学習の特性を反映している。「わかる」は，思考判断や認識学習を評価する観点である。創作した動きや表現を互いに鑑賞しあう活動を通じて，動きや表現への認識を広げ，よさを識別する力がつくことを意味して

表1　調査項目作成のカテゴリー

<table>
<tr><td rowspan="3">学習活動</td><td>① 踊　る</td><td>11, 12, 13, 14, 15</td><td rowspan="3">④学び方</td><td>1, 6
2, 7</td></tr>
<tr><td>② 創　る</td><td>16, 17, 18, 19, 20, 21, 22</td><td>3, 8</td></tr>
<tr><td>③ 観　る</td><td>23, 24, 25, 26, 27, 28</td><td>4, 9
5, 10</td></tr>
</table>

表2　ダンス授業評価の構造：バリマックス回転後の因子構造

	No	質問項目	因子	I	II	III	IV	共通性
おどる・つくる	16.	場面変化のある作品をつくれた		**.74**	.19	.00	.16	.61
	19.	めりはりのある動きをつくれた		**.70**	.22	.15	.22	.61
	20.	人にわかる作品をつくれた		**.59**	.02	.35	.17	.50
	13.	めりはりをつけて踊れた		**.59**	.14	.09	.46	.58
	15.	視線をいかして踊れた		**.57**	−.01	.04	.31	.43
	17.	新しい動きやイメージをみつけられた		**.53**	.35	.29	.04	.49
	18.	いろいろな動きやイメージをみつけられた		**.53**	.39	.20	.23	.52
	21.	ふさわしい動きをつくれた		**.52**	.22	.39	.08	.48
	22.	いろいろな空間の使い方をみつけられた		**.47**	.24	.17	.09	.32
わかる	7.	友だちの意見を取り入れられた		.12	**.68**	.03	.18	.51
	27.	いろいろな表現ができると思った		.13	**.65**	.32	.07	.55
	25.	表現のよい点，悪い点がわかった		.12	**.61**	.05	.17	.42
	26.	他の作品のおもしろさがわかった		.15	**.57**	.45	.00	.55
	23.	自分なりに動きや作品を評価できた		.17	**.55**	.22	.27	.45
	28.	人の感じ方，考え方がわかった		.24	**.48**	.40	.17	.48
	24.	人の表現をみて自分の表現をなおせた		.24	**.44**	.26	.16	.35
かかわる	11.	友だちと気持ちをひとつにして踊れた		.20	.12	**.63**	.28	.53
	5.	みんなで作品をつくれた		.38	.22	**.62**	.13	.59
	6.	友だちと仲よく学習できた		−.01	.27	**.58**	.13	.43
	14.	なりきって踊れた		.41	−.05	**.54**	.34	.57
	10.	教え合ったり，助け合ったりできた		.07	.25	**.53**	.29	.44
	3.	表現を認め合うことができた		.31	.28	**.51**	.12	.45
とりくむ	9.	自分から進んで学習できた		.29	.19	.22	**.63**	.57
	2.	積極的に意見を出せた		.09	.27	.07	**.62**	.47
	1.	恥ずかしがらずに取り組めた		.33	−.10	.27	**.58**	.52
	8.	めあてに向かって練習できた		.19	.26	.16	**.54**	.42
	12.	全身を使って踊れた		.29	.21	.16	**.53**	.43
	4.	せいいっぱい運動できた		.07	.18	.41	**.52**	.48
			因子寄与	4.1	3.3	3.3	3.0	13.7
			寄与率	14.6	11.9	11.9	10.6	49.1

いる。「かかわる」は，創作ダンス学習における社会的行動の学習を評価する観点であり，「踊る・創る・観る」学習活動が仲間との良好な関係のなかで行われることを意味している。「とりくむ」は，創作ダンス学習における意欲的学習を評価する観点である。学習への主体的で意欲的な取り組みが大切であることを意味している。

なお，授業評価観点としての妥当性をみるために，4観点とダンス単元全体についての総括的評価項目「よい勉強」「よい授業」の2項目との基準関連性を検討した。優位な正の相関が得られたことから，抽出された4評価観点は総括的な評価との関連性があることが確かめられた。加えて，これらの4評価観点は，学習の評価観点である「意欲・関心・態度」「思考・判断」「技能」にほぼ対応するものであった。また，高田ら(1991)や高橋ら(1994)の体育授業についての総括的評価法，形成的授業評価法の評価観点ともほぼ符号するものであった。

以上のことから，ここで得られた4つの評価観点は，ダンス授業をよりよく理解し，改善するための有益な示唆を提供する評価観点であると判断できる。

(3) 評価観点と「愛好的態度」との関係

クルムや高橋は，体育の目標・内容構造モデルにおいて，愛好的態度の形成という情意的目標を最終的な学習目標として位置づけている。このような意味で，「ダンスへの指向性」や「ダンスに対する価値的態度」の形成と，ダンスの授業評価観点とがどのように結びついているかを検討した。

表3　体育の情意的目標と各因子との関係：重回帰分析の結果

因　子	『楽しさの体験』			「愛好的態度」		
	β	γ	貢献度（%）	β	γ	貢献度（%）
「おどる・つくる」	.08	.49***	4.1	.28***	.66***	18.7
「わ　か　る」	.09	.46***	4.0	.17***	.59***	10.2
「か か わ る」	.28***	.56***	15.3	.28***	.67***	19.0
「と り く む」	.25***	.54***	13.7	.12*	.60***	7.3
相関係数　R	.61***			.74***		
決定係数　R^2	.36			.55		

R^2 は自由度調整済み。　*p＜.05　***p＜.001

結果は表3のとおりである。短期の活動や達成による満足を示す「楽しさの体験」には，「かかわる」「とりくむ」の2つの評価観点が貢献していた。長期の情意的目標である「ダンスの愛好的態度」の形成には，4つの観点すべてが有意に関連し，なかでも運動学習の「おどる・つくる」と社会的行動学習の「かかわる」の影響力が一番大きい貢献度を示した。つまり，「楽しさの体験」は，学習集団の仲間との関係が良好で，積極的に学習に取り組め，自分の考えや意見を示せたときに味わうことができる。しかし，楽しさという心理的体験を超えて，学習者が生涯にわたってダンスの運動文化を享受する性向と能力を育成するためには，4つの評価観点を満たす学習が重要である。なかでも踊り・創る「運動の技能的学習」と仲間との関わりを表す「社会的行動学習」の成果が重要な意義をもつ。

3 評価の方法

実際に授業を評価する場合は，項目数をできるだけ少なくして簡便に行えるようにすることが必要である。項目の選定については，意味内容が重複しないようにすることとし，観点間の項目数に極端な差がないように調整した。そこで，表4のような4次元16項目を用い，さらに「楽しかったですか」の1項目を加えた17項目に絞って用いることとした。評価に際しては，単元の事前と事後に，あるいは毎時間の授業の終わりに，子どもが授業を振り返って，「はい」「いいえ」「どちらでもない」のいずれかに○をつけることにより評価を行う。そして，「はい」を3点，「どちらでもない」を2点，「いいえ」を1点として集計を行い，統計的な処理を施す。得られた結果から，クラス全体や個人やチーム，学年などに着目し，単元前後の変化や毎時間の変化，各観点や項目の特徴などをとらえて授業や個々の子どもへの指導計画を診断し，ダンス授業の修正と改善を行う。

4 結果の解釈の仕方（事例）

表4は，N高校1年生のダンス授業の結果である。1時間目から5時間目は創作ダンスの授業を行っている。総合評価をみると，3時間目の総合評価が2.41とやや落ち込むものの少しずつ向上し，1時間目の2.56に対し5時間目は2.70となり有意に評価が向上している（p＜.05）。観点別評価得点も同様の傾向にある。とくに，「とりくむ」の観点は意欲的主体的な学び方を示す項目であるが，4観点のなかでは一番評価が高い。しかも，1時間目の2.72に比べ，5時間目の評価が2.91と有意に高くなっており，総合評価と同様に明らかな学習の成果が認められる。各項目の評価からは，5時間目には，ほとんどの生徒が恥ずかしがらずに取り組み（2.94），積極的に意見を出して（3.00），友だちと気持ちをひとつにして踊ったり（2.83），みんなで表現（作品）をつくることができた（2.83）ことがうかがわれる。

このほか，「積極的に意見を出せた」や1時間目には得点のやや低かった「人にわかる表現がつくれた」「教えあったり助けあったりできた」の項目についても，1時間目より5時間目の評価が有意に高くなっている。このことから，学習の積み上げによって，しだいに積極的に意見を出せる

表4　ダンス授業評価（N 高校１年生）

ダンスの形成的授業評価	1時間目	2時間目	3時間目	4時間目	5時間目	平均	5時間目＞1時間目
総　合	2.56	2.61	2.41	2.61	2.70	2.58	*
とりくむ	2.72	2.78	2.65	2.74	2.91	2.76	*
1. 恥ずかしがらずに取り組めましたか	2.89	2.78	2.83	2.67	2.94	2.82	
2. 積極的に意見を出せましたか	2.67	2.83	2.28	2.78	3.00	2.71	*
3. めあてに向かって練習できましたか	2.61	2.72	2.83	2.78	2.78	2.74	
おどる・つくる	2.35	2.36	2.39	2.26	2.53	2.38	
4. めりはりのある動き（作品）をつくれましたか	2.67	2.39	2.33	2.56	2.50	2.49	
5. 人にわかる表現（作品）をつくれましたか	2.44	2.28	2.33	2.22	2.78	2.41	*
6. めりはりをつけて踊れましたか	2.44	2.44	2.56	2.28	2.56	2.46	
7. 視線を生かして踊れましたか	1.83	2.33	2.33	2.00	2.28	2.16	*
わかる	2.59	2.65	2.24	2.69	2.67	2.57	
8. 友だちの意見を取り入れられましたか	2.50	2.94	2.11	2.83	2.78	2.63	
9. いろいろな表現ができると思うことがありましたか	2.83	2.67	2.50	2.78	2.67	2.69	
10. 表現のよい点（悪い点）がわかりましたか	2.44	2.33	2.11	2.44	2.56	2.38	
かかわる	2.64	2.69	2.38	2.81	2.75	2.65	
11. 友だちと気持ちをひとつにして踊れましたか	2.72	2.61	2.44	2.89	2.83	2.70	
12. みんなで表現（作品）をつくれましたか	2.83	2.78	2.06	2.78	2.83	2.66	
13. 教え合ったり助け合ったりできましたか	2.33	2.78	2.56	2.89	2.72	2.66	*
14. 表現を認め合うことができましたか	2.67	2.61	2.44	2.67	2.61	2.60	

ようになり，友だちとの支援的な関わりが育ち，人に伝わるような表現ができるようになっていったことが認められる。

一方，評価が落ち込んだ3時間目については，各項目の評価をみると，「みんなで表現をつくれた」「友だちの意見を取り入れられた」「表現のよい点がわかった」「積極的に意見を出せた」の項目が，2.06から2.28のとくに低い値を示している。どのようなことが影響したかについてはここからは判断できないが，仲間との意見の交流が他の時間に比べ明らかに減退し，表現のよい点を見いだすことがむずかしかったことや，みんなで表現がつくり出せたという実感が持ちにくかったことが読み取れる。学習課題や指導計画，学習場面でのできごとなどを振り返ることによって，改善が可能になると考えられる。

このほか，やや低い値にとどまるのは「おどる・つくる」技能の学習を示す観点と項目である。技能学習は，目にみえて成果をあげることがそう簡単ではないことを示している。項目別にみると，5時間目には顕著に評価が向上しているものの，「視線を生かして踊れた」が1.83～2.33と全項目のなかで一番得点が低い。視線を生かして踊れるようになるのは学習がある程度進んだ段階であると考えると，この結果は理解できるものである。

学習段階によってはさらに観点別に評価項目を絞ることも考えられるが，評価結果をこのようにみていくことによって，授業の特徴を具体的に描きだすことができる。学習カード上の子どもの記載と組み合わせて判断するなど，この評価法に加えて他の資料を活用すれば，授業改善をはかるうえでいっそう有益な情報が得られるであろう。

（松本富子）

■参考文献

長谷川悦示・高橋健夫・浦井孝夫・松本富子（1995）小学校の体育授業の形成的評価票及び診断基準作成の試み．スポーツ教育学研究 14(2)：91-101．
松本富子・高橋健夫・長谷川悦示（1996）子どもからみたダンス授業評価の構造－中学校創作ダンス授業に対する評価の分析から－．スポーツ教育学研究 16(1)：47-54．ほか

5　学級集団意識を調査する

1 学級に対する子どもの意識を調査する意義

教育現場では,「体育授業をみれば，日頃の学級経営がわかる」「教室での学級経営が体育授業にあらわれる」など，体育授業と学級経営との関係が話題にのぼることが多い。体育授業が学級経営に影響することや，逆に学級経営が体育授業をはじめ各教科の授業に影響することは，多くの人が実感していることである。実際，多くの体育授業を観察してきた印象からも，体育授業でみられる学習意欲や学習態度が，教室での学習意欲や学習態度と深く関係していることを予感させる。教科指導と生活指導との関係は，教育学の分野で古くから主張されてきた。とくに小学校の場合，学級担任が全教科の指導にあたるため，その関係がいっそう強くなるといわれている。なかでも，運動学習が中心となる体育授業は，座学を中心とする知的教科以上にその関係が強くなると仮定することができる。

ところで，学校における子どもたちの授業や生活の基盤になっているのは学級である。もし，学習の規律が確立し，子ども相互の人間関係が良好な状態の学級であれば，授業も肯定的な雰囲気のもとでスムーズに展開されるだろう。逆に，学級のルールやマナーが守れず，人間関係に問題があれば，授業展開過程でさまざまな支障の生じていることが容易に想像できる。よりよい学級は，よい授業を実現していくうえで欠くことのできない条件である。

そこで，学級に対する子どもたちの意識を調査するための調査票を作成することにした。この調査票を適用することで，学級の様態や変容を把握するとともに，他の授業評価法や授業観察法と併用することで体育授業の成果や可能性を検証することができる。

2 学級集団意識の調査票の作成

子どもたちからみた学級集団意識の構造を明らかにするために，すでに教育学分野で開発されているいくつかの方法を参考に,「学校・学級への態度」「学級集団の活動性」「学習意欲」「学級集団の人間関係」の4次元25項目からなる調査票を作成し，千葉県と東京都の小学校5校，中・高学年の44学級1,551名の児童を対象に調査を実施した。これによって得られたデータに因子分析（主成分法，Varimax回転）を施したところ，ほぼ予想したとおりの4因子が抽出された。そして，この結果にもとづいて，それぞれの因子に負荷量が高く，子どもがはっきりと回答できる項目を4つずつ選び，計16項目からなる調査票を作成し，再度16項目で因子分析（主成分法，Varimax回転）を施した。その結果，**表1**のように項目の移動が生じることなく安定した4因子を抽出することができた。各因子の項目の特徴から，それぞれ「学習意欲」「人間関係」「「活動性」「雰囲気」と命名した。この4つの観点から，子どもたちの学級集団意識をとらえることにした。

3 体育授業と学級集団意識の関係

ところで，これまで体育授業と学級経営との関係が語られるものの，これらの事実を実証的に検討したものはみられなかった。そこで，学習集団意識の調査票と体育授業の調査票（診断的・総括的授業評価法，Ⅰ章-1参照）を用いて，小学校中・高学年の児童（4校，35学級，男女1,109名）を対象に体育の単元はじめと単元おわりに調査を実施し，子どもたちの学級に対する態度と体育授業に対する態度との関係を分析した。**表2，3**は，学

表1　学級集団意識の構造；バリマックス回転後の因子構造（16項目）

	質問項目　　因子	I	II	III	IV	共通性	α係数
学習意欲	あなたは，もっとたくさん勉強がしたいなあ，と思うことがありますか	.69	.00	.06	-.07	.48	
	あなたは，このクラスになってからよく勉強するようになりましたか	.68	.05	.07	.00	.48	
	クラスのみんながかんばっているので，自分も勉強しなくちゃ，と思うことがありますか	.67	.19	-.11	-.01	.49	.63
	学校の勉強は，知らないことがわかるようになるので，楽しく感じますか	.61	-.08	.00	.31	.48	
	あなたのクラスには，けんかやもめごとが多いと思いますか	-.06	.78	-.15	.02	.64	
人間関係	あなたのクラスには，自分勝手なことをする人が多いですか	.14	.71	.03	-.01	.52	
	あなたのクラスは，よくまとまっていると思いますか	.14	.62	.07	.15	.43	.62
	あなたのクラスは，男女が仲よく話し合っていますか	-.03	.40	.33	.17	.30	
	あなたのクラスでは，誕生会やクラス会，班対抗ゲームなどをよくやりますか	.00	-.06	.71	-.03	.51	
活動性	あなたのクラスでは，お楽しみ会や新聞づくりなど，他のクラスではやらないようなことをいろいろやりますか	.06	-.19	.61	.17	.44	.51
	あなたのクラスでは，休み時間や放課後，クラス全員で遊んだり，話し合いをしたりすることがありますか	.02	.07	.60	-.04	.36	
	あなたのクラスでは，なにか目標をきめて班で競争したりしますか	-.04	.11	.56	-.06	.33	
雰囲気	あなたのクラスの友だちといっしょに遊んだり，話したりするのが好きですか	-.09	.01	-.11	.70	.51	
	あなたは学校に来るのが楽しみですか	.27	.01	.00	.60	.43	
	あなたのクラスは明るく楽しいクラスだと思いますか	-.06	.15	.13	.51	.31	.47
	あなたのクラスには なんでも打ち明けられる友だちがいますか	.06	.05	.02	.56	.32	
	固有値	1.90	1.78	1.73	1.61	7.03	
	寄与率（%）	11.88	11.13	10.81	10.06	43.88	
	累積寄与率（%）	11.88	23.00	33.81	43.88		

級集団意識と体育授業評価の相関関係を示したものである。この表から，両者の間にはかなり強い関係が認められた。また，表4は単元前後で体育授業評価が向上した児童を「向上群」，停滞もしくは下降した児童を「停滞・下降群」として，子どもたちの学級集団意識の変容をみたものである。体育授業に対する態度がプラスに変容していた「向上群」の子どもは学級集団意識もプラスに変容し，逆に「停滞・下降群」の子どもは学級集団意識がマイナスに変容する傾向がみられた。これらの結果から，「学級経営」と「体育授業」とは深い関わりがあるという仮説は検証されたと考える。

4 活用のしかた

この調査は，ホームルームなどの時間を利用して教室で実施し，子どもたち自身に自らの学級について回答してもらう。この

表2　体育授業評価と学級集団意識との関係（単元前）　(n＝49)

		学級集団意識				
		雰囲気	活動性	学習意欲	人間関係	総合評価
体育授業評価	総合評価	.682***	.468***	.799***	.286*	.681***
	楽しさ	.618***	.437**	.723***	.231	.600***
	学び方	.645***	.442**	.754***	.369**	.691***
	技能	.587***	.452***	.727***	.103	.560***
	態度	.657***	.351*	.672***	.373**	.619***

(*p＜.05　**p＜.01　***p＜.001)

表3　体育授業評価と学級集団意識との関係（単元後）　(n＝49)

		学級集団意識				
		雰囲気	活動性	学習意欲	人間関係	総合評価
体育授業評価	総合評価	.736***	.426**	.834***	.492***	.616***
	楽しさ	.7728***	.416**	.795***	.482***	.647***
	学び方	.679***	.470***	.726***	.548***	.646***
	技能	.609***	.383**	.782***	.286*	.458***
	態度	.592***	.189	.678***	.477***	.447**

(*p＜.05　**p＜.01　***p＜.001)

表4　学級集団意識の変容

	向上群 n=758					停滞・下降群 n=750				
	単元前		単元後		t 検定	単元前		単元後		t 検定
	M	(SD)	M	(SD)		M	(SD)	M	(SD)	
雰囲気	2.69	(0.34)	2.76	(0.32)	4.84 ***	2.77	(0.29)	2.70	(0.36)	-5.89 ***
活動性	2.09	(0.51)	2.28	(0.53)	9.45 ***	2.22	(0.50)	2.25	(0.50)	1.46
学習意欲	2.29	(0.51)	2.43	(0.48)	7.61 ***	2.44	(0.65)	2.35	(0.50)	-5.34 ***
人間関係	2.06	(0.48)	2.16	(0.48)	5.68 ***	2.15	(0.48)	2.09	(0.49)	-3.11 **
総合評価	2.29	(0.31)	2.29	(0.31)	11.41 ***	2.40	(0.32)	2.35	(0.32)	-4.81 ***

(＊＊p＜.01　＊＊＊p＜.001)

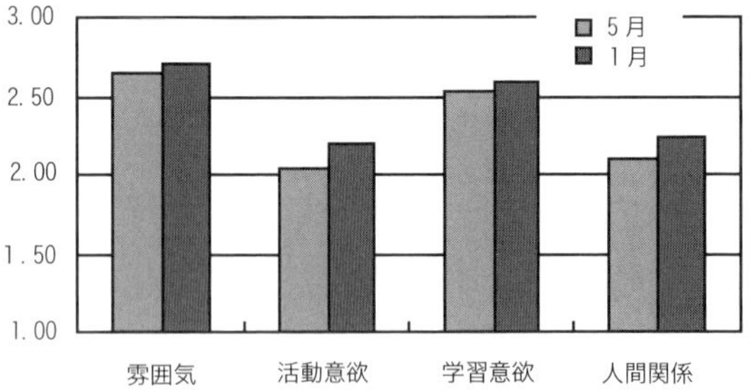

図1　横浜小 (2～6年生) の学級集団意識の変容

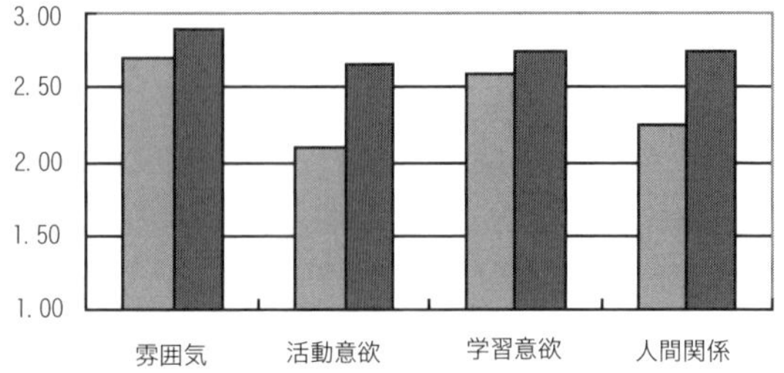

図2　横浜小 (6年生) の学級集団意識の変容

調査によって，学級の様態を知ることができ，加えて，単元の前後や学期ごとあるいは学年ごとというように長い期間をおいて実施することで，子どもたちの学級に対する意識の変容もみることができる。あわせて体育授業に関する調査票を活用することで，体育授業との関連性や影響力をみることができる。また，体育の授業だけでなく，他の教科の授業との関係を検討すれば，いっそう有効な教育学的知見が得られるものと考える。なお，授業研究の目的に応じて，特定の次元や項目のみを適用してもよいし，ある特定の子どもに注目して得点や変容を調べてもよい。

調査票は資料編168頁に示してある。それぞれの項目に「はい」「どちらともいえない」「いいえ」の3選択で評価させ，「はい」に3点，「どちらともいえない」に2点,「いいえ」に1点を与え，平均点を算出する。

5 実践例の紹介

高知県の横浜小学校（以下，横浜小）では，子どもの実態把握や授業改善のために学校全体で授業評価法を適用した授業研究に組織的に取り組んでいる。横浜小では，そのひとつとして，子どもの学級集団意識調査を実施している。図1は，2001年5月と2002年1月に2年生以上の子どもたちを対象に調査した結果である。5月と1月を比べてすべての次元において，子どもたちの学級集団に対する意識が向上していることがわかる。また，図2は6年生の結果を示したものであるが，とくに6年生では「活動性」と「人間関係」の伸びが大きくなっていた。この要因について，担任教師は，「体ほぐしの運動」などを通して良好な人間関係が築けたことや週2回クラス全員が参加するイベント（ドッチボールなど）を継続して行ったことなどが影響していたと考察していた。

このように，横浜小では，長年体育の研究校として授業研究を積み重ねてきており，学級集団意識の調査票を用いて，体育授業あるいは体育的活動で培われた雰囲気や人間関係が教室での学級経営や学級活動に肯定的に影響していることを確認している。（日野克博・高橋健夫）

■参考文献

日野克博・高橋健夫ほか（2000）小学校における子どもの体育授業評価と学級集団意識との関係．体育学研究 45(5) : 599-610.
日野克博（2002）データで見る体育と学級経営の関係．体育科教育 50(5) : 18-21.

6　子どもの有能感の変化をみる

1 なぜ運動有能感なのか

学校体育の目標は，生涯体育・スポーツの実践者を育成するために，生涯にわたって継続的に運動に親しむ態度を養うことを重要視している（文部省，1989）。運動を継続的に行うためには，運動することが楽しいから運動に参加するというように内発的動機づけにもとづいて参加することが重要である。体育授業で「運動の楽しさ体験」が重要視されていることは，この内発的動機づけの視点からも支持されるものである。すなわち，運動に対する関心・意欲・態度を高めるという目標は，児童生徒を運動に内発的に動機づける過程を経て達成できるものであると考えられる。

デシー (1980) は，内発的動機づけを「有能さと自己決定」から解釈している。すなわち，人間は「有能さと自己決定」を感知したいという欲求に動機づけられて行動するものであり，それを内発的に動機づけられた行動であると主張している。また，ホワイト (1959) は有能感を有能さと同様の意味でとらえ，「有機体が，その環境と効果的に相互作用する能力」と定義している。すなわち，有能感とは予測不能な状況や環境のなかで，自信をもって積極的に対処していくことのできる能力のことである。

以上のように生涯体育・スポーツの実践者の育成には運動に対する有能感を高めることが重要である。それゆえ，このような立場で行われる体育授業研究では，児童生徒の運動有能感の変化を測定し，その授業効果の検討を行うことが必要になる。

2 運動有能感の構造について

有能感の測定尺度に関しては，ハーター (1979) によって作成された有能感尺度の日本語版が，桜井 (1983) によって作成されている。われわれはこの日本語版の 4 つの下位尺度のひとつである「身体の有能感尺度」を用いて測定を行ってきた。しかし，身体的有能感は運動ができるという自己認知であり，運動有能感を身体的有能感の意味のみでとらえた場合は，運動能力や技能の低い児童生徒を運動に内発的に動機づける方法を検討することは困難である。そこで，岡沢ら (1996) は運動有能感を総合的にとらえることが可能な運動有能感の構造を明らかにし，小学校高学年から大学生まで使用可能な「運動の有能感測定尺度」の作成を試みた。

その結果，運動有能感は，小学生（高学年）から大学生までのすべての発達段階に共通してた 3 因子（各因子 4 項目）に分類された。

表 1 は中学生の因子分析の結果を示したものである。第 1 因子は「 運動能力がすぐれていると思います」「 たいていの運動は上手にできます」「運動の上手な見本として，よく選ばれます」「運動について自信をもっているほうです」の 4 項目で構成されており，自己の運動能力，運動技能に対する肯定的認知に関する項目で構成されている。それゆえ，「身体的有能さの認知」の因子と命名された。

第 2 因子は「 練習をすれば，必ず技術や記録は伸びると思います」「 努力さえすれば，たいていの運動は上手にできると思います」「少しむずかしい運動でも，努力すればできると思います」「できない運動でも，あきらめないで練習すればできるようになると思います」の 4 項目で構成されている。自己の努力や練習によって運動をどの程度コントロールできるかを認知している因子であるので「統制感」と命名した。

表1　運動有能感の因子分析（中学生）の結果　n=3, 402

	FACTOR1	FOCTOR2	FOCTOR3
1. 運動能力がすぐれていると思います。	**.86292**	.27333	.09188
10. 運動について自信をもっているほうです。	**.84058**	.30773	.14074
2. たいていの運動はじょうずにできます。	**.83343**	.31478	.12483
8. 運動のじょうずな見本として，よく選ばれます。	**.76965**	.08316	.15482
12. できない運動でも，あきらめないで練習すればできるようになると思います。	.13616	**.82614**	.19279
3. 練習をすれば，かならず技術や記録はのびると思います。	.21795	**.81625**	.17234
4. 努力さえすれば，たいていの運動はじょうずにできると思います。	.27066	**.80047**	.14666
11. 少しむずかしい運動でも，努力すればできると思います。	.33244	**.78789**	.17371
7. いっしょに運動をしようとさそってくれる友だちがいます。	.14206	.11303	**.80992**
6. 運動をしているとき，友だちがはげましたり，応援してくれます。	.00836	.14054	**.77734**
9. いっしょに運動する友だちがいます。	.17233	.16711	**.76446**
5. 運動をしいているとき，先生がはげましたり，応援してくれます。	.12182	.12277	**.54637**
寄与	3.053	2.961	2.33
寄与率（%）	25.4	24.7	19.4
累積寄与率（%）	25.4	50.1	69.5

第3因子は「運動をしているとき，先生が励ましたり応援してくれます」「運動をしているとき，友だちが励ましたり応援してくれます」「一緒に運動をしようと誘ってくれる友だちがいます」「一緒に運動する友だちがいます」の4項目で構成されている。これらの項目はすべて，運動場面で教師や仲間から受け入れられているという認知に関する項目で構成されており，「受容感」と命名した。

以上のように運動有能感は「身体的有能さの認知」「統制感」「受容感」の3因子で構成されていることが明らかにされた。

従来の有能感という考え方では，「身体的有能さの認知」のみが重要視され，運動能力の低い児童生徒を運動に内発的に動機づける方法を探ることは困難であった。しかし，「統制感」「受容感」という要因が加わることによって，運動能力や技能レベルの低い児童生徒を運動に内発的に動機づける体育授業のあり方を検討する手がかりが得られると考えられる。

また，この運動有能感測定尺度が，安定した測定結果を提供することが可能であるという信頼性に関しては，各発達段階別にクロンバックのα係数を算出し検討した。その結果，作成された運動有能感尺度が小学生（高学年）から大学生までの発達段階において比較的高い信頼性があることが明らかであった。

3 小学校低学年用の運動有能感測定尺度

岡澤ら (1996) によって作成された運動有能感測定尺度を用いて，多くの授業研究を行ってきた。そのなかで，この運動有能感測定尺度は小学校3，4年にも使用可能であることが明らかにされてきた。しかし，小学校の低学年には使用が困難であるので，教育現場から小学校低学年用の運動有能感測定尺度作成の要望が寄せられた。そこで，岡澤ら (2001) は小学校低学年用の測定尺度の作成を試みた。岡沢らの測定項目は小学校低学年の担任をしている教論よって，低学年の児童にも理解できるように修正され，担任教師が読みあげていっせいに調査するという方法で調査を行った。その結果，小学校の低学年においても表2に示されているように運動有能感は「身体的有能さの認知」「統制感」「受容感」の3因子（各因子3項目）で構成されることが明らかになった。信頼性に関しても使用可能であると考えられる結果が得られた。

以上のように運動有能感測定尺度は児童生徒・学生の運動有能感を測定することが可能であり，授業研究に有効に利用できると考えられる。作成された調査票は付表1，2（あるいは資料編165頁）に示したので，参考にしていただきたい。

表 2　運動有能感の因子分析（小学生低学年）の結果　n=586

	FACTOR1	FOCTOR2	FOCTOR3
1. ほとんどのうんどう（たいいく）は，じょうずにできます。	**.81911**	.10674	.07201
9. うんどう（たいいく）がとくいなほうです。	**.73346**	.18633	.23397
5. うんどう（たいいく）がよくできるとおもいます。	**.67270**	.27863	.14506
8. できないうんどうでも，あきらめないでれんしゅうすればできるようになるとおもいます。	.02891	**.82446**	.14506
2. すこしむずかしいうんどう（たいいく）でも，がんばればできるとおもいます。	.25106	**.75317**	.11052
4. がんばれば，ほとんどのうんどう（たいいく）はじょうずにできるとおもいます。	.35633	**.61425**	.03746
6. たいいくをしているとき，ともだちががんばれとおうえんしてくれます。	.24936	.04636	**.75251**
7. たいいくをしているとき，せんせいががんばれとおうえんしてくれます。	.02579	.14471	**.74212**
3. たいいくのじかん，いっしょにしようとさそってくれるともだちがいます。	.15201	.17110	**.66662**
寄与	1.9382	1.8004	1.6894
寄与率（%）	21.5	20.0	18.8
累積寄与率（%）	21.5	41.5	60.3

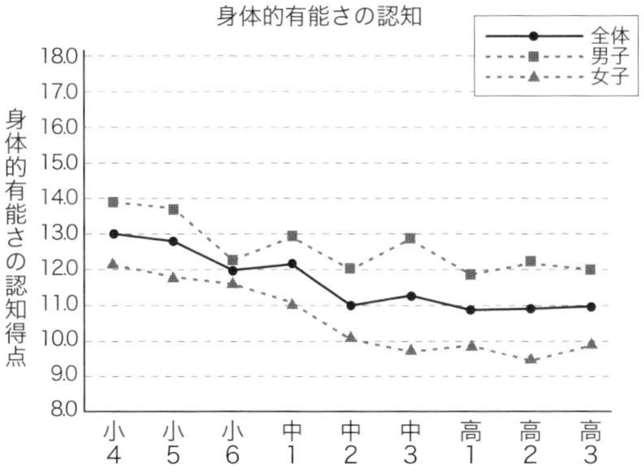

図 1　身体的有能さの認知の加齢にともなう変化

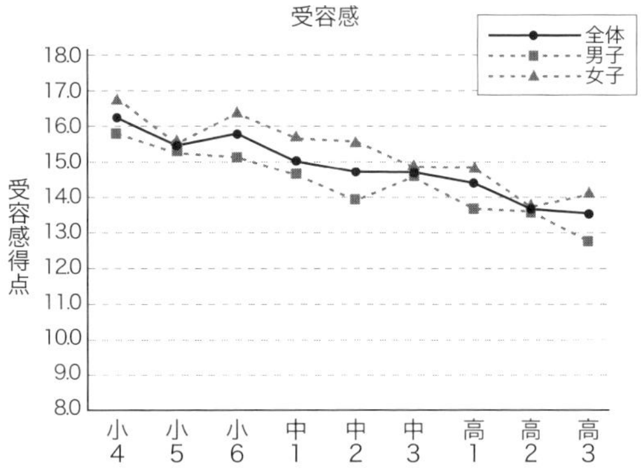

図 3　受容感の加齢にともなう変化

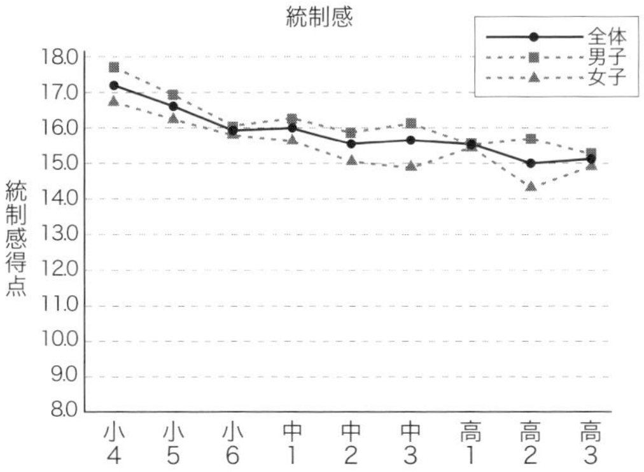

図 2　統制感の加齢にともなう変化

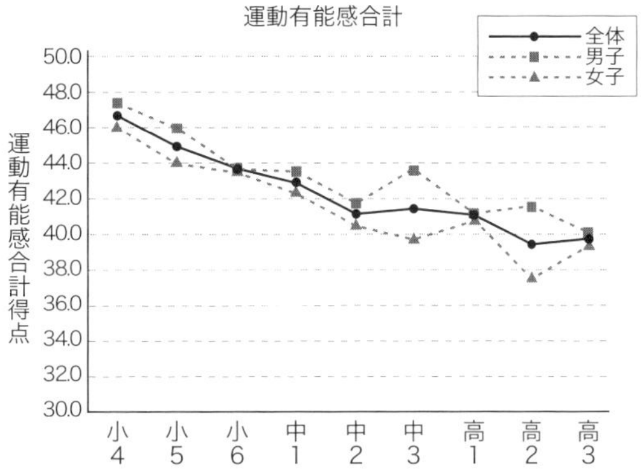

図 4　運動有能感合計の加齢にともなう変化

4 運動有能感の一般的な発達傾向と性差

作成された運動有能感測定尺度で測定される得点の一般的な発達傾向と性差は図 1 から図 4 に示されているようである。「身体的有能さの認知」「統制感」「受容感」「運動有能感（合計）」のすべてにおいて発達にしたがって低下する傾向がみられる。また，性差に関しては，「身体的有能さの認知」「統制感」はすべての発達段階で男子が女子よりも高い得点を示しているが，「受容感」に関しては女子が男子よりも高い得点を示した。このデータは奈良県内の地域性を考慮して各校種 3 校ずつ，学年と性に偏りがないようにするという基準で調査を行い，回答に不備がなかった男子 1,347 名，女子 1,302 名の結果を分析したものである。この結果を基に標準化することには無理があると考えられるが，いちおうのめやすにはなると考え，ここに示すことにした。授業研究などで用いるときには，クラスのベースラインを事前に測定しておき，単元の前後での変化をみることによってその授業が運動有能感に与えた影響を分析することが，妥当であると考えられる。

この運動有能感尺度を用いて，多くの授業研究を行ってきたが，児童生徒の実態を把握することが可能であるという実感を得ている。運動能力や運動技能を高めるためには積極的な参加が必要である。この積極的な運動参加のエネルギーの源になるのが，運動有能感の3因子であると考えられる。すべての児童生徒が積極的に参加できる体育授業づくりの効果の測定に適した測定尺度であると考えられる。

（岡澤祥訓）

■参考文献

E. L. Deci : 安藤延男・石田梅男訳 (1980)，内発的動機づけ－実験社会心理的アプローチ－．誠信書房，<Deci, E. l. (1975), Intrnsic motivation. Plenum Press : New York.>

Hater, S. (1979) Perceived Competence Scale for Children (manual). University of Denver.

文部省 (1989) 小学校指導書－体育編－．文部省．

岡澤祥訓・北真佐美・諏訪祐一郎（1996），運動有能感の構造とその発達及び性差に関する研究．スポーツ教育学研究 16(2): 145-155.

岡澤祥訓・木谷博記・木谷真佐美 (2001)，小学校低学年用運動有能感測定尺度の作成．奈良教育大学紀要 50(1) : 91-95.

桜井茂男 (1983) 認知されたコンピテンス測定尺度 (日本語版) の作成．教育心理学研究 31(3) : 245-249.

White, W. (1959) Motivation reconsedered :the concept of competence. Phychological Review.66(5) : 297-333.

付表1　運動の有能感に関する調査

（　　）年（　　）組（　　）番　　男・女　　氏名（　　　　　　　　）

この調査用紙は，運動についての文章をあげてあります。それぞれの質問について自分に当てはまると思う番号を○で囲んでください。

	よくあてはまる	ややあてはまる	どちらともいえない	あまりあてはまらない	まったくあてはまらない
1. 運動能力がすぐれていると思います	5	4	3	2	1
2. たいていの運動はじょうずにできます	5	4	3	2	1
3. 練習をすれば，かならず技術はのびると思います	5	4	3	2	1
4. 努力さえすれば，たいていの運動はじょうずにできると思います	5	4	3	2	1
5. 運動をしているとき，先生が励ましてくれたり応援してくれます	5	4	3	2	1
6. 運動をしているとき，友だちが励ましてくれたり応援してくれます	5	4	3	2	1
7. いっしょに運動しようと誘ってくれる友だちがいます	5	4	3	2	1
8. 運動のじょうずな見本として，よく選ばれます	5	4	3	2	1
9. いっしょに運動する友だちがいます	5	4	3	2	1
10. 運動について自信をもっているほうです	5	4	3	2	1
11. 少しむずかしい運動でも，努力すればできると思います	5	4	3	2	1
12. できない運動でも，あきらめないで練習すればできるようになると思います	5	4	3	2	1

身体的有能さの認知‥‥1，2，8，10項の合計点　　統制感‥‥3，4，11，12項の合計点　　受容感‥‥5，6，7，9項の合計点

付表2　低学年用運動有能感測定尺度

このプリントはうんどう（たいいく）についてみなさんにきいています。
これからよみますので，あてはまるばんごうに○をつけてください。

ねん	くみ	ばん	おとこ・おんな	なまえ

	そうおもう	すこしおもう	どちらでもない	あまりおもわない	ぜんぜんおもわない
1. ほとんどのうんどう（たいいく）は，じょうずにできます。	5	4	3	2	1
2. すこしむずかしいうんどう（たいいく）でも，がんばればできるとおもいます。	5	4	3	2	1
3. たいいくのじかん，いっしょにしようとさそってくれるともだちがいます。	5	4	3	2	1
4. がんばれば，ほとんどのうんどう（たいいく）はじょうずにできるとおもいます。	5	4	3	2	1
5. うんどう（たいいく）がよくできるとおもいます。	5	4	3	2	1
6. たいいくをしているとき，ともだちががんばれとおうえんしてくれます。	5	4	3	2	1
7. たいいくをしているとき，せんせいががんばれとおうえんしてくれます。	5	4	3	2	1
8. できないうんどう（たいいく）でも，あきらめないでれんしゅうすれば，できるようになるとおもいます。	5	4	3	2	1
9. うんどう（たいいく）がとくいなほうです。	5	4	3	2	1

身体的有能さの認知‥‥1項，5項，9項の合計点　　統制感‥‥2項，4項，8項の合計点　　受容感‥‥3項，6項，7項の合計点

7　観察者が体育授業を主観的に評価する

1 授業観察法を作成することの意義

毎年おびただしい数の研究授業や授業研究が行われており，公開授業では大勢の教師が授業を観察し，評価する。これらの教師は，いったいどのような観点から授業を観察・評価するのであろうか。また，どのような条件が満たされたとき，「よい体育授業」と見なすのであろうか。

なかには，1時間の授業をかいま見るだけでは授業を正しく評価できないと考える人もいることであろう。たしかに1授業時間は単元の一断面であるため，単元全体を通して観察分析することが望ましい。また，そうでなければ解決できない研究課題も少なくない。しかし，単元全体の授業成果も，1時間1時間の授業の積み重ねによって生み出されるものであり，1授業時間から観察でき，評価できることがらも少なくない。事実私たちは，多年にわたって運動学習が中心となる単元なかの授業観察を行い，授業を成功に導くためのいくつかの基礎的条件を明らかにしてきた。

次に問題になるのは，観察者である教師は，さまざまな体育の考え方や立場をもっており，それぞれが異なった観点から授業の諸現象を観察評価するということである。そのこと自体は否定されるべきでなく，むしろ多様な視点からの観察や評価が授業改善に有益な示唆を与える可能性は大きい。しかし，これまで数多くの公開授業や研究授業に参加してきた経験でいえば，観察者の観察視点があまりにも分散しすぎているため，授業後の反省会で的を絞った建設的な論議が行われているケースは少なかった。このような実状に鑑みて，観察者に共通する評価観点を見い出すことができ，しかもそれらの観点が「よい体育授業の条件」に符合するものであるなら，それらをあらかじめチェックリストとして作成しておき，これにもとづいて観察評価すれば，授業改善に有益な情報が得られると考えた。とくに，このような方法を教育実習生や新任教師の研究授業に適用できれば，彼らの授業の力量を高めるうえで有効な情報が得られるはずである。もちろん，このようなチェックリストは観察者の主観によって評価されるため，観察者の経験によって，また授業に対する考え方や立場によって評価に差異が生じることが予想される。それでも，共通の観点から授業を観察評価できるため，論点を絞った建設的な論議を期待することができると考えた。

そこで，私たちは「体育授業を構成する要因」やこれまでの授業研究によって明らかにされてきた「体育授業成果に作用する要因」に着目して調査票（30項目）を作成し，小学校の体育授業を観察した教師たちが，どのような観点から授業を評価するのかを分析した（高橋・長谷川，1996）。

2 授業観察者の評価観点の構造

まず，13学校で行われた65の公開授業を観察した教師たち（395名）の協力を得て，調査を実施し，因子分析を施した。その結果，あらかじめ仮定したように，「教師の相互作用」「学習環境」「意欲的学習」「授業の勢い」「効果的学習」の5因子が抽出された。

このような因子分析の結果にもとづいて，観察チェックリストを作成することにした。いうまでもなく，観察チェックリストは簡便であったほうがよい。そのため，それぞれの因子に負荷量が高く，意味の重複が少ない項目を選択した（各因子3項目ずつ，計15項目）。この15項目に対して再度因子分析を施し，因子構造の安定性を確かめたが，その結果，表1にみるように，項目間の移動が生じることなく，安定した5因子が抽出できた。

これら5つの因子（観察視点）について簡単に説明しておきたい。まず第1因子の「教師の相互作用」は，教師が個々の子どもに積極的・肯定的に関わっているかどうかを評価するものである。これまでの授業研究からも教師の相互作用の量と質が子どもの学習成果と深く関係することが明らかにされてきたが，多くの教師たちもそのような観点から授業を観察評価しているということである。

第2因子の「学習環境」とは，学習者にとって魅力があり，しかも有効な教材や学習資料を意味するとともに，潤沢な施設・用具が提供されていたかどうかを評価するものである。

第3と第5因子は，子どもの学習行動を観察評価することである。とくに第5因子は，子どもの学習行動を学習成果との関係でその有効性を評価しているということであり，「効果的学習」と命名した。第3因子は，学習行動の情意的側面を評価するもので,「意欲的学習」と命名した。しかし，これら2つの関係は深く，事実，4軸に固定して(因子数を4つに限定して)因子分析を行ったところ，2つの因子は1つにまとまった。

第4因子の「授業の勢い」とは，授業に関わるマネジメント，学習規律，学び方の学習，運動学習時間の確保などを評価するものである。よい授業は学習に勢いがあり，熱気を感じるものであるが，多くの観察者もこのような事象を大切な評価視点にしているということである。

これら5つの観点は相互に関係し，影響し合うが，それぞれはいずれも視覚的にとらえることができ，その善し悪しを解釈し，評価することができることがらである。

ちなみに，観察者がこれらの5因子によって，授業全体の善し悪しのどの程度を決定しているのかが気にかかる。このことを明らかにするために，授業の総合評価（「きょうの体育授業はよかったですか」）を従属変数として，5因子の規定力を分析した。その結果，**表2**のように，これら5要因で65%を決定しており，授業評価を行ううえで有効な資料となることがわかった。

いうまでもなく，この決定係数の割合はベテラ

表1　観察者の体育授業評価観点の構造

因子名	No.	質問項目	Ⅰ	Ⅱ	Ⅲ	Ⅳ	Ⅴ	共通性	α係数
教師の相互作用	16.	先生は，ほめたり励ましたりする活動を積極的に行っていた。	**.85**	.17	.20	.14	.10	.81	.85
	18.	先生は，心を込めて児童に関わっていた。	**.77**	.12	.24	.19	.15	.72	
	17.	先生は適切な助言を積極的に与えていた。	**.77**	.17	.17	.11	.27	.73	
学習環境	25.	学習成果を生み出すような運動（教材，場づくり，学習課題）が用意されていた。	.13	**.78**	.15	.17	.30	.77	.76
	29.	学習資料（学習ノート，カード）が有効に活用されていた。	.23	**.75**	.10	.02	.15	.65	
	24.	楽しく学習できるような運動（教材，場づくり，学習課題）が用意されていた。	.05	**.74**	.26	.32	.14	.75	
意欲的学習	5.	子どもが，意欲的に学習に取り組んでいた。	.22	.26	**.74**	.24	.16	.74	.76
	9.	子どもの笑顔や拍手，歓声などがみられた。	.29	.13	**.68**	.04	.34	.68	
	8.	子どもが，自ら進んで学習していた。	.23	.26	**.68**	.25	.17	.67	
授業の勢い	3.	授業の展開がスムーズに行われていた。	.23	.24	−.03	**.80**	.17	.77	.71
	2.	移動や待機の場面が少なかった。	−.01	.11	.29	**.77**	.21	.73	
	6.	授業の約束ごとが，守られていた。	.36	.10	.26	**.60**	−.02	.57	
効果的学習	4.	子どもが何を学習し，何を身につけようとしているのか，よくわかる授業であった。	.36	.27	.06	.18	**.63**	.65	.71
	12.	子ども同士が，積極的に教えあっていた。	.04	.00	.24	.13	**.81**	.73	
	10.	子どもの上達していく姿がみられた。	.24	.30	.22	.09	**.63**	.60	
		寄与	2.53	2.14	1.97	1.96	1.91	10.51	
		寄与率	16.89	14.26	13.13	13.08	12.75	70.10	

ン観察者ほど大きくなる傾向がある。そのことは，この観察チェック評価法の結果と子どもによる授業評価との関係を分析した結果からも明らかであった（日野・高橋，1996）。

表 2　総合的授業評価と各評価観点との関係　n＝456

	標準偏回帰係数β	相関係数 r	貢献度
観察者の評価観点			
教師の相互作用	.25＊＊＊	.60＊＊＊	.15
学習環境	.19＊＊＊	.63＊＊＊	.12
意欲的学習	.19＊＊＊	.61＊＊＊	.11
授業の勢い	.16＊＊＊	.56＊＊＊	.09
効果的学習	.25＊＊＊	.67＊＊＊	.16
重相関係数　R＝.81	決定係数　R^2＝.65		

＊＊＊p＜.001

表 3　公開授業への参加回数別にみた観察チェックリストと形成的授業評価との関係（10 回以上）　n＝112

	子どもの形成的評価 Ⅰ成果	Ⅱ意欲関心	Ⅲ学び方	Ⅳ協力	全体 Ⅰ～Ⅳ
観察者の評価 教師の相互作用 (1. 2. 3)	.482 ＊＊＊	.132 †	.309 ＊＊＊	.258 ＊＊	.387 ＊＊
学習環境 (4. 5. 6)	.249 ＊＊	.284 ＊＊	.355 ＊＊＊	.214 ＊	.317 ＊＊＊
意欲的学習 (8. 7. 9)	.140 †	.268 ＊＊	.254 ＊＊	.094	.207 ＊
授業の勢い (12. 11. 10)	.143 †	.245 ＊＊	.175 ＊	.158 ＊	.197 ＊
効果的学習 (14. 15. 13)	.319 ＊＊＊	.134 †	.337 ＊＊＊	.254 ＊＊	.332 ＊＊＊
※　全体 (1～15)	.339 ＊＊＊	.240 ＊＊	.370 ＊＊＊	.232 ＊＊	.364 ＊＊＊

†p＜.10　＊p＜.05　＊＊p＜.01　＊＊＊p＜.001

表 3 にみるように，10 回以上公開授業を観察したことがあるベテラン観察者と子どもの授業評価との間では，多くの項目間に有意な相関値がみられた。しかし，1 から 3 回という観察経験の少ない教師の場合には，有意な相関値が得られた項目はきわめて少なかった。ベテラン教師は，授業の様態から，子どもの心の中まで見通すことができるが，経験の少ない教師は「見れども見えず」だということである。

3 観察チェックリストの活用のしかた

このようにして作成した観察チェックリストが，表 4 である。ここには，5 観察次元 15 項目（1 次元につき 3 項目）の他に，「きょうの授業は『よい授業』であった」という総合的な評価項目も加えている。実際に利用する際にはこの項目をカットしてもかまわない。

以下，この観察チェックリストを活用するための条件や具体的な活用のしかたについて説明しておきたい。

(1) オープンな研究態度をもつこと

だれでも自分の行う授業を他人からあれこれ評価されたくはないものである。しかし，他人の評価を得ることによって，授業の力量が高まり，授

表 4　観察者による体育授業観察チェックリスト

1. 先生は，ほめたり励ましたりする活動を積極的に行っていた。	1―2―3―4―5
2. 先生は，心を込めて児童に関わっていた。	1―2―3―4―5
3. 先生は，適切な助言を積極的に与えていた。	1―2―3―4―5
4. 学習成果を生み出すような運動（教材，場づくり，学習課題）が用意されていた。	1―2―3―4―5
5. 学習資料（学習ノート，学習カード）が有効に活用されていた。	1―2―3―4―5
6. 楽しく学習できるような運動（教材，場づくり，学習課題）が用意されていた。	1―2―3―4―5
7. 子どもが，意欲的に学習に取り組んでいた。	1―2―3―4―5
8. 子どもの笑顔や拍手，歓声などがみられた。	1―2―3―4―5
9. 子どもが，自ら進んで学習していた。	1―2―3―4―5
10. 授業の場面展開が，スムーズに行われていた。	1―2―3―4―5
11. 移動や待機の場面が少なかった。	1―2―3―4―5
12. 授業の約束ごとが，守られていた。	1―2―3―4―5
13. 子どもが何を学習し，何を身につけようとしているのかが，よくわかる授業であった。	1―2―3―4―5
14. 子ども同士が，積極的に教え合っていた。	1―2―3―4―5
15. 子どもの上達していく姿がみられた。	1―2―3―4―5
16. きょうの授業は「よい体育授業」であった。	1―2―3―4―5

業が改善される部分が大きい。オープンな研究態度で臨み，他人の評価を素直に受け入れることが大切である。とくに小学校の校内研究であれば，通常同学年（あるいは低・中・高学年）の教師集団が協力して指導計画に取り組むことが多いので，他からの授業評価を共同責任として受けとめていくような雰囲気をつくることも必要であろう。

(2) 観察チェックリストの評価観点について熟知すること

授業をあまり観察したことがない教師にとっては，評価の基準が定まらないことが予想される。しかし，あらかじめ評価項目の意味を理解したうえで視点を明確にして観察すれば，評価基準がかなり安定する。私たちが学生を指導する場合には，あらかじめ，「勢いのある授業」例やその逆の授業例，また「積極的に相互作用」が営まれている授業例やその逆の授業例をVTRでみせ，その後で授業観察に出かけていき，評価させるようにしている。このような事前の指導を行っておくと，はじめての授業観察であっても比較的安定した評価ができることを確かめている。

(3) 評価の根拠を記述し，これにもとづいて話し合うこと

チェックリストの各項目ごとに，また観察次元ごとに観察者の平均点を算出し，これにもとづいてディスカッションを行う。当然，なぜそのような点数になったのかが話題になるであろうが，その際，観察者がそれぞれ評価の根拠や理由を記述するようにしておけば，論議が具体的になり，授業改善に有益な示唆が得られるはずである。はじめのうちは，高く評価する人や低く評価する人に分散するであろうが，各人が評価の根拠を示しつつ話し合いがもたれれば，しだいに観察者の評価基準が定まり，さらに観察能力が高まっていくことであろう。

(4) 研究テーマに即した観点について話し合うこと

この授業観察チェックリストによって，授業のすべての条件が評価できるわけではない。このチェックリストは，いわばすべての授業に必要な授業の基礎的条件を評価しようというものであり，もっと別の視点からも評価を行うべきである。とくに，単元で取り扱われる具体的な運動種目に対応して，単元の展開過程に対応して，授業の具体的目標に対応して，さらに特殊な授業研究の目的に対応して，いっそう具体的なテーマを観察視点に設定し，授業の具体的事実の観察と解釈にもとづいて立ち入った論議を行うべきである。

（高橋健夫・日野克博）

■引用文献

日野克博・高橋健夫ほか（1996）体育授業観察チェックリストの有効性に関する検討．スポーツ教育学研究 16(2) : 113-124.
高橋健夫・長谷川悦示ほか（1996）体育授業観察チェックリスト作成の試み．体育学研究 41(3) : 181-191.

Ⅱ章
体育授業を組織的に観察する

8. 体育授業場面を観察記録する‥‥36
9. 体育授業の勢いを観察する‥‥40
10. 体育授業の雰囲気を観察する‥‥45
11. 教師の相互作用行動を観察する‥‥49
12. 教師のフィードバック行動を観察する‥‥53

8 体育授業場面を観察記録する

■1 授業場面を観察することの意義

体育授業の中ではさまざまな場面が生じるが，とくに意味のある場面をあらかじめ決定しておき，それらが時系列でどのように出現したかを観察・記録する方法がある。これを「授業場面の期間記録法」と呼んでいる（高橋，1994）。ここでは授業場面を「マネジメント」「学習指導」「認知学習」「運動学習」の4つに区分して記録する方法を紹介する。このような授業場面を観察することは，次のような意義がある。

①体育の授業では，学習成果に直接つながらない無駄な時間が実に多い。優れた教師はマネジメントを効率的に行い，潤沢な学習時間を確保している。このような意味で，マネジメントに費やされた時間を測定することは，教師のマネジメント技能を向上させるうえで意義がある。

②教師がクラス全体を対象とした直接的指導（説明，演示など）を頻繁に，あるいは長時間行うと，子どもの学習の勢いを停滞させ，学習意欲を失わせてしまう。時系列で教師の学習指導場面を測定することによって，教師の介入のしかたの適否を知ることができる。

③認知の学習も長くなりすぎたり，頻度が多くなると評価を下げる。しかし，ボール運動の場合，グループで話し合ったり，作戦を立てたりする時間を設けることは重要であり，話し合い場面の位置づけが評価を高めることが確認されている。

④子どもたちの運動学習時間量を十分確保することは，授業評価や学習成果を高めるうえできわめて重要である。この記録で，少なくとも運動学習場面が確保されたかどうかがわかる。

■2 観察・記録の方法

＜記録の方法＞　マネジメント，学習指導，認知学習，運動学習の各授業場面に現れる行動的な特徴は，表1のとおりである。

記録の方法はきわめて簡単である。記録のため

表1　授業場面の観察カテゴリー

マネジメント (Management)	M	クラス全体が移動，待機，班分け，用具の準備，休憩などの学習成果に直接つながらない活動に充てられている場面。
学習指導 (Instruction)	I	教師がクラス全体の子どもに対して説明，演示，指示を与える場面。子どもの側からみれば，先生の話を聞いたり，観察したりする場面。しかし，教師の発問によって子どもの思考活動が中心になる場面はA1に記録する。
認知学習 (Activity 1)	A1	子どもがグループで話し合ったり，学習カードに記入したりする場面。
運動学習 (Activity 2)	A2	子どもが準備運動，練習，ゲームをおこなう場面。

授業場面	場面	I	A2				M	I	M	A1	A2
	内容	本時の説明	準備運動・予備的運動				本時の課題を確認		学習カード記入		めあて1

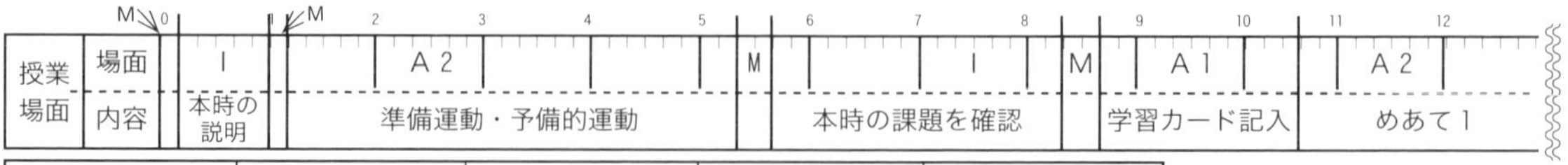

授業全体	マネジメント (M)	学習指導 (I)	認知学習 (A1)	運動学習 (A2)
45分00秒	5分55秒	9分05秒	6分40秒	23分20秒
100%	13.1%	20.2%	14.8%	51.9%

図1　コーディングシートと集計表

に，図1で示したコーディングシートを適用する。あらかじめ10秒単位で短い目盛りが，1分単位で長い目盛りが引かれているので，時計を見ながら場面がかわるごとにそれらの目盛りをめやすに線を引いていく。コーディングシートの上段の「場面」欄には各場面のマーク（M=マネジメント，I=直接的指導，A1＝認知的学習，A2＝運動学習）を，下段の「内容」欄にはその具体的内容を記入する。場面の移行は，教師の指示やホイッスルなどの合図で区切られることが多いが，子どもが自主的に場面を転換することもある。そのような場合には，ほぼ半数以上の子どもが次の活動に移ったところで区切る。

表2　授業場面と子どもによる形成的授業評価との相関関係

（ピアソンの積率相関係数）

観察カテゴリー	割合			
子どもの形勢的授業評価	マネジメント	学習指導	認知学習	運動学習
全体	.001	－.147	－.252	.390＊＊
成果	－.114	－.011	－.095	.189
1. 感動の体験	－.071	.049	－.072	.075
2. 技能の伸び	－.187	－.008	.138	.016
3. 新しい発見	－.003	－.057	－.296＊	.345＊
意欲・関心	.028	－.127	－.155	.258
4. 精いっぱいの運動	.036	－.048	－.128	.144
5. 楽しさの体験	－.018	－.140	－.183	.334＊
学び方	.139	－.250	－.349＊	.482＊＊
6. 自主的学習	.073	－.155	－.208	.302＊
7. めあてをもった学習	.184	－.265	－.380＊＊	.493＊＊
協力	.039	－.183	－.277＊	.420＊＊
8. なかよく学習	－.119	－.005	－.145	.236
9. 協力的学習	.128	－.213	－.327＊	.430＊＊

注）授業場面の記録では，1授業時間に費やされた授業場面の『割合』を算出した。（＊p＜.05　＊＊p＜.01）

＜集計の方法＞

図1の下段には集計した事例を示している。各場面の合計時間量を算出し，授業時間の合計数を分母にしてパーセンテージを割り出す。集計表には各場面の出現頻度を示していないが，頻度も数えて集計するとよい。

たとえば，教師中心の一斉指導が行われている場合には，学習指導場面が頻繁に生じ，またその前後に移動場面(M)が現れ，効率の悪さが歴然とするであろう。授業が終了すれば，各授業場面の時間量（必要な場合には頻度も）を合計し，パーセントを算出する。

3 各授業場面の時間量と子どもの形成的授業評価との関係

各授業場面の時間量がどのような配分になればよいのか気になるところである。しかし，最適な数値があるわけではない。単元過程（はじめ，なか，おわり）において，取り扱う教材によって，さらに対象となる学年によって変化することが十分予想される。しかし，運動学習が中心になる単元なかの授業では，運動学習時間が十分に確保され，マネジメントや教師の学習指導場面が少なくなるほうが望ましい。とくに運動学習場面は，最低50%は確保したいところである。また，マネジメント場面は20%を超えないようにすべきである。

小学校の52体育授業を対象に各授業場面の時間量と子どもの形成的授業評価の関係を分析したところ，**表2**のような結果が得られた（高橋，2000）。表から明らかなように，子どもの形成的授業評価と有意にプラスに関係するのは，運動学習場面の時間量のみであり，他の3つの場面時間量はすべてマイナスに作用することがわかった。

では，単元過程でみた場合，時系列に各授業場面はどのように変化していけばよいのであろうか。当然，単元はじめでは，教師はマネジメントの方法や学習の進め方（学び方）について指導する必要があり，マネジメント場面や学習指導場面の時間量がより大きくなると予想できる。また，単元が順調に進行していけば，これらの場面が減少していき，しだいに運動学習場面が多く確保されていくと考えられる。**図2**は，単元過程でみた5年生器械運動（跳び箱）の各授業場面の割合と子どもの形成的授業評価の推移を分析した結果である。

場面／時間	各授業場面の割合			
	マネジメント	学習指導	認知学習	運動学習
1時間目	15.1	20.7	29.0	35.2
2時間目	10.5	43.9	0.0	45.6
3時間目	8.8	27.8	23.4	40.0
4時間目	10.2	33.6	14.8	41.4
5時間目	9.6	30.5	10.5	49.7
6時間目	4.5	30.9	12.9	51.6
7時間目	7.3	21.0	16.1	55.7
8時間目	6.4	17.5	9.5	66.6
9時間目	5.4	16.5	11.4	66.7
10時間目	5.5	16.1	10.0	68.4
平均	8.3	25.9	13.8	52.1

※数値は割合（%）を示す。

場面／時間	子どもによる形成的授業評価				
	総合評価	成果	意欲・関心	学び方	協力
1時間目	2.42(3)	2.16(3)	2.46(2)	2.34(3)	2.72(4)
2時間目	2.53(3)	2.28(3)	2.54(2)	2.57(4)	2.73(4)
3時間目	2.72(4)	2.48(4)	2.73(3)	2.83(5)	2.84(4)
4時間目	2.72(4)	2.53(4)	2.75(3)	2.83(5)	2.77(4)
5時間目	2.85(5)	2.73(5)	2.88(4)	2.91(5)	2.88(5)
6時間目	2.73(4)	2.55(4)	2.74(3)	2.79(4)	2.84(4)
7時間目	2.82(5)	2.75(5)	2.86(4)	2.78(4)	2.89(5)
8時間目	2.79(5)	2.61(4)	2.85(4)	2.85(5)	2.85(5)
9時間目	2.89(5)	2.83(5)	2.87(4)	2.89(5)	2.97(5)
10時間目	2.87(5)	2.80(5)	2.95(4)	2.85(5)	2.88(5)
平均	2.73(4)	2.57(4)	2.71 (4)	2.76(4)	2.84(4)

※カッコ内は診断基準による評定値を示す。

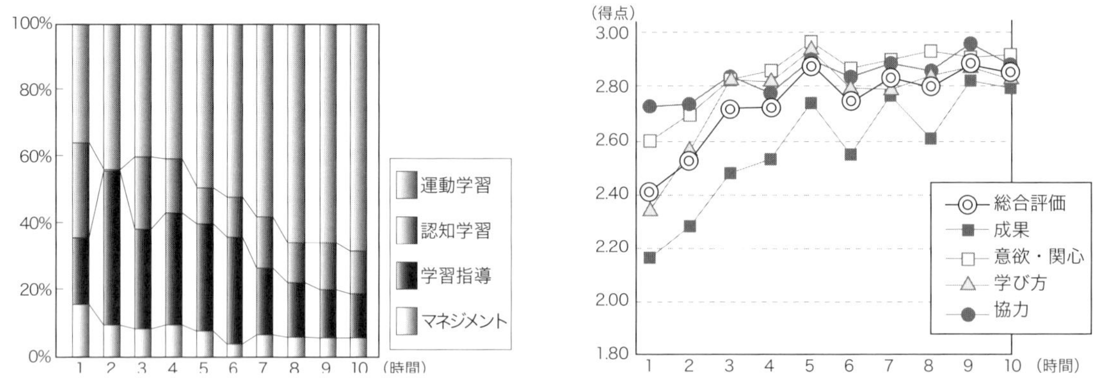

図2　5年生器械運動（跳び箱）の各授業場面と形成的授業評価の推移

左の図から，運動学習場面は単元の時間経過にともなって漸増し，とくに単元終盤の3時間は70%近く確保されている。マネジメント場面の割合は単元を通して少ないが，単元の時間経過に伴って漸減し，とくに5時間目以降は10%以下である。学習指導場面は単元前半で高い割合を示しているが，単元後半には漸減し，8時間目以降は20%以下になった。

この授業では，単元はじめの学習指導場面において，教師は子どもたちに対して学習の進め方に関する指導を繰り返し行っていたが，単元が進むにつれて，学習の規律が確立され，学び方に関して教師から細かく指導されなくても子どもたちは自主的に学習に取り組めるようになった。それにともなって，子どもの運動学習場面がしだいに増加したのである。

ここではデータを示していないが，運動学習場面が増加するとともに，教師は個々の子どもの運動学習に十分に関わることができるようになる（5頁参照）。ちなみに，この授業における教師のフィードバックは，1授業平均約88回行われ，単元過程で漸増傾向が認められた。また，フィードバックの内容は，運動技能についての肯定的・矯正的フィードバックであり，否定的フィードバックはほとんどみられなかった。

このような単元過程での授業場面の時間量の推移や教師のフィードバックの推移に関連して，子どもの形成的授業評価もしだいに向上していったと考えられる。すなわち，図2の右の図から子どもの形成的授業評価の得点は単元の進行とともに増加し，後半の4時間はいずれも5段階評価の5に達している。

4 より詳しく観察・記録する方法

授業場面をより精緻に分析するために授業場面の期間記録法と併用して，次の点を補足して観察・

記録するとよい。

＜教師の指示をチェックする＞

教師がクラス全体に対して与える指示や合図はきわめて短時間に行われるため，期間記録として記入することはむずかしい。記入が困難である場合には，チェックマーク（レ）をコーディングシートの上の欄外に記しておくようにする。これによって，教師が与えた指示の頻度がわかる。多すぎる教師の指示は，子どもの学習行動を受動的にすることを念頭におくべきである。

＜学習従事量をカウントする＞

運動学習場面の時間量が十分に確保されていることが，ただちによい体育授業の指標となるわけではない（高橋，1992）。実際，運動学習場面であっても，子どもがほとんど学習に従事していなかったり，従事していても課題がむずかしすぎて失敗ばかり繰り返すというような事態も起こりうる。重要なことは，運動学習場面における成功裡な子どもの学習行動である。運動学習行動を簡単に評価する方法としては，子どもの学習従事量（活動密度）を測定することを提案したい。すなわち，12 秒のインターバルの中で何人の子どもが実際に運動学習に従事していたかをカウントする方法である。この方法については，次節の「授業の勢いを観察する」で詳しく報告することにしたい。

表 3　運動学習場面における学習活動の観察評価

レベル 5	すべての子どもが熱心に学習に取り組み，情意的な解放行動（拍手，歓声，笑い）や感動場面が見られる。
レベル 4	すべての子どもが熱心に学習に取り組んでいる。
レベル 3	大部分の子どもが熱心に学習に取り組んでいるが，学習の勢いを感じるほどではない。2，3 人の「課題から離れた行動」もみられる。
レベル 2	熱心に学習しているとはいえず，学習に勢いがない。かなり多くの子どもが「課題から離れた行動」をとっている。
レベル 1	大部分の子どもが学習に従事しておらず，授業が成立しているとはいえない。

＜運動学習場面における学習行動を主観的に評価する＞

くわえて，各授業場面における子どもの学習行動様態を観察し，主観的に評価する方法がある。高田典衛は，授業全体を観察した印象から 5 段階で評価する方法を提唱した（高田，1979）が，授業全体の印象を評価するのではあまりにも雑把になる。そこで，各授業場面ごとの子どもの学習行動を観察し，主観的に評価すれば，何がよかったのか，悪かったのか明確に評価でき，授業について討議する際に大変有効である（図 3）。各場面（とくに運動学習場面）の子どもの学習行動は，表 3 のような基準で評価するとよい（資料編 172 頁）。

（高橋健夫・吉野　聡）

■引用文献

高田典衛（1979）体育授業の改造．杏林書院，pp.4-5.
高橋健夫（1992）体育授業研究の方法に関する論議．スポーツ教育学研究特別号 :19-31.
高橋健夫（2000）よい体育授業過程の特徴．体育学研究 45(2)：147-162.
高橋健夫編著（2003）体育の授業をつくる（4 版）．大修館書店，pp.238-240.

授業場面	M	A2	M	I	M
内　容		めあて 1 開脚跳び，台上前転，かかえこみ跳び		めあて 2 の説明	
評　価		（3） あまり意欲を感じない			

授業場面	A2	M	I	M
内　容	めあて 2 台上前転，ステージはねおり，連結跳び箱でネックスプリング，よこの跳び箱でネックスプリング，たての跳び箱でネックスプリング，ヘッドスプリング		まとめ	後かたづけ
評　価	（4） みんな真剣に取り組んでいる			

図 3　運動学習場面の学習活動の観察評価例

9 体育授業の勢いを観察する

1 「授業の勢い」を観察することの意義

子どもが評価する「よい体育授業」を実現するためには，待機，移動，準備・後片づけといったマネジメント場面の時間を少なくし，学習成果の産出に意味をもつ体育的内容場面（とくに運動学習場面）の時間をできるだけ多く確保することが大切である（日野ほか，1997）。そこで前節では，体育授業場面を「学習指導場面」「運動学習場面」「認知的学習場面」「マネジメント場面」の4場面に分け，それぞれの授業場面に配当される時間量や頻度を観察・記録する「体育授業場面の期間記録法」を紹介した。

しかし，この「体育授業場面の期間記録法」によってわかることは，各授業場面にどれほどの時間が配当されたかという時間的容量のみであって，そこで充実した学習活動が展開されたかどうかはわからない。たとえば，跳び箱運動の授業の場合，運動学習場面に授業全体の80％の時間が配当されていたとしても，その場面で実際に跳び箱運動に取り組んでいる学習者が，観察単位時間（12秒間）に30人中1人だけということもありうる。逆に，学習者が動機づけられていて，挑戦的な課題が設定されていれば，30人中15人が同時に運動に従事することも考えられる。よい体育授業とは，潤沢な運動学習時間が確保されているだけではなく，そこで子どもたちが積極的に学習課題に従事している「勢いのある授業」（シーデントップ，1988）である。このような意味で，体育授業を期間記録によって観察・分析するだけでは不十分であるといわざるをえない。

授業場面に配当される時間量にくわえて，そこでの学習従事量や学習成功度を測定する方法として「ALT-PE観察法」（高橋ほか，1989）がある。しかし，この方法は観察が複雑で，分析に多くの時間を必要とする。また，学習の成功度の判定基準は，運動種目によって異なり，評価が大変むずかしい。このようなことから，ALT-PE観察法に修正を加え，さらに簡便化を図る必要が認められる。

そこで，運動学習場面に配当された時間帯において，どれだけの人数の子どもが学習課題に従事したかを観察する「学習従事観察法」を開発した。これによって，「授業の勢い」が推定できると考えた。ここでは，この観察法について説明するとともに，これを適用して観察・分析した研究結果について述べる。

2 運動学習場面の学習従事観察法の観察・記録法

(1) 観察カテゴリー

表1は，学習従事観察法の観察カテゴリーの定義と行動例を示している。運動学習場面は，体育授業の中心であり，学習成果の成否の大半を決定すると考えられるため，観察する場面を運動学習場面に限定し，そこでの子どもたちの活動を，「学習従事」と「学習非従事」の2つに大別する。「学習従事」は，さらに「直接的運動従事」「間接的運動従事」「支援的従事」「認知的従事」の4つの下位カテゴリーに区分する。器械運動では，間接的運動従事は観察されないため削除する。一方，学習非従事には，「学習外従事」と「オフタスク」の下位カテゴリーを設定する。なお，各カテゴリーの具体的行動例は，表1に示してあるので参照していただきたい。

(2) 観察の方法

この観察法では，集団時間標本法（GTS=Group Time Sampling）を用いる。体育授業中の運動学習

表1 学習従事観察法の観察カテゴリーと行動例

カテゴリー		定　義	行　動　例	
学習従事	直接的運動従事	●運動学習に直接従事している	器械運動	・技の練習をしている ・発表会で演技をしている
			ボール運動	・ペアでパスの練習をしている ・ゲーム中にドリブルをしている ・ゲーム中にスペースに走ってパスをもらおうとする
	間接的運動従事	●運動学習に間接的に従事している	ボール運動	・チーム対抗でローテーションパスの合計回数を競っているとき，直接的にはパスや捕球に関与せず，順番を待っている ・ゲーム中に直接攻防に関与せず，目でボールの行方を追っている ・ゲーム中に敵陣で味方が攻撃をしているとき，キーパーがゴール前に立っている
	支援的従事	●運動以外の支援的な役割行動に従事している	器械運動	・跳び箱やマットで，グループのメンバーの練習の補助をしている ・発表会で進行役を務めている
			ボール運動	・シュート練習でパス出しをしている ・ゲームを真剣に観察し，応援をしている ・ゲームの審判やスコアラーの役割を果たしている
	認知的従事	●運動に関連して考えたり，工夫したり，教えあったりしている	器械運動	・教師に技のポイントを教わっている ・学習カードに記入している ・チームメイトの技のできばえを評価している
			ボール運動	・チームメイトと作戦を考えている ・ゲームを反省し，学習カードに記入している ・試合中，ゲームを観察・記録している
学習非従事	学習外従事	●移動，待機，活動と活動との合間など，学習以外の活動に従事している	器械運動	・跳び箱を跳ぶ順番を待っている（待機） ・跳び箱を跳び終わった後，移動をしている（移動） ・跳び箱の段を上げている（マネジメント）
			ボール運動	・試合中，審判や記録をせず，漫然と試合を見ている（待機） ・個人的スキルの向上をめざしたチーム練習で，列に並んで待っている（待機） ・コートチェンジをしている（移動） ・ボールがラインアウトし，リスタートを待っている（待機）
	オフタスク	●課題から離れた行動を行っている	器械運動 ボール運動	・友だちとふざけあったり，無駄話をしている ・座って砂いじりをしている ・教師の許可なく水を飲みに行く

注1）ボール運動において，ゲームに参加しているものは，インプレー中は必ず直接的，間接的従事またはオフタスクのいずれかにカウントされる。ボールデッドやアウトオブバウンズなどプレーが止まっている場合，直接的，間接的従事とはカウントされず，支援的，認知的従事，学習外活動，オフタスクのいずれかにカウントされる。

注2）活動のユニットがチーム・グループでも，その活動の目標が個人技能の向上にある場合には，たとえばボールを投げる人と受けた人だけが直接的従事となり，その他の者は学習外活動（待機）としてカウントした。しかし，グループでの活動が競争的でゲーム的要素が含まれている場合には，たとえばボールを投げる人と受けた人は直接的従事となり，その他の者は間接的従事としてカウントした。

場面に限定して，12 秒インターバルで観察と記録を繰り返す。はじめの 12 秒間に体育館（あるいはグラウンド）の右端から左端（逆でもよい）へと学習行動を観察し，各カテゴリーに該当する子どもの人数をカウントする。一度観察した後に他の行動が生じても，後に戻ってカウントしない。次の 12 秒間にカウントした人数をコーディングシートに記録する。この作業を 1 つの運動学習場面が継続しているあいだ繰り返す。また，次の運動学習場面がはじまれば，観察・記録を再開する。

観察のインターバルとして，私たちは 12 秒間欠を採用してきた。広い空間であっても，運動学習に従事する子どもたちを観察・記録するには，10 〜 12 秒あれば十分である。

観察のために，あらかじめ「観察開始」「記録開始」といった合図を収録した録音テープを用いて行うと便利である。イヤホンから流れてくる「観察開始」「記録開始」といった合図を聞きながら観察・記録すれば，時計を見る手間が省ける。

授業が終了すれば，各カテゴリーの人数を合計して，クラスの人数×コラム数で割るとそれぞれのカテゴリーにおける人数の割合が算出できる。また，運動学習場面全体の従事・非従事などの割合を算出するだけでなく，それぞれの運動学習場面での割合を算出すると，どの場面で子どもたちは積極的に学習し，どの場面で消極的になったのかがわかり，授業改善に意味のある示唆が得られる。

ちなみに，GTS 法で得られるイベント数は，実際のイベント数の 10 分の 1 以下であると推定できる。すなわち，12 秒間欠で記録しているので，まず 2 倍しなければならない。くわえて 12 秒間で場面を走査するわけで，一個所に最大でも 2 秒程度しかみていないので，実際には最大 6 倍のイベントが生じる可能性がある。したがって，ここでも 6 倍しなければならない。すると，実際のイベントは 12 倍になる可能性もあるということになる。

図 1 は，12 秒インターバルでコーディングシートに記録した事例を示している。

(3) より簡便化を図るために

通常，私たちは授業を VTR で収録し，研究室に持ち帰って，カテゴリーごとに何度か繰り返して VTR を観察する方法をとっている。しかし，現場の授業研究に適用するためには，授業後即座にデータが集計でき，活用できるようでなければならない。

大勢の観察者が確保できる場合には，1 人に 1 つの観察カテゴリーを指定してデータをとることができる。たとえば，5 人の観察者が確保でき

（15）年（5）月（7）日（水）曜日（3）時限目　学校名（○○小学校）（6）年（2）組
授業者（A）教諭　単元名（サッカー　5/9 時間目）　形成評価（2.83）

	0		1			2		3		
授業場面	M	A2		M	I	M	A2			
授業内容		準備運動					ドリルゲーム			
時間経過／カテゴリー	0′ 00″	0′ 24″	0′ 48″	1′ 12″	1′ 36″	2′ 00″	2′ 24″	2′ 48″	3′ 12″	3′ 36″
直接的従事		35	35				18	16	10	15
間接的従事		0	0				2	4	10	5
支援的従事		0	0				6	6	6	6
認知的従事		0	0				5	3	5	4
学習外従事		0	0				4	6	2	3
オフタスク		0	0				0	0	2	2

カテゴリー	人	%
直接的従事	814人	35.8%
間接的従事	678人	29.8%
支援的従事	81人	3.6%
認知的従事	156人	6.9%
学習外従事	540人	23.7%
オフタスク	6人	0.2%
クラスの人数	35人	
総コラム数	65コラム	

図 1　運動学習場面の学習従事に関するコーディングシート記入例

る場合は，「学習外活動」の観察を省略し，他の5項目を観察すればよい。2人しかいない場合は，「学習外活動」と「オフタスク」の2つの観察を勧めたい。そうすれば,残りの人数は「学習従事」になり，3つのカテゴリーを観察したことになる。

次に示す研究事例から，この2つのカテゴリー（学習外活動，オフタスク）を観察すだけで，十分意味のあるデータを収集できることが理解できよう。

3「授業の勢い」の観察・分析結果

運動学習場面の時間量と子どもの授業評価とが有意にプラスに関係することは，これまでの研究で証明されてきた。くわえて，運動学習場面における学習従事の割合を計測し，形成的授業評価との関係を分析することによって，「授業の勢い」のより実質的な効果が明らかになると考えた。そこで，私たちは，小学校の器械運動の授業（マット，跳び箱，鉄棒）30授業およびボール運動の授業（バスケットボール，サッカー）30授業を対象に，運動学習場面における学習従事量と子どもによる形成的授業評価との関係について分析することにした（福ヶ迫ほか，2003）。結果は，表2のとおりである。なお，対象にした器械運動の授業では，「間接的運動従事」はまったく観察できなかったため，このカテゴリーを分析から削除した。

表から明らかなように，器械運動とボール運動の双方に共通して，学習従事（とくに直接的運動従事）との間に正の有意な相関がみられ，逆に，学習外従事，オフタスクとの間には強い負の相関関係が見られた。

器械運動とボール運動との間で若干異なった傾向がみられたのは，学習従事の下位カテゴリーである「支援的従事」と「認知的従事」であった。すなわち，器械運動では「認知的従事」と授業評価のすべての項目間で有意な相関がみられたが，ボール運動では有意な相関は認められなかった。器械運動では，近年，技の達成や習熟をめざす学習に関わって，仲間との教え合いや学習カードの活用などの認知的学習が広く行われる傾向にあるが，これらの学習が積極的に行われている授業が子どもたちに高く評価されることを示唆している。

他方,「支援的従事」についてみると，器械運動では授業評価の「協力次元」との間に有意な相関が認められ，ボール運動では「成果次元」および「学び方次元」との間に有意な相関が認められ

表2　学習従事量と形成的授業評価との関係（ピアソンの積率相関係数）　器械運動（n =30）ボール運動（n =30）

形成的授業評価 ＼ 学習行動		学習従事	直接的従事	間接的従事	支援的従事	認知的従事	学習非従事	学習外従事	オフタスク
器械運動	総合得点	.68***	.36*	−	.27	.67***	−.68***	−.48**	−.84***
	成果	.67***	.39*	−	.10	.70***	−.67***	−.52**	−.70***
	意欲関心	.67***	.47**	−	.21	.47**	−.67***	−.47**	−.85***
	学び方	.61***	.33	−	.32	.56**	−.61***	−.42*	−.81***
	協力	.47**	.07	−	.55**	.57**	−.47**	−.27	−.76***
ボール運動	総合得点	.54**	.54***	.03	.42*	.20	−.54**	−.50**	−.77***
	成果	.47**	.51**	−.04	.45*	.13	−.47**	−.44*	−.66***
	意欲関心	.43*	.33	.19	.20	.09	−.43*	−.39*	−.75***
	学び方	.51**	.54**	−.08	.52**	.28	−.51**	−.48**	−.65***
	協力	.55**	.54**	.15	.25	.20	−.55**	−.51	−.82***

（$*p<.05$　$**p<.01$　$***p<.001$）

表3　形成的授業評価の高い授業と普通の授業の学習従事量の違い

（%）

2つの授業例 ＼ 学習従事	総合得点（点）	学習従事	直接的従事	支援的従事	認知的従事	学習非従事	学習外従事	オフタスク
授業評価が高い授業（評価「5」）	2.97	37.62	25.68	0.86	11.08	62.38	62.22	0.16
授業評価が普通の授業（評価「3」）	2.42	15.54	15.18	0	0.36	84.46	78.95	5.51

た。このことは，器械運動での補助を中心とした支援的従事が積極的に展開されれば「協力次元」の評価点が上がる傾向にあり，ボール運動では，応援，審判，スコアリングなどの支援的従事が真剣に行われたとき，「成果次元」および「学び方次元」に肯定的な影響を与えることを示唆している。

以上のように，「授業の勢い（とくに運動学習場面における学習従事の高い割合）」を保つことは，子どもの授業評価を高めるための重要な条件であることが確認できた。しかし，運動学習場面における学習従事は，必ずしも直接的運動従事のみが授業評価に影響するわけではなく，器械運動では「認知的従事」が，ボール運動では「支援的従事」が授業評価に強い影響力をもつことがわかった。このようなことから，「授業の勢い」を単純に運動量（直接的運動従事の割合）に限定してとらえるのではなく，むしろ学習量（学習従事の割合）として理解すべきである。

ともあれ，このデータから，「学習外従事」と「オフタスク」の2つのカテゴリーを観察するだけでも，十分意味のあるデータが得られることがわかるであろう。

次に，**表3**は，今回分析した器械運動30授業のうち，形成的授業評価の「高い授業」と「普通の授業」の2つの典型授業を取り出し，それぞれの授業の学習従事量を示したものである。表からわかるように，すべてのカテゴリーではっきりとした差異が現れている。

よい体育授業かどうかは，子どもの学習活動をみれば一目瞭然である。学習行動の確かな特徴の1つは，子どもたちが積極的に学習に従事しているかどうかということである。今回紹介した観察法は，そのような事実を客観的にとらえることのできる簡便で有効な道具である。

最後に授業の勢いを高めるための指導法略を特定して実践し，この道具を適用してその有効性を検証することをぜひすすめたい。指導方略には，学習従事量を高めるための，①教材の位置づけ（教材づくり），②マネジメントに関わる約束行動，③学習目標の具体化，明確化，④教材や仲間のフィードバック等々多様である。これに関わっていっそう具体的な方略を設定し，それが授業の勢いづくりに役立ったかどうか検証していただきたい。そのような研究例のひとつとして31節の「体育授業の勢いと雰囲気をつくる」（140頁）を参照されたい。

（福ヶ迫善彦・米村耕平・高橋健夫）

■参考文献

福ヶ迫善彦・スロト・小松崎敏・米村耕平・高橋健夫（2003）体育授業における「授業の勢い」に関する検討－小学校体育授業における学習従事と形成的授業評価との関係を中心に－．体育学研究 48(3)：281-297.

日野克博・高橋健夫・平野智之（1997）よい体育授業を実現するための基礎的条件の追試的研究－小学校体育授業を対象にしたプロセス－プロダクト研究を通して－．筑波大学体育科学系紀要 20：57-70.

シーデントップ：高橋健夫ほか訳（1988）体育の教授技術．大修館書店．

高橋健夫・岡沢祥訓・大友智（1989）体育のALT観察法の有効性に関する検討－小学校の体育授業分析を通して－．体育学研究 34(1)：31-43.

10 体育授業の雰囲気を観察する

1 授業の雰囲気を観察する

「授業の勢い」と「授業の肯定的雰囲気」は，子どもが評価する「よい体育授業」に表れる2つの大きな特徴である（高橋，1992）。「授業の勢い」の観察のしかたについては前節で報告したので，ここでは，「授業の雰囲気」の観察のしかたについて紹介する。「授業の雰囲気」は，教師と子どもとの関係，子ども同士の関係，子どもと教材（運動，学習課題）との関係によって生み出されるが，ここでは，とくに子どもの人間関係行動や情意行動に着目することにしたい。

授業の中で子ども同士が肯定的に，しかも頻繁に関わり合っている姿がみられる場合，授業の雰囲気は実に明るく，また大きな学習成果を予想させる。逆に，雰囲気が悪く感じられる授業では，子ども同士の関わり合いの頻度が少なく，ときには否定的な関わりが生じたりする。

同様に，授業の取り組みの中で子どもたちが心を解放させ，笑顔，拍手，歓声，ガッツポーズなどの肯定的な情意行動が頻繁にみられる場合，授業は明るく楽しく感じられる。逆に，雰囲気の悪い授業では，そのような表現が少なくなるだけでなく，不安，悲しみ，怒りなどの否定的行動が表れたりする。

「楽しい体育」が標榜され，「関心・意欲・態度」の評価観点が強調されてきたが，そこでは，肯定的な雰囲気に満ちあふれた授業を実現することが求められる。形式的に運動特性論や学習過程のモデルを採用すればよいというわけではない。それらが本当に有効であったかどうかを，授業での子どもたちの学習行動を観察評価し，よりよい授業の実現をめざすべきである。

2 授業の雰囲気の観察方法

このような授業の雰囲気を観察するために，私たちは「人間関係行動」と「情意行動」の2つの行動を対象にした観察法を開発した。表1は観察カテゴリーを表している。

「人間関係行動」の次元では，仲間同士で教え合ったり，練習の補助をしたりといった肯定的人

表1 人間関係行動・情意行動の観察カテゴリー

観察カテゴリー		運動学習場面における具体的行動例
人間関係行動	肯定的な人間関係行動	・仲間と協力して場づくりをする ・かけ声をかけたり，声援を送ったりする ・仲間と協力して練習する ・練習やゲーム中に仲間をほめる ・ゲーム場面でグループで作戦を確かめる ・練習やゲームに関わって仲間に助言を与える
	否定的な人間関係行動	・仲間の行動に文句を言う ・仲間の演技やプレイをけなす ・仲間を脅すしぐさをする ・仲間を押したり，たたいたりする
情意行動	学習内容に関わった肯定的な情意行動	・仲間の技の達成に拍手する ・応援で味方のプレイに歓声をあげる ・自分やチームのプレイが成功して喜ぶ ・ゲームに勝ち，感動して涙を流す
	否定的な情意行動	・運動課題への挑戦を怖がる ・練習やゲームで身体的な痛みを訴える ・練習やゲームで失敗して，不満を表す行動や態度を示す ・審判や相手プレイヤーに対して怒りを表す ・ゲームに負けて悔し涙を流す

間関係行動と，仲間に対して文句を言ったり，たたいたりするような否定的人間関係行動をカウントする。これらの行動をカウントすることにより，集団の「連帯性」や「親和性」をみることができる。つまり，肯定的人間関係行動が多く，否定的人間関係行動が少ない授業ほど,「連帯性」や「親和性」が高い授業ということになる。

「情意行動」の次元では，拍手，歓声といった行動に表れる肯定的な感情表出や，不安や不満といった否定的な感情表出をカウントする。これらの行動観察により子どもたちの学習への熱中度や情意的雰囲気を読みとることができる。つまり，「情意的解放」が多く，「情意的緊張」が少ない授業ほど雰囲気のよい授業と考えられる。

(1) 観察・記録の方法

授業の雰囲気を観察するために，GTS(Group Time Sampling) 法を適用する。この方法は前節でも説明したが，再度簡略に述べておくことにしよう。

観察者は，12 秒間で観察対象となる集団を，一方の端（たとえば左端）から他方の端（右端）へ走査し，該当する行動をとる子どもの人数をカウントする。その際，ある子どもを一度数えてしまえば，その後でその子が異なった行動を起こしても後戻りしてカウントしたりしない。観察を終えたら次に 12 秒間でコーディングシートに（図1）に人数を記録する。したがって，12 秒間欠に記録が得られることになり，45 分の授業であれば 112 のイベントが記録収集できる。なお，記録は「人間関係行動のペアあるいは情意行動の個人(/)」「小集団（g)」「大集団（G)」の 3 つに区分し，記号で書き込む。集団のユニットが大きければそれだけ学習成果に与える影響が大きくなるという前提に立っている。したがって,「ペア・個人」「小集団」「大集団」といった行動ユニットが，ある 1 つの観察期間（12 秒間）に同時に生じた場合には，G> g >/ の優先順位で記録する。ちなみに，人間関係行動については，「個人」の行動は存在しないわけで，1 対 1 の人間関係行動はペアとしてとらえる。

(2) 簡略化する方法

1 授業のはじめから終わりまで授業のすべての場面を観察記録するのもよいが，子どもが主体的に学習する運動学習場面に限定して観察記録するだけでも有効なデータが得られる。とくに，授業研究ではその時間に適用される教材が子どもにマッチしたものであるかどうかが重要な問題になるため，その教材の適否を，人間関係行動や情意行動から評価するのは賢明なことである。

観察者が大勢いる場合には，人間関係行動に注目するもの 2 名（1 人は肯定的行動，他の 1 人は否定的行動に着目), 情意行動に注目するもの 2 名（1 人は肯定的行動，他の 1 人は否定的行動に着目)，計 4 名で観察する。VTR があれば，1 人で 4 回再生して観察記録する。

また，授業観察者がいない場合には，「子どもによる形成的授業評価票」にあわせて，人間関係行動や情意行動に関わって，授業後に簡単な調査を行うことを推奨したい。私たちは，①「きょう，友だちから助言をもらいましたか」②「それはどのようなことでしたか」③「それは役に立ちましたか」と問いかけることにしている。これまでの

カテゴリー		00'00"〜	00'24"〜	00'48"〜	30'48"〜	31'12"〜	31'36"〜	32'00"〜	32'24"〜	44'00"〜	44'24"〜	44'48"〜
人間関係	肯定的					//	g		G			
	否定的											
情意行動	肯定的				///	g	/	g				
	否定的											

カテゴリー		ペア・個人	小集団	大集団	計
人間関係	肯定的	12	22	2	36
	否定的	1	0	0	1
情意行動	肯定的	10	17	2	29
	否定的	3	0	0	3

(/) ＝ペア・個人
(g) ＝小集団
(G) ＝大集団

図1　運動学習場面の雰囲気を記入，集計した例

研究から，とくに「役立つ助言を得たもの」の形成的授業評価が際だって高くなることが明らかにされている（高橋，2000）。

3 授業の雰囲気と形成的授業評価との関係

このような授業の雰囲気を観察することの意義や妥当性を検証するために，この観察法によって得られたデータと子どもによる形成的授業評価との関係を分析した。対象は30の小学校ボール運動の授業であった。表2，3，4はその結果を示している。

表2からわかるように，肯定的な人間関係行動は1授業において平均20.5回，否定的な人間関係行動は5.9回であった。肯定的人間関係行動は，チームでの練習場面での教え合いやゲーム場面での応援などにみられた。否定的人間関係行動は，そのほとんどがペア・ユニットで出現し，ゲーム場面での勝敗やジャッジをめぐるトラブルが大半を占めた。

情意行動についてみると，肯定的情意行動は

表2　人間関係行動・情意行動観察法によるボール運動の授業の実態

n =30

		ペア / 個人		小集団		大集団		総頻度	
		M	SD	M	SD	M	SD	M	SD
人間関係行動	肯定的	12.77	6.23	7.07	5.88	0.63	1.30	20.47	11.45
	否定的	5.23	2.94	0.70	0.88	−	−	5.93	3.24
情意行動	肯定的	16.10	5.67	6.23	4.23	0.23	0.63	22.57	8.07
	否定的	1.67	2.04	0.07	0.37	−	−	1.73	2.08

表3　人間関係行動と形成的授業評価の関係

ボール運動，n = 30

子どもによる形成的授業評価	人間関係行動							
	肯定的				否定的			
	総頻度	ペア	小集団	大集団	総頻度	ペア	小集団	大集団
総　合　点	.62**	.57**	.51**	.41*	−.56**	−.51**	−.36*	−
成　果	.62**	.60**	.47**	.43*	−.54**	−.48**	−.38*	−
1. 感動の体験	.50**	.53**	.34	.41*	−.56**	−.52**	−.31	−
2. 技能の伸び	.60**	.52**	.54**	.31	−.38*	−.30	−.41*	−
3. 新しい発見	.61**	.60**	.46*	.46*	−.51**	−.45*	−.35	−
意欲・関心	.39*	.33	.37*	.11	−.30	−.26	−.25	−
4. 精一杯の運動	.40*	.35	.37*	.14	−.29	−.24	−.28	−
5. 楽しさの経験	.34	.29	.33	.06	−.27	−.25	−.17	−
学び方	.62**	.56**	.51**	.44*	−.60**	−.56**	−.35	−
6. 自主的学習	.67**	.56**	.63**	.40*	−.46*	−.42*	−.28	−
7. めあてをもった学習	.49**	.50**	.33	.43*	−.67**	−.62**	−.37*	−
協　力	.56**	.49**	.48**	.38*	−.48**	−.45*	−.26	−
8. なかよく学習	.27	.21	.24	.33	−.55**	−.48**	−.39*	−
9. 協力的学習	.68**	.62**	.57**	.36*	−.32	−.33	−.08	−

* $p<.05$　** $p<.01$（ピアソンの積率相関係数）

表4　情意行動と形成的授業評価の関係

ボール運動，n = 30

子どもによる形成的授業評価	情意行動							
	肯定的				否定的			
	総頻度	個人	小集団	大集団	総頻度	個人	小集団	大集団
総　合　点	.53**	.28	.60**	.23	−.61**	−.56**	−.34	−
成　果	.48**	.23	.58**	.15	−.53**	−.48**	−.34	−
1. 感動の体験	.44*	.20	.53**	.18	−.45*	−.42*	−.25	−
2. 技能の伸び	.34	.12	.48**	.04	−.63**	−.57**	−.39*	−
3. 新しい発見	.52**	.31	.55**	.17	−.37*	−.32	−.33	−
意欲・関心	.40*	.23	.44*	.14	−.67**	−.64**	−.24	−
4. 精一杯の運動	.45*	.26	.50**	.17	−.67**	−.64**	−.24	−
5. 楽しさの経験	.28	.16	.31	.08	−.60**	−.57**	−.22	−
学び方	.57**	.34	.59**	.31	−.44*	−.40*	−.30	−
6. 自主的学習	.54**	.28	.61**	.24	−.52**	−.48*	−.26	−
7. めあてをもった学習	.54**	.36	.51**	.35	−.31	−.27	−.30	−
協　力	.46*	.21	.56**	.25	−.68**	−.64**	−.33	−
8. なかよく学習	.21	.08	.27	.27	−.53**	−.51**	−.18	−
9. 協力的学習	.56**	.27	.64**	.17	−.66**	−.61**	−.39*	−

*　p < .05　**　p < .01（ピアソンの積率相関係数）

22.6回でその半分以上が個人的行動であった。具体的にはシュートが決まったり，プレイがうまくいったりするような達成に付随するものが多かった。他方，否定的な情意行動は1.7回できわめて少なく，大集団による行動はまったくみられなかった。

表3および**表4**は，これら人間関係行動・情意行動観察法でカウントされた各カテゴリーの行動頻度と形成的授業評価の関係を分析した結果である。**表3**からわかるように，肯定的な人間関係行動は総じて形成的授業評価にプラスに関係し，逆に否定的なそれは形成的授業評価にマイナスに関係している。つまり，肯定的人間関係行動が多いほど成果は高まり，否定的な人間関係行動が多いほど成果は低くなることを意味している。

また，**表4**からわかるように，肯定的な情意行動は総じて形成的授業評価にプラスに関係し，否定的な情意行動は総じて形成的授業評価との間に明確なマイナスの関係が見い出された。これは人間関係行動と同様に，肯定的情意行動が多く出現すれば成果は高まり，否定的な情意行動が多く出現すれば成果は低くなることを意味している。

以上のことから，子どもの人間関係行動や情意行動と，子どもによる形成的授業評価とが深く関係することがわかった。

（米村耕平・平野智之・高橋健夫）

■引用文献

高橋健夫（1992）体育授業研究の方法に関する論議．スポーツ教育学研究特別号:19-31.
高橋健夫（2000）子どもが評価する体育の授業過程の特徴．体育学研究(45)2:147-162.

11 教師の相互作用行動を観察する

■はじめに

学習成果は授業中の学習行動のいかんによって決定されるので，授業観察を行うなら，まずは学習者の行動に注目すべきである。特に，学習者の目的的で意欲的な学習によって生み出される「授業の勢い」や肯定的な人間関係によって醸し出される「明るい授業の雰囲気」が，よい体育授業の重要な条件であると考えられるため，これらの行動様態を観察する方法について紹介してきた。

しかし，これらの授業の条件をつくり出すのは教師である。教師の周到な計画・準備と，授業場面での効果的な指導行動が，子どもの学習行動に重要な影響を与える。ここでは授業場面において教師の指導行動が有効に行われているかどうかを観察評価する方法について紹介することにしたい。

1 四大教師行動

体育授業中に教師はいったいどのような指導行動を行っているのだろうか。授業中に教師は実に多様な行動を営んでいるが，大きくは，①直接的指導，②マネジメント，③観察，④相互作用の4つに区分できる。

直接的指導 (instruction) とは，すべての生徒を対象にして，教師から生徒に学習内容に関わった情報が伝達される行動を意味する。具体的には，説明，講義，指示，演示などである。

マネジメント (management) とは，授業に関わった管理的行動を意味する。具体的には，教師自身が準備・後片づけを行う，出席をとる，隊列を作る，グルーピングを行うなどである。

観察 (monitoring) とは，生徒の学習行動や学習環境を観察する行動で，具体的な指導が表面に表れない。一般に「巡視」と呼ばれる。

相互作用 (interaction) とは，教師と生徒の間で情報交換がなされる行動である。直接的指導では，情報が教師から生徒に一方的に伝達されるのに対して，相互作用では，教師と生徒の間で双方向的に情報が交わされる。具体的には，発問，受理，フィードバック（賞賛，助言，叱責），励ましなどである。

表1 四大教師行動の割合と向けられた対象
(56 クラス，27 教師)

教師行動	M	(SD)
直接的指導	21.3%	(7.50)
マネジメント	27.0%	(10.45)
観察	25.8%	(11.94)
相互作用	21.5%	(7.42)
補助的活動	2.9%	(3.34)
非機能	1.5%	(1.14)
対象		
個人	24.5%	(12.20)
グループ	17.5%	(11.18)
クラス	57.8%	(14.08)

これらの4つの行動が，1時間の体育授業の中でどのような割合で営まれるであろうか。このことを明らかにするために，私たちは，小学校の体育授業中における教師の指導行動を3秒単位で観察・記録し，4つの行動の時間的割合を算出した。表1から明らかなように，それぞれが20%以上の割合を示した（高橋ほか，1991）。

シーデントップ (1988) は，教師行動に関わった一連の研究を分析して，相互作用は3～16%の範囲にあり，他の3つの行動に比してその割合が少なかったため，相互作用を除いて「三大教師行動」と名づけた。しかし，私たちの研究では，相互作用が他の3つの行動とほとんど同じ割合を示したことから，「四大教師行動」と呼ぶべきだと提案した。

2 四大教師行動と子どもの授業評価：相互作用の重要性

四大教師行動のそれぞれが体育授業に重要な役

割を果たすが，学習者が中心となるべき授業において，教師の直接的指導や管理的行動が必要以上に多くなれば，学習の妨げになったり，授業の雰囲気を悪くすることが予想できる。そこで，四大教師行動のそれぞれの時間量と子どもの形成的授業評価との関係について分析した。対象になったのは，すべて「単元なか」で運動学習が中心となる授業であった。**表2**は，観察した授業（66授業）を，授業評価の高かった授業群（上位群）と低かった授業群（下位群）に2分し，それぞれの群で教師行動にどのような差異が生じるかを示したものである。

表2から明らかなように，教師の直接的指導やマネジメント行動は授業評価にプラスに作用しない。このことは，8節で紹介した「授業場面（直接的指導，マネジメント，運動学習，知的学習）」の分析結果にも符合する（36頁）。教師が，頻繁に，また長々と説明をすることは，子どもの学習活動を中断させたり，学習活動時間を減少させることを意味する。学習内容に関わった教師の説明は重要であるが，簡潔に行う必要がある。また，教師が一方的に説明するのではなく，子どもの知的好奇心を引き出すような発問―応答（相互作用技術）を適用すべきである。

同様に，教師自身がマネジメント活動を頻繁に行うというのは，「単元はじめ」の段階で子どもに「学び方」の指導を十分行っていなかったり，学習集団の規律が確立していなかったことの証である。優れた教師は，授業に関わったマネジメントについては子どもの役割として位置づけ，「単元はじめ」に徹底した指導を行っている。したがって，「単元なか」の授業では，教師のマネジメント行動は，ほとんど表面に表れてこない。このような状態を「構造化されたマネジメント」と呼ぶ。逆に，授業場面で頻繁に教師のマネジメント行動がみられる状態は「流動的な相互作用によるマネジメント」と呼んでいる。

表2　児童の授業評価の上・下位群別にみた教師行動

（n＝授業数，授業評価 $\bar{X}$ ＝2.59）

授業評価／教師行動	上位群 (n＝33) %	SD	t 値	下位群 (n＝33) %	SD
●直接的指導	20.61	(8.55)	−0.74	21.98	(6.34)
●マネジメント	23.83	(9.37)	−2.60＊	30.24	(10.62)
●観察	26.70	(14.64)	0.57	25.03	(8.59)
●相互作用	23.78	(7.03)	2.63＊＊	19.18	(7.17)
発問	1.13	(1.36)	0.77	0.91	(0.87)
受理	3.01	(2.79)	1.35	2.16	(2.31)
フィードバック	10.05	(3.52)	2.37＊	8.00	(3.50)
肯定的	3.96	(2.37)	3.26＊＊	2.29	(1.75)
技能的	3.67	(2.16)	3.13＊＊	2.17	(1.71)
認知的	0.16	(0.28)	1.58	0.08	(0.11)
行動的	0.12	(0.24)	2.05＊	0.03	(0.09)
矯正的	4.72	(2.54)	0.88	4.22	(2.00)
技能的	3.62	(2.06)	2.41＊	2.46	(1.85)
認知的	0.07	(0.17)	−1.40	0.17	(0.35)
行動的	1.02	(0.78)	−2.74＊＊	1.59	(0.91)
否定的	1.37	(1.05)	−0.78	1.61	(1.44)
技能的	0.91	(0.97)	−0.26	0.98	(1.25)
認知的	0.02	(0.05)	−1.82	0.07	(0.15)
行動的	0.44	(0.61)	−0.70	0.56	(0.75)
励まし	3.31	(3.31)	2.55＊	1.69	(1.48)
補助的相互作用	6.29	(3.14)	−0.28	6.57	(4.84)
学習の補助的活動	3.67	(3.65)	2.03＊	2.03	(2.84)
非機能	1.41	(1.14)	−0.43	1.53	(1.15)
個人	28.02	(12.67)	2.38＊	21.11	(10.82)
小集団	16.45	(10.39)	−0.82	18.73	(11.97)
クラス全体	55.53	(13.54)	−1.34	60.16	(14.42)

観察行動と授業評価との間には明確な関係は見られないが，観察行動には「積極的な観察行動」と，「消極的な観察行動」があり，積極的な観察行動であれば，観察した結果をフィードバック行動として表すはずである。もし，観察行動を「積極的」「消極的」の2つに区分して観察記録できれば，授業評価との間に有意な相関が得られるものと予想できる。

結局，子どもの形成的授業評価に有意に関係するのは相互作用のみである。とくに，これまでの一連の研究結果から，個々人の運動学習に対して，肯定的フィードバック（賞賛），矯正的フィードバック（助言），励ましを積極的に与えることが，授業評価を高めるうえで大変有効であることがわかった。ちなみに，相互作用の学習成果に与える影響は，諸外国で行われた体育授業研究の結果でも，また他教科の授業研究の結果でも確認されている。

しかし，単元を通して常に相互作用を積

表 3 観察カテゴリーと行動例

観察カテゴリー	具 体 的 行 動 例
●発問	
①価値的	回答に対して主体的な意見や態度決定を要求する。回答の妥当性は正しいか間違っているかで判断されるものではない。 例：「ファールしたことに自分で気づいていながら，レフリーが笛を吹かなかった場合，あなたはどうしますか」
②創意的	以前に出合ったことのない題材に対して創意的な回答を要求する。その回答は必ずしも証明できるものでなくてもよい。この発問の性質から，さまざまな異なった回答はすべて正しいということになる。 例：「もし，3 分間残して 3 点リードしていればどんな攻撃の戦術を使いますか」
③分析的	以前に出合ったことのない題材の分析と総合を要求する。この発問では 2 つ以上の記憶事項を適切な方法で適用することが求められ　ほとんどの場合，正しいか，間違っているかが判断されるような回答を求めるものである。 例：「1 － 2 － 2 と 1 － 3 － 1 のディフェンスはどのような点で共通していますか」
④回顧的	記憶しているレベルでの回答を要求するここのカテゴリーに入る発問の多くは，イエスかノーで答えられる。
●受理	
①受理・活用	子どもがめあての解決のために工夫・発見した考えを受容し，活用する言語的行動。 例：「〇〇君がこんな方法を考えたよ。みんなでやってみよう」「〇〇君，おもしろい動きをしたね。みんなまねてみようか」
②傾　聴	教師が子どもの質問や反応に対して耳を傾けている言語的行動。なお，この行動は，最低 3 秒以上継続していなければならない。
③解答	教師が子どもの質問に対して答えるような言語的行動。
●フィードバック	
①肯定的 技能的	技能的パフォーマンスを肯定的に評価する言語的・非言語的行動（賞賛）。 例：「腕のあげ方がとてもよくなった」（具体的）「うまい」「よかった」（一般的）。
認知的	子どもの応答や意見を肯定的に評価する言語的・非言繕的行動（賞賛）。 例:「腕の振りとピッチの関係に着目したよい考えだね」（具体的）「なるほどよいアイデアだ」（一般的）。
行動的	一般的行動を評価する言語的・非言語的行動（賞賛）。 例：「日直さんの挨拶のしかたとても元気があってよかったね」（具体的）「この班，えらい」（一般的）。
②矯正的 技能的	技能的パフォーマンスの誤りを正すために与えられる言語的・非言語的行動（助言）。 例：略
認知的	子どもの応答や意見の問題や誤りを正すために与えられる言語的・非言語的行動（助言）。 例：（具体的）（一般的）略
行動的	一般的行動の問題や誤りを正すために与えられる言語的・非言語的行動（小言）。 例：（具体的）（一般的）略
③否定的 技能的	技能的パフォーマンスに対して与えられる否定的な言語的・非言語的行動（叱責・批判）。 例：（具体的）（一般的）略
認知的	子どもの応答や意見に対して与えられる否定的な言語的・非言語的行動（叱責・批判）。 例：（具体的）（一般的）略
行動的	一般的行動に対する怒りや悪意の感情に満ちた否定的な言語的・非言語的行動（叱責・批判）。 例：（具体的）（一般的）略
●励まし	
①技能的	技能的学習を促進させるような言語的・非言語的行動。 例：「もう一回やったらきっとできるよ」「いけ，いけ」「がんばって」「肩をたたいて励ます」
②認知的	子どもの認知的行動を促進させるような言語的・非言語的行動。 例：「さあ，しっかり考えよう」
③行動的	一般的行動を促進させる言語的・非言語的行動。 例：「どの班が一番早くせいれつできるかな」
●その他	

極的に行うというのは大変むずかしい。「授業場面の観察法」（36頁）で述べたように，単元はじめでは，学び方の指導やマネジメントに多くの時間が割かれ，運動学習に十分量の時間が配当できない。したがって，個々人の子どもの運動学習に対して積極的に相互作用を営むこともむずかしい。単元が進むにつれて教師が積極的に相互作用を営むことができるような授業の仕組みと学習方法を確立することが大切だということである。

3 相互作用の観察のしかた

＜観察カテゴリー＞

相互作用の観察カテゴリーは表3のとおりである。大きくは「発問」「受理」「フィードバック」「励まし」の4つに区分している。そして，それぞれに下位のカテゴリーを設定している。フィードバックについて言えば，「肯定的，矯正的，否定的」，「技能的，認知的，行動的」，「具体的，一般的」の3次元でチェックできるようになっている。くわえて，相互作用が向けられた対象を「個人」「グループ」「クラス」に区分して記録するようになっている。

もちろん，つねにすべてのカテゴリーを観察・記述する必要はない。たとえば，「子どもへの積極的な関わり」をテーマにするのであれば，教師の「フィードバック」と「励まし」の頻度のみをカウントすればよい。

＜観察・記録の方法＞

ここでは，運動学習場面に限定して（マネジメント場面と直接的指導場面は省略），教師が営む言語的・非言語的な相互作用（フィードバックと励まし）を観察する事例を示しておく（図1）。

相互作用行動が営まれるたびに，その内容とそれが向けられた対象（個人か集団・グループ）を判断して各カテゴリーに記録する。その対象が個人であれば斜線(／)をグループであれば(G)の記号を記入すればよい。図の記入例では，時系列になったコーディングシート（10秒単位）に記入するようになっている。もっと簡略にしたければ，時系列を無視して，頻度だけを記入すればよい。

ひとつ厄介な問題がある。ある特定の子どもに対する1回の関わり場面であっても，そこでいくつかの異なった相互作用が営まれるケースが少なくない。その場合，一連の言語的・非言語的行動をその意味内容から区分し，複数のイベントとして記録する。たとえば，「おめでとう，とうとうできたね。足の振り上げ方がとても速くなったからだよ」（肯定的，具体的），「足を上げるのと同時に頭を後ろに倒すようにすれば，もっとスムーズにできると思うよ」（矯正的・具体的），「さあ，もう一息，がんばろう」（励まし）といった内容であれば，2つのフィードバックと1つの励ましがカウントできる。しかし，1回の関わり場面を1つのイベントとしてとらえ，優先順位（肯定的F，矯正的F，励まし，否定的F），にしたがって記録する方法を採用してもよい。また，観察者がいない場合は，授業している教師自分自身が，出席簿などを利用して，フィードバックや励ましを与えるたびに該当する子どもの欄にチェックするだけでよい。そのフィードバックがどのような内容のものであったのか，簡単にメモをしておけばもっと有効である。「1授業時間中に，すべての子どもに1回は関わる」という努力目標をたて，どの程度できたか試してみることからはじめてはどうだろう。

（高橋健夫・中井隆司）

■引用文献

シーデントップ：高橋健夫他訳（1988）体育の教授技術．大修館書店．

高橋健夫・中井隆司ほか（1991）体育授業における教師行動に関する研究．体育学研究 36(3):193-208.

高橋健夫編著（2002）体育の授業を創る（4版）．大修館書店．

教師行動			23	24	25	26	個	グループ	計
フィードバック	肯定的	一般					8	9	17
		具体	／				12	3	15
	矯正的	一般		G		G	3	7	10
		具体	／	G		G	18	18	36
	否定的	一般		G			0		
		具体					0		
励まし					G	／	41	37	78

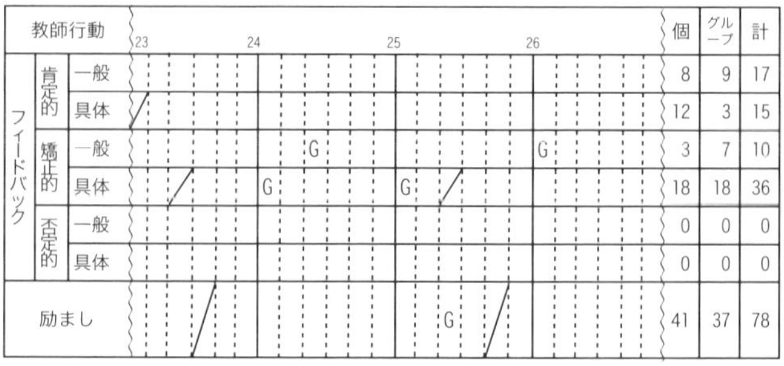

図1 運動学習場面での相互作用の記録例 （／）＝個人，（G）＝グループ

12　教師のフィードバック行動を観察する

1 フィードバック行動の多次元的分析

体育授業中の教師行動は直接的指導，マネジメント，観察，相互作用の4つに分類される。それらすべてが重要な教師行動であり，それぞれに教授技術が存在するが，なかでも教師の相互作用は授業成果に対して大きな影響を及ぼす（シーデントップ，1988）。そのため，前節では教師の相互作用観察法を紹介するとともに，この観察法を適用した研究例にもとづいて効果的な教師の相互作用の特徴を明らかにした。具体的には，個々の子どもに対して数多くの相互作用を営むこと，運動学習に対して肯定的フィードバック（賞賛）や矯正的フィードバック（助言，課題提示），さらには励ましを与えることが重要であると示唆した（高橋ほか，1989）。

ベテラン教師のフィードバックの与え方を観察していると，このようなフィードバックの量に加えて質的な違いに気づく。第1に，子どもの学習様態に対して教師が一方的に情報を伝えるだけでなく，子どもに問いかけて発言させ，さらに教師が応答するという言語的交流がみられる。このような双向的なフィードバックによって，教師の伝えたい情報がより明確に伝えられ，子どもの課題解決を促進することができると考えられる。第2に，ベテラン教師のフィードバックは，教師の伝えたい情報が子どもに確実に伝達されているという印象がある。具体的には，子どもが運動を遂行した直後に子どものそばに駆け寄ったり，子どもの名前を呼びかけることによって子どもの注意を向けさせている。それによって，子どもは教師の助言を冷静に受けとめることができ，運動技能を改善するための大切な情報を得ることができると考えられる。第3に，ベテラン教師が子どもに与える賞賛は，見る者の心を温かくする。たとえば，授業中に今まで一度もできなかった技が突然できるようになる子どもがいる。それは筋書きのないドラマであり，子どもは心から喜びを表現する。それに対して，教師もまた自分が達成したかのように子どもと一緒になって共感的に喜び合っている。「私は，あなたの向上を期待している。あなたの苦労がわかる。だからこそ，あなたの成功が本当にうれしい」。このようなメッセージが伝わる教師のフィードバックが，子どもの心を動かすのである。その他，言語的フィードバックに加えてジェスチャーを用いたり，子どもが感覚的に動きをイメージできるような言葉かけを用いたりすることによって，巧みに情報伝達するケースも見られた。

私たちはこのような主観的印象を行動概念として明確に規定する努力を払い，それぞれ「双向性」「伝達性」「共感性」「表現技術」「言語内容」として設定した。実際に小学校の37体育授業を対象に，これらの5視点から表現のしかたを観察・評価し，その結果と子どもの形成的授業評価との関係を分析した（高橋ほか，1996）。その結果，**表1**に示したように「双向性」「伝達性」「共感性」として評価できるフィードバックの多かった授業は，子どもの授業評価が有意に高くなる傾向が認められた。総合すれば，子どもたちの学習成果に期待を寄せ，深い愛情をもって子どもたちの学習に関わろうとしている教師は，自然にこのような行動が表れると考えられる。

2 子どもに問いかけることの意義

しかしながら，教師のフィードバックやその表現のしかたを受けとめるのは学習者であり，学習者にとって有効なフィードバックであるかどうかは，直接，学習者に問いかけてみるのが一番よくわかる。これに関連してDoyle（1977）は，「学習中に教師からのフィードバックをどのように受けとめたか，与えられたフィードバックをどの程度理解したか，印象に残ったフィードバックはどのようなものであったかを学習者に問いかけることは，優れたフィードバックの特徴を明らかにすることにつながるだろう」と指摘している。少なくともこれまでの体育授業に関する教師行動研究では，このような手続きを省略させてきたと思われる。このような主張を受けて，私たちは，教師の助言に対する子どもの受けとめ方が授業成果にどのように影響するのかを検討する必要があると考えた。

(1) 教師の助言に対する子どもの受けとめ方の調査法

教師の助言に対する子どもの受けとめ方に関する質問紙は，表2に示した。毎時間授業終了後に，授業を受けたすべての子どもに質問紙に回答させる。この調査により，体育授業の中で教師からの助言を受けとめた子どもの割合，子どもに「役に立つ助言」であると受けとめられた教師の助言内容を明らかにすることができる。通常，教師の助言に対する子どもの受けとめ方調査は，9項目の形成的授業評価票（2節，14頁）と合わせ

表1　表現のしかたと子どもの形勢的授業評価との関係

（ピアソンの積率相関係数，n＝37授業）

授業評価＼表現のしかた	双向性	伝達性	共感性	表現技術	言語内容
総　合	.356*	.412	.524***	.169	.096
成　果	.194	.273	.508**	.096	.073
1. 感動の体験	.090	.172	.499**	.034	.022
2. 技術の伸び	.026	.034	.349*	.117	.077
3. 新しい表現	.455**	.563***	.409*	.140	.141
意欲・関心	.106	.168	.204	.246	.021
4. 精いっぱいの運動	.025	.095	.166	.242	.030
5. 楽しさの体験	.160	.188	.186	.207	-.001
学び方	.459**	.489**	.444**	.262	.158
6. 自主的学習	.307	.350*	.479**	.244	.196
7. めあてをもった学習	.503**	.518***	.339*	.234	.097
協　力	.386	.384*	.390*	-.016	-.010
8. なかよく学習	.264	.280	.437**	.120	-.020
9. 協力的学習	.399	.386	.327*	-.069	.009

（* $p<.05$　** $p<.01$　*** $p<.001$）

表2　教師の助言に対する子どもの受け止め方に関する質問

1）きょうの授業で先生に声をかけてもらいましたか	（はい / どちらでもない / いいえ）
2）それはどんなことでしたか	（どんな場面で，どんな内容を <自由記述>）
3）それは役にたちましたか	（はい / どちらでもない / いいえ）

表3　教師の助言に対する子どもの受け止め方と形成的授業評価との関係

（ピアソンの積率相関係数，n＝50授業）

形成的授業評価＼教師からの助言	助言を受けた：役に立つ助言を受けた	助言を受けた：役に立つ助言を受けなかった	助言を受けなかった
総　合	.441**	-.145	-.341*
成　果	.438**	-.067	-.376**
1. 感動の体験	.347*	-.188	-.233
2. 技能の伸び	.271	.173	-.336*
3. 新しい発見	.429**	-.093	-.354*
意欲・関心	.288*	-.172	-.185
4. 精いっぱいの運動	.268	-.170	-.168
5. 楽しさの経験	.245	-.154	-.154
学び方	.276	-.203	-.160
6. 自主的学習	.270	-.168	-.171
7. めあてをもった学習	.241	-.200	-.128
協　力	.414**	-.083	-.346*
8. なかよく学習	.332*	-.165	-.230
9. 協力的学習	.425**	-.002	-.395**

（* $p<.05$　** $p<.01$）

て行うと有効である（資料編，162 頁）。

教師の助言に対する子どもの受けとめ方が授業評価にどのように影響するのかを，実際に検討した（深見ほか，1997）。対象は，小学校の 50 体育授業であった。運動種目は，個人種目から集団種目までさまざまであった。その結果，**表 3** に示したように「役に立つ助言」を受けた子どもの割合が多い授業では子どもの授業評価が有意に高くなる傾向が認められた。その一方で，「助言を受けなかった」子どもの割合が多い授業では子どもの授業評価が有意に低くなる傾向が認められた。これらの結果から，子どもにとって「役に立つ助言」を与えることが，子どもの形成的授業評価の向上に有効に作用することが明らかになった。

さらに，子どもに「役に立つ助言」と受けとめられた教師の助言内容を分析した。**表 4** は，子どもの自由記述の内容を一定のカテゴリーに分けて集計したものである。表から，子どもに「役に立った」と受けとめられた助言の大半は「技能的学習」に関する助言 (73.8%) であることがわかる。なかでも最も大きな割合を占めたのは「矯正的・具体的フィードバック」(41.5%) であった。この他「肯定的・一般的フィードバック」(13.2%) や「矯正的・一般的フィードバック」(13.0%) の割合も比較的高かった。この結果から，技能に関する助言や課題提示は，より多くの子どもから有効な助言として受けとめられることが明らかになった。

(2) 有効なフィードバックの具体的内容の検討

先述した調査法を用いれば，子どもの主観的な印象記述から有効なフィードバックの内容を明らかにすることができる。しかしながら，その方法では，教師の助言内容を子どもが忘れてしまう場合や，子どもの記述内容が曖昧であることも少なくない。この問題を解決するためには，授業中に教師が実際に行ったフィードバックを客観的に記述する方法がある。そして，その記述内容と子どもの受けとめ方（役に立った，どちらでもない，役に立たなかった）とを対応させて分析する。私たちの研究では，教師にマイクをつけてもらい，授業中の教師のフィードバックをすべて VTR で収録し，どの子どもに対してどのように関わり，どのように発言したのかを記述するようにしている。そして，その結果と子どもの受けとめ方とを対応させて，子どもにとって有効なフィードバックの特徴を明らかにしようとしている。**表 5** は，その分析例を示している。

(3) 簡便な方法―フィードバック・メモ

しかし，現場では，このような方法で分析するのは大変である。VTR で収録するには，第三者の手助けが必要である。さらに，これを再生して記述するには膨大な時間を要する。そこで，次のような簡便な方法を奨めたい。

出席簿を利用して，どの子どもにどのような内容のフィードバックを与えたのか，メモを残すとよい。最も簡単なメモであれば，肯定的フィードバック（○），矯正的フィードバック（△），否定的フィードバック（×）のように記号だけ記入すればよい。どのような学習状況にある子どもに対して，どのような内容のフィードバックを与え，さらには子どもはどのように反応したのかということまで細部にわたってメモする方法もある。授業研究の目的に応じて簡略化すればよい。しかし，授業中に行う作業であるので，できるだけ少ない事項に限定すべきである。このようなメモと子どもの受けとめ方の調査結果とを対応させれば，表

表 4　「役に立つ助言」として受けとめられた教師の助言内容

（n = 50 授業，計 642 人）

				「役に立った」と意識した子どもの割合	
フィードバック	技能的学習	肯定的	一般的	13.2%（85）	73.8%（473）
			具体的	6.1%（39）	
		矯正的	一般的	13.0%（83）	
			具体的	41.5%（266）	
	学び方			5.3%（34）	
	協力的学習			3.3%（21）	
励まし				8.0%（51）	
発問				2.8%（18）	
その他				6.8%（45）	
合計				100%（642）	

表 5　教師の助言と子どもの受けとめ方

単元名（跳び箱運動の授業　○時間目 / 全 9 時間）　○○小学校　5 年 1 組　△月△日

No.	名前（技能）	助言の有無	実際の授業場面における教師の助言	子どもの受けとめ方
1	Yくん（上位児）	○	5 段開脚跳びの練習中，教師は「この赤いテープ（もっと遠くに）のところに手を着く」と助言。Y くんは『ここ』と確かめ，それに対して教師は「当然です。がんばって」と励ました。	△
2	Hくん（下位児）	×	<助言なし>	—
3	Fくん（上位児）	○	抱え込み跳びの練習中，教師は「まだ手が残ってるなぁ，もっと手を突き放して」と助言。さらに，教師は「（直前に）はい放せ！　そう，そのタイミングはとってもいいよ，あとは手が離れたら花マル。もう 1 回」と助言。F くんのパフォーマンス後「そうだ，今の OK ！　膝もちゃんと閉じてたよ」と助言。	○
4	Kくん（中位児）	×	<助言なし>	—
5	Yさん（中位児）	○	Y さんは台上前転で膝が曲がっていた。教師は「膝が曲がってるね。膝が伸びたらきれいにみえるよ。膝を伸ばすんだよ」と助言。	×
6	Mさん（中位児）	×	5 段開脚跳びの練習中，教師は「いいねぇ，それだけ跳べたら（距離板）40cm くらいでも跳べそうだなぁ」と助言。	—
7	Kさん（下位児）	○	K さんから「4 段の開脚跳びができた」と教師に報告。教師は「すごいなぁ，やってみて！」と目の前で跳ばせた。K さんは成功し，教師は「お～すごい！　やったやった！　すごいじゃん」と共感的に賞賛。その後，さらにみんなの前で技を発表させた。K さんはふたたび成功し，教師は「あ～完璧だ，よかったね」と賞賛。	○
8	Oさん（下位児）	○	4 段開脚跳びの練習中，教師は「もう少し手を前に着いてごらん」と助言。その後，教師の補助を受けて，O さんは 3 回練習。その過程で，教師は「はい，もう 1 回」と励ました。しかし，この日は結局，O さんは 4 段開脚跳びを跳べなかった。	×
9				

5 とほぼ同じ資料が作成できる。

積極的に関わっても，子どものニーズに合ったフィードバックでなければ，子どもは「助言を得なかった」と冷たく反応する場合も少なくない。子どもが本当に求めている情報は，意外と教師が教えたい情報に対応していないかもしれない。いかに客観的な情報を伝達しても，運動の行い方には意味をもたない場合もある。指導言葉の有効性を子どもの声にもとづいて確かめていただきたい。

（高橋健夫・深見英一郎）

■参考文献

Doyle, W.（1977）Paradigms for research on teacher effectiveness. In L.A. Shulman(ed.).

深見英一郎・高橋健夫ほか（1997）体育授業における有効なフィードバック行動に関する検討．体育学研究 42(3)：167-179.

シーデントップ：高橋健夫他訳（1988）体育の教授技術．大修館書店.

高橋健夫・岡澤祥訓ほか（1989）教師の相互作用行動が児童の学習行動及び授業成果に及ぼす影響について．体育学研究 34(3)：191-200.

高橋健夫・歌川好夫ほか（1996）教師の相互作用及びその表現のしかたが子どもの形成的授業評価に及ぼす影響．スポーツ教育学研究 16(1)：13-23.

Ⅲ章
ゲームを分析する

13. ゲームを観察・分析する・・・・58
14. ゲームパフォーマンスを分析する・・・・62
15. 戦術の理解度テストの作成方法・・・・66

13　ゲームを観察・分析する

ボール運動・球技の授業の成果を確認したい。そして，その検討を通して授業改善（教材の工夫やその機能の吟味，授業における教師の学習者への働きかけ方）に果たしうるフィードバックを得たい。そこでは実際に授業においてプレイされたゲームを観察し，分析することが必要になってくる。ここではゲームの様相やその質的な変化・向上を確認できる簡便な方法を紹介する。

1 触球数，パス・シュートの回数やその様相を記録し，分析する

ゲーム中に学習者でも観察，記録ができるデータ分析の方法がある。この中では，とくにバスケットボールやサッカーなどの侵入型ゲーム（攻守入り乱れ系）において開発され，授業実践の中に取り入られてきた「心電図」型のゲーム分析表を取り上げる。

図1は大貫耕一が紹介している「バスケットボールの心電図」である（大貫，1995）。

ゲーム中に特定のチームのどのプレイヤー間でボールのやり取りが生じたのかを，観察者（学習者）が2人1組になって記録する。2人の役割は，ゲームを実況中継のアナウンサーのように伝えることと，その内容を記録用紙に記述することである。ここでは，プレイヤーごとの触球数（ボールに触れた回数），パス，シュート，得点の回数が記録されるとともに，プレイヤー間のパスの様相（「パスの相関図」）が描かれ，各プレイヤーが実質的にゲームに参加できているかどうかが確認できる。

これにより，チームにおける各プレイヤーのそれぞれのデータを示すことができ，授業時間に添って記録を継続的に収集していけば，単元の展開に伴った個人のプレイ参加（ゲームパフォーマンス）の変化を把握していくことができる。また，チームの中でのコンビネーション・プレイをパスのつながり具合から検討することが可能である。ただし，このようなプレイがコートのどのような空間上で出現しているのかについては，この分析からは再現できず，異なるデータの記録方法を工夫していく必要がある。なお，実際の記録方法として大貫が示している例を添えておく。

【記録例】≪アナウンス≫　　　　≪記録≫

「S君がW君にパス。W君からCさんにパス。Cさんドリブルしてシュート，失敗。」

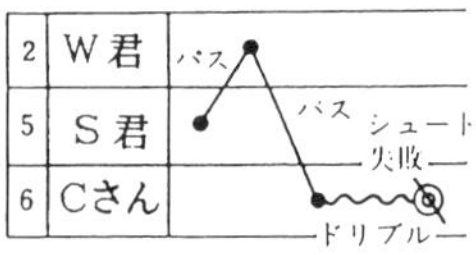

2 ゲームの中で選択的に用いられる要素的技能の頻度を分析する

ゲーム中に使用される要素的技能を記録し，そ

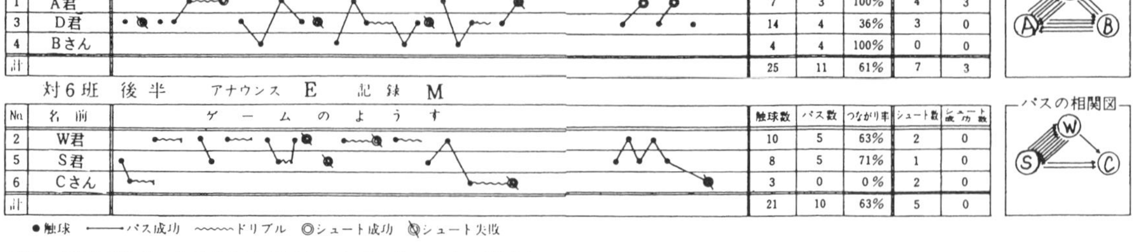

図1　心電図型ゲーム分析表（バスケットボールのつながり方）

表1 バレーボールの要素的技能などの回数

	単元始め					単元終り				
サーブ	サーブ総数		サーブ成功数			サーブ総数		サーブ成功数		
	69		33			78		52		
ラリー回数	0回	1回	2回	3回	4回以上	0回	1回	2回	3回	4回以上
	41	19	7	2	0	23	22	17	11	5
パス（トスを含む）	アンダーハンドパス		オーバーハンドパス			アンダーハンドパス		オーバーハンドパス		
	83		34			159		184		
スパイク	9					28				

表2 バレーボールの要素的技能などの頻度

	単元始め					単元終り				
サーブ	サーブ成功率					サーブ成功率				
	48%					67%				
ラリー回数の頻度	0回	1回	2回	3回	4回以上	0回	1回	2回	3回	4回以上
	59%	28%	10%	3%	0%	30%	28%	22%	14%	6%
パスの使用率（トスを含む）	アンダーハンドパス		オーバーハンドパス			アンダーハンドパス		オーバーハンドパス		
	71%		29%			46%		54%		
スパイク	1ゲーム・1チーム当たり＝1.5回					1ゲーム・1チーム当たり＝4.7回				

の出現頻度を算出・分析することによって，ゲームの質的変化や向上を確認したり，推測したりすることができる。

ここでは，中学校のバレーボールの授業において，単元始めと単元終りのゲーム様相を，そこで選択的に用いられた要素的技能（サーブ，パス，スパイク）やラリー数の側面から比較し，検討する方法・観点を取り上げる。

表1は15点のラリーポイント制で行われた3ゲーム（セット）分のトータルの素データであり，表2は，そのデータを頻度（成功率や使用率）に換算しなおしたものである。

一般的に中学校の授業では，バレーボールの未経験者も非常に多く，技能水準も総じて高くないため，ラリーのつづくゲームにはなりにくい。それどころか，サーブの成功・失敗で得点が決まってしまう様相も強い。

このようなゲームの様相を想定した場合，前記のような単純なデータ集積でも，単元の展開によるゲームの質的向上が判断し得る。たとえば，サーブが相手コート上に打ち出される確率が低ければ，非常に間延びした様相になり，学習者のコート上におけるプレイの動きの少ないゲームになりがちであるが，この単元ではサーブの成功率が48%（33/69）から67%（52/78）に向上している。また，ラリー数1回以下の場合が87%も占めていたのに対し，それが58%までに減少しており，単元終りにはかなりプレイフルなゲームを味わえるようになったのではないかと推測できる。パスの中身もよりコントロールのつけやすいオーバーハンドの選択率がアンダーハンドに対して大きく逆転しており，ボール操作の技能的な向上もうかがわれる。

スパイクの出現も増大していることは明瞭であるが，さらに三段攻撃を中心とした戦術行動に焦点を当ててゲーム分析を行うとすれば，サーブ後，あるいはラリー中をも含め，セッターにボールが返球される頻度や総攻撃回数に占めるスパイクの出現率を算出できるデータ集積が考えられよう。

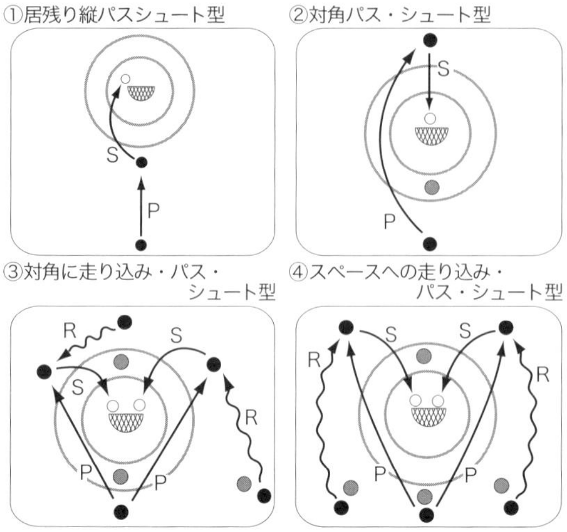

図 2　4 つの攻撃類型

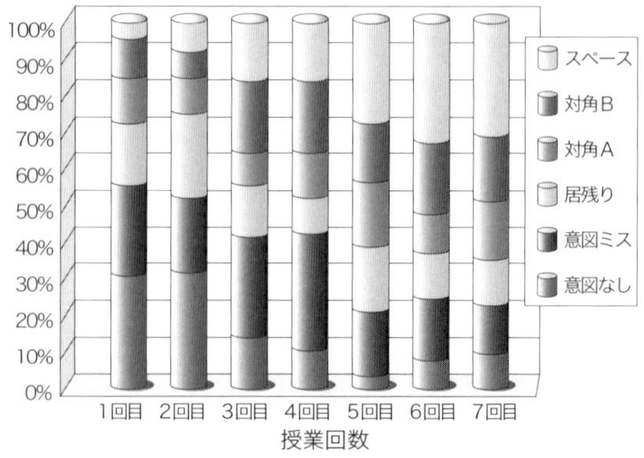

図 3　シュートにつながる攻撃の変容

3 ゲームで出現する攻撃類型や学習させたい戦術行動をパターン分析する

ゲームの中で出現する攻撃類型や，学習させたい戦術行動をパターン化して分析してみる方法もある。ここでは，侵入型ゲーム（攻守入り乱れ系）の場合について記述してみる。なお，以下に取り上げるものは本書後半部の実践例・分析例のパートにおいてさらに詳しく紹介されている。

(1) 攻撃類型の出現頻度の変化を単元の時間経過において分析する

たとえば，鈴木聡 (2000) が実践報告しているセストボールの授業（96 頁参照）では，教師が子どもたちに発見，追求してほしいと考えている 4 つの攻撃類型（意図的な戦術）の出現が授業の進展に応じてどのように変化していったのかを意図の不明確なプレイやシュートに持ち込めなかった場合も含めて分析している。4 つの攻撃類型とは次のようである。

①「居残り縦パス・シュート型」（居残り），②「対角パス・シュート型」（対角A），③「対角に走り込み・パス・シュート型」（対角B），④「スペースへの走り込み・パス・シュート型」（スペース）

図 2 はこれら 4 つの攻撃類型に関するおよそのパターンを示したものである。

この事例では，戦術学習に取り組み始めてからのゲーム（7 回分）をＶＴＲに録画し，その再生によってシュート場面を抽出，パターン分類することを通してそれぞれの出現数をカウントしている。図 3 はそのデータを全シュート数に対する割合（出現頻度）としてグラフ化したものであり，7 回の授業（ゲーム）による変化を把握しうるものとなっている。とくに，「スペースへの走り込み・パス・シュート型」の戦術行動の出現頻度が顕著に増大しているとともに，全体的に 4 つのタイプを含みこんだ「意図的な戦術行動によるプレイ」が学習され，ゲームに生かされていることが理解できる。

(2) 意図的に学習させたい（期待したい）戦術行動のパターンを分析する

ボール運動・球技の種目の構造的な特性を保持させながら，特定の戦術的行動を学習内容としてクローズアップすることを意図した教材づくりの成果を検討していく場合を取り上げてみよう。このようなときにも，期待される戦術的行動の出現頻度をプレイ場面のパターン（カテゴリー）分類を通して分析していくことが有効であろう。

以下に引き合いに出すのはシュートに結びつきやすい有効な空間が 2 個所生み出されるＶ字型ゴールを採用し，その空間を選択的に判断・利用してシュートに持ち込む攻撃を期待して教材が工夫された小学校中学年におけるハンドボールの授業におけるものである。

表 3 はとくにゲームの中での攻撃場面に焦点を絞り，その様態をＡからＣの 3 つのパターンに分

表 3　ゲームにおける攻撃場面の分類カテゴリー

シュートをする	Aパターン	ゴール前の有効な空間にボールを持ち込んでチャンスを創り出し，シュートをする。
	Bパターン	・明らかにシュートに適当でない空間や状況からシュートをする。 ・ゴール前の有効空間外の空間からシュートをする。 ・無意図的なロングシュートをする。 ・複数のディフェンダーが周囲にいる状況でシュートする。 ・ゴール前にフリーの味方がいると同時に，自分がマークされている状況でシュートする。
シュートができない	Cパターン	・ゴール前の有効空間に持ち込もうとしたが，パスのミスやインターセプトなどによって，シュートにつながらない。

表 4　各パターンの出現回数と出現頻度（括弧内は％表示）

	第 2 時	第 3 時	第 4 時	第 5 時	第 6 時	第 7 時	第 8 時	第 9 時	第 10 時
Aパターン	22 (40. 0)	25 (36. 8)	31 (52. 5)	30 (54. 5)	28 (54. 9)	24 (52. 2)	19 (59. 4)	28 (62. 2)	32 (72. 7)
Bパターン	13 (23. 6)	14 (20. 6)	5 (8. 5)	8 (14. 5)	4 (7. 8)	6 (13. 0)	2 (6. 2)	2 (4. 4)	3 (6. 8)
Cパターン	20 (36. 4)	29 (42. 6)	23 (39. 0)	17 (30. 9)	19 (37. 3)	16 (34. 8)	11 (34. 4)	15 (33. 3)	9 (20. 5)

類するためのカテゴリーである。当然ながら，ここで学習してほしいのはAパターンの攻撃である。

この場合もゲームをVTRで撮影し，その再生によって各パターンを抽出，カウントする。

表 4 は第 2 時から 10 時までに行われたゲーム（2 チームを対象として抽出）における各パターンの出現回数とその頻度を示している。この表から明らかなように，有効空間に持ち込んでシュートする割合は単元始めに 40％であったものが，単元終りには 70％以上まで飛躍的に増加している。また，シュートに不適切な空間やディフェンスにマークされた状況でのBパターンの攻撃も単元の進展に応じて減少しているのがわかる。

このように学習者が意図した攻撃や戦術行動を追究し，学習しているのかを，ゲームのプレイ場面のカテゴリー区分によって分析し，検討することができる。これらのゲーム分析は，学習成果の側面からみた授業評価，教材評価の一端としておおいに利用できる。

（岩田　靖）

■参考文献
大貫耕一（1995）ゲーム分析の方法.（阪田尚彦ほか編）学校体育授業事典. 大修館書店，pp.738-743.
鈴木聡（2001）ボール運動のゲームを分析する. 学校体育 53(11) : 54-58.

コラム

□戦術と作戦

「戦術」は一般的に，「ゲーム場面において生じる問題を合理的に解決していくために，自らの行動を決定していく理論（セオリー）」と理解されている。また，実際の授業では，「作戦タイム」や「作戦を考える」といったように，「作戦」も頻繁に使われる。いくつかの戦術にもとづいて作戦が立案されるという関係が成り立つのである。たとえば，フラッグフットボールにおいて，守備チームがパス攻撃を警戒して後方に下がって守っているケースがある。この場合，パス攻撃と見せかけて守備の前方にスペースをつくり，そこへラン攻撃を仕掛けることがセオリー（戦術）のひとつである。そして，これを具現化するために各ポジションの配置や役割（作戦）などが決定されていく。（吉永）

14　ゲームパフォーマンスを分析する
―GPAIを用いたゲーム分析―

1 ゲームを分析することの意義

ボール運動は，体育の授業の中でも子どもたちに最も人気がある運動のひとつである。ゲームになれば夢中になってコート中を動き回り，あちらこちらで歓声が湧き上がる。そのような光景からは，子どもたちのだれもがゲームに参加し，楽しんでいると想像しがちである。しかし，現実は必ずしもそうではない。たとえば，技能上の問題から，ゲーム中はただ立っているだけの子どもたちもいれば，個々の技能が上手くても，ゲーム中にそれを活かしきれずに悩んでいる子どもたちもいる。このような現象が生じる原因として，次の2点があげられる。

①ゲーム中に何が起こっているのかがわからない（ゲーム状況が把握できない）。
・子どもたちはゲーム中に何回ボールに触れたか，どのような動きをしていたかがわからない。
②なぜある結果（プレーの成功，失敗など）が生み出されたのかがわからない。
・ゲーム中に何が起こっているのかは理解できるが，なぜそのようになったのかはわからない。そのため，その状況を改善する方法がわからない。

これらは，ただやみくもにゲームを繰り返しているだけでわかるようになるものではない。これらを知る手だてが保証されることによって，子どもたちが実質的にゲームに参加できるようになる。ゲーム分析は，このためのひとつの方法として活用されてきた。

ボール運動の授業でこれまで用いられてきたゲーム分析法には，「心電図」による触球数調査や，「ボールの軌跡図」による空間調査などがある。これらの分析法は，ゲームの様相を客観的に把握することを可能にするものであった。つまり，これらを用いれば，子どもたちは「ゲーム中に何が起きているのか」を容易に理解できるようになった。

しかし，「ゲーム中に何が起きているか」を把握しただけでゲームができるようになるわけではない。なぜなら，「心電図」や「軌跡図」に残された結果がなぜ生み出されたのかがわからないためである。これまでは，この「なぜ」に答えるための情報を，子どもたちのゲーム観察やゲーム中の印象から補っていた。そのため，結果を変えていく方法についての話し合いも焦点を絞り切れずに終わっていた。

これに対し，近年，子どもたちのゲーム中の行動を直接分析する方法が開発されてきた。それが，「ゲームパフォーマンス評価法（Game Performance Assessment Instrument）」（以下，GPAI）である。

2 GPAIによるゲームの分析方法

表1に示すように，GPAIではゲーム中に求められる行動が7つの構成要素に区分される。

このGPAIの特徴は，子どもたちのゲーム中の行動そのものを分析対象としていること，さらには「ボールを持たない動き」を分析の対象としていることである。侵入型のゲームでは，ボールを保持している時間は全体のわずか10％程度であり，残りの90％はボールを持たずに状況判断を行ったり，それにもとづいて行動している（Mitchell et al., 1999）。その意味では，ボールを持たない動きは，ゲームの成果を左右する重要な技能といえる。しかし，従来のゲーム記録では，それがまったく観察の対象とされていなかった。その点で，GPAIは，従来の触球数調査や空間調査ではとらえきれなかったゲーム中にとるべき行動を多様かつ実質的に明らかにしてくれる。

しかし，GPAIでは，7つの構成要素すべてをつねに観察することを求めているわけではない。授業で教える内容とレベルに応じて，観察の対象とレベルを設定することを求めている。その意味では，評価と指導の一体化を求める観察法といえる。

たとえば，表2はサッカーの授業で実際に用いられた観察表である。「意思決定」「技能発揮」「サポート」の3項目が，観察の対象とされている。これらの項目の観察基準は，次のように示されている。

表1 ゲームパフォーマンスの構成要素とその定義

（グリフィンほか，1999）

構成要素	定　　義
ベース	ある技能を発揮した後，次の技能を発揮するまでの間にホームポジション，あるいはリカバリーできるポジションに適切にもどること。
調整	攻守の別に関わりなく，ゲームの流れに応じてポジションを調整すること。
意思決定	ゲーム中にボールを保持した状態で，何をおこなうべきか適切に選択すること。
技能発揮	選択した技術を効果的に発揮すること。
サポート	味方のチームがボールを保持している状態で，パスを受けるポジションへ移動するボールを持たない動きのこと。
カバー	ボールを保持しているプレーヤーや，ボールに向かって移動しているプレーヤーを守備面で援助すること。
ガード／マーク	ボールを保持する可能性があるプレーヤー，あるいはそうでないプレーヤーに対して守備面で対応すること。

表2 グリフィンらによるGPAIの観察結果の例

（グリフィンほか，1999）

名前	意思決定		技能発揮		サポート	
	適切	不適切	効果的	非効果的	適切	不適切
マシュー	×××××	×	×××××	×	×××××	××××
ブライアン					×××	×××
ケイティー	×××××	×	×××××	×	××××	×
ケリー	××	×	×××	×	×××××	××
ピーター	×××	××	××	×××	××	×
アリソン	×	××	×	××	×××××	×

×印は1回の観察を意味する。

①「意思決定」

フリーの味方にパスしようとした場合には「適切」，相手にぴったりとマークされている味方にパスを出そうとした場合には「不適切」とカウントする。

②「技能発揮」

味方にパスを出した際に，そのパスが味方に渡れば「効果的」，そうでなければ「非効果的」とカウントする。

③「サポート」

味方をサポートするために空いているスペースへと移動することができた場合には「適切」とカウントする。しかし，味方がサポートを必要としているときにそれができなかった場合には「不適切」とカウントする。

表2の結果は，次のように処理される。

①ゲームへの参加状況＝適切な意思決定の回数＋不適切な意思決定の回数＋効果的な技能発揮の回数＋適切なサポートの動きの回数

②意思決定に関する指標（DMI）＝適切な意思決定の回数／不適切な意思決定の回数

③技能発揮に関する指標（SEI）＝効果的な技能発揮の回数／非効果的な技能発揮の回数

④サポートに関する指標（SI）＝適切なサポートの動きの回数／不適切なサポートの動きの回数

⑤ゲームパフォーマンス＝（DMI+SEI+SI）／3

その計算式に従って算出された値は，次のとおりである。

マシュー＝4.58　　ブライアン＝0.33
ケイティー＝4.67　　ケリー＝2.5
ピーター＝1.39　　アリソン＝2.67

アリソンは，意思決定や技能発揮に関してはそれほど成功を収めていたわけではない。しかし，

表3　GPAIによるハンドボールの観察結果　(Mitchell et al.,1999)

GPAI

学　期：1学期　評価者：ジム・タイム　チーム：ブルーデビルズ　単元：ハンドボール

観察日：1回目/3月23日　2回目/4月4日　3回目/4月11日　4回目/4月17日

得点基準：
5＝非常に効果的なパフォーマンス
4＝効果的なパフォーマンス
3＝だいたい効果的なパフォーマンス
2＝あまり効果的でないパフォーマンス
1＝非常に効果的でないパフォーマンス

ゲームパフォーマンスの評価項目と基準：
1. 技能発揮―意図した味方に対して正確にパスを送ることができる。
2. 意思決定―得点機会をつくるために，フリーな味方へパスを出すことができる。
3. サポート―味方からのパスを受けることのできるポジションへと動くことができる。

名前	技能発揮	意思決定	サポート
ボブ	1回目：5　3回目： 2回目：　4回目：	1回目：4　3回目： 2回目：5　4回目：	1回目：　3回目：4 2回目：　4回目：4
イレイン	1回目：4　3回目： 2回目：　4回目：	1回目：5　3回目： 2回目：5　4回目：	1回目：　3回目：4 2回目：　4回目：5
ミリー	1回目：3　3回目： 2回目：　4回目：	1回目：3　3回目： 2回目：4　4回目：	1回目：　3回目：3 2回目：　4回目：4
マット	1回目：2　3回目： 2回目：　4回目：	1回目：3　3回目： 2回目：3　4回目：	1回目：　3回目：3 2回目：　4回目：4
ケイテイ	1回目：1　3回目： 2回目：　4回目：	1回目：5　3回目： 2回目：3　4回目：	1回目：　3回目：4 2回目：　4回目：5

サポートに関しては非常に高い頻度で成功していた。そのため，ゲームパフォーマンスの指標としては，アリソン以上にボールに触っていたピーターよりも高い値を獲得している。このように，これまでボール操作という観点から技能が低いと評価されてきた子どもたちのゲーム中の行動も，このGPAIにおいては新たな視点から評価できるようになる。

GPAIは，精度の点で多少問題が残るとはいえ，学習者が観察記録の経験を重ねることでより正確になる。学習者が用いる場合には，（たとえば，A-1チームの○○くんとA-2チームの○○さんというように）兄弟チーム同士でペアになり，ゲームに参加していない者が対応するペアの行動を観察することで，プレーに対するイメージを高めることもできる。しかし，人数が足りない場合や，ゲーム展開が速すぎて記録することが困難な場合には，アナウンサーと記録者をそれぞれ設定することも可能である。

一方，教師や研究者が用いる場合にはVTRを活用するとよい。学習者のゲーム中の動きを繰り返し映像によって再現させながらゲームパフォーマンスを観察分析すれば，より精緻な結果を得ることができる。しかし，それが困難な場合には，表3に示すような方法も適用できる。これは，一度に複数の学習者のゲームパフォーマンスを観察する方法であり，観察する要素ごとに学習者を5段階で評価していく。

サッカーやバスケットボールなどの侵入型ゲームでは，プレー場面が刻々と変化していくため，リアルタイムですべてのプレイヤーのパフォーマンスを評価することは非常にむずかしい。しかし，この方法では，学習者のゲームパフォーマンスが5段階によって評価されるため，VTR分析ほど精緻なデータではなくとも，学習者のゲームパフォーマンスを総合的に評価することが可能になる。当然のことながら，ここでは設定した学習内容に応じて分析項目を選択し，分析評価することが重要である。

表4 小学校6年生のサッカーにみられたGPAIの観察結果

サッカー学習カード（ゲーム記録用）

—サポートしながら，どの程度パスをつなげるか，たしかめてみよう—

（記録のしかた）
サポートにはいると「サポートした」に○をつける。サポートした人にパスが出ると「パスが出た」にも○をつける。また，そのパスをサポートした人が受けたら○をつける。

ゲーム1
対戦チーム（　3班　）
記録した人（　C子　）
記録された人（　A美　）（チーム名：　2班　ゼッケン：　6番　）

	記録											回
サポートした	○	○	○	○	○	○	○					7
パスが出た			○		○	○						3
パスを受けた			○		○	○						3

3 GPAIの具体的な活用例

表4は，小学校6年生を対象に実施したサッカーのゲームにおけるGPAIの観察結果を示したものである。ここでは，明確な判断基準を示すために「サポート」を次のように定義した。

①ボールを持っている味方のほうに体を向けている。

②ボールを持っている人と自分の間に相手がいない。

またここでは，GPAIの観察記録を簡便化するために，適切か不適切かの判断は除外し，サポートを実行したかどうかをカウントするように修正した。

表4に示されている結果は，決してボール操作の技能が高いとはいえない女子児童のものである。しかし，サポートの頻度をみれば彼女のゲームパフォーマンスが決して低いものではないことが確認できる。つまり，ボールを上手く蹴れなくてもゲームには積極的に参加し，チーム内での役割も十分に果たしていたといえる。

また図1は，1ゲーム当たりのサポートの平均回数を学習段階別に示している。なお，ゲームは4対4による4分間ゲーム（キーパーなし）であった。この結果から，試しのゲームの6.3回から

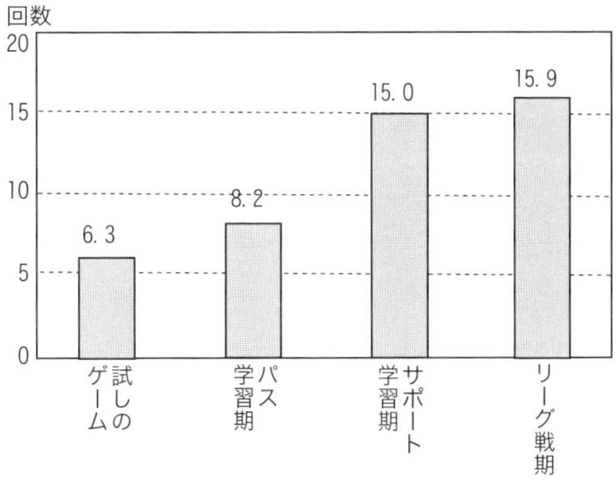

図1 ゲーム中のサポート回数の変化（1ゲーム平均）

サポート学習期以降は15回以上まで順調に伸びていたことがわかる。本単元は12時間構成で，5～8時間目にサポート学習を設定した。このことから，小学校6年生では，意図的にサポート学習を設定することにより，学習成果としてのゲームパフォーマンスの向上が十分に可能であるといえる。

（吉永武史）

■引用文献

グリフィンほか：高橋健夫・岡出美則監訳（1999）ボール運動の指導プログラム—楽しい戦術学習の進め方—．大修館書店．

Mitchell,S.A., & Oslin,J.L.（1999）Assessment in games Teaching. National Association for Sport and Physical Education.

15　戦術の理解度テストの作成方法

1 戦術の理解度をはかることの意義

保健体育の評価基準の観点の1つとして，「運動や健康・安全についての知識・理解」がある。これにしたがえば，従来，運動の技能に偏重しがちであった実技の授業においても，生徒がそこで身につけている知識を適切に評価していく必要がある。

実際，ゲーム中に発揮されている効果的なパフォーマンスは，単に「技能」のみではなく，ゲームの状況に即した適切な状況判断に支えられている。この判断のよりどころが戦術である。戦術とは，特定のゲーム状況場面で直面する課題を解決するための原則であり，知識として抽出可能である。そのため，本稿では，バスケットボールを例に戦術の理解度を評価するテストの開発方法を紹介したい。

2 テストの構成方法

(1) 評価の対象となる戦術と要求する理解度レベルの確定

戦術を核に据えた授業を提案している人びとは，球技の授業における生徒の評価は，スキルテストではなく，ゲーム中のパフォーマンスにもとづいて実施されるべきであると明確に主張している(Mitchell,2003)。また，ゲーム中のパフォーマンスを評価する方法も提案している（14節参照）。このゲームパフォーマンス指標の中でも，状況判断の評価に直接関連する項目が，意思決定である。

たとえば，バスケットボールやサッカー，ハンドボールなどの侵入型ゲームでは，攻撃場面で，攻撃権を失わないこと，得点しやすい場所にボールを運ぶことならびにシュートをすることがゲーム中に解決すべき課題となる(Spackman,1983)。そして，この課題解決に向けてシュートかパスか，ドリブルかの判断が問われることになる(Mitchell,1999)。これをシュート場面に限定すれば，自分とボールとの位置関係や自分とゴール，味方やディフェンスとの位置関係に応じてシュート，パス,ボールキープの判断が変わることになる(図1)。

したがって，テスト問題を作成する際には，まず，何をどこまで誰に理解させるのかをあらかじめ決定することが必要になる。具体的には,「‥‥の場合は‥‥をすることが好ましい」という設問を作成することになる。

(2) テスト問題の検討

理解させたい戦術とその理解レベルが確定すれば，それを設問として具体化する必要がある。また，回答方法の検討も必要になる。自由記述とするのか，選択肢を設定するのか，図を書かせるのかといった選択肢が考えられる。

このような問題を作成するには，図2のように，

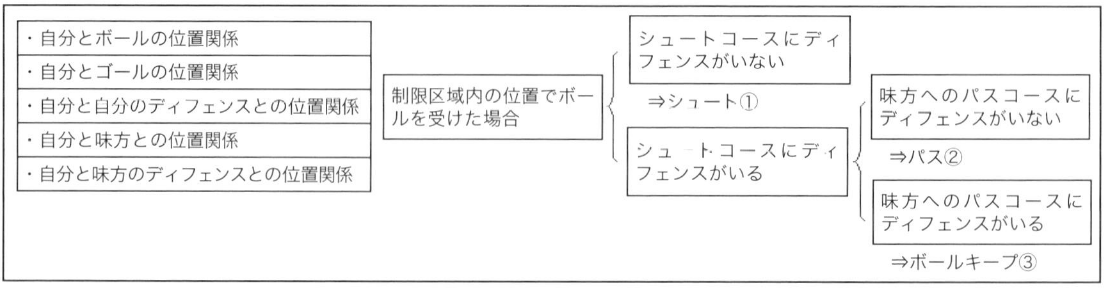

図1　侵入型ゲームでの状況判断のための判断材料とプレー選択の原則

問題：あなた（ボール保持者）は，この場面で何を行いますか。
※図における記号　Ⓑあなた　○味方プレーヤー　×相手プレーヤー　●ゴール

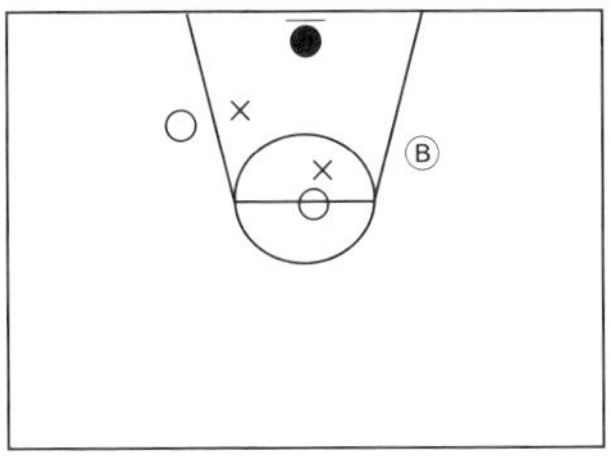

(1) プレー選択
①シュート
②パス
③ボールキープ
④わからない

(2) プレー選択の理由
①自分の前が空いていたから。
②自分の前が空いていなかったから。
③空いている味方がいたから。
④空いている味方がいなかったから。
⑤その他（　　　　　　　　）

図2　質問紙による戦術的知識テストの問題例

問題：あなた（ボール保持者）は，この場面で何を行いますか。

(1) プレー選択
①シュート
②パス
③ボールキープ
④わからない

(2) プレー選択の理由

図3　動画像による戦術的状況判断テストの問題例

コート図に「ボール保持者」「ゴール」「味方プレーヤー」「相手プレーヤー」を記号によって表し，特定のゲーム状況場面を図示することが必要になる。あるいは，図3のように，プレーヤーの目線で撮影した映像を用いることも可能である。

当然ながら，その際，テストの正答は，あらかじめ設定しておくべきである。ちなみに，図2の問題の回答は，次の通りである。

回答：(1) ①　(2) ①，④

解説：これは，3対2の場面である。ボール保持者がサイドに位置しており，ノーマークの状況である。また，味方の2人には，ディフェンスがついているため，この場面では，シュートを選択することが最も望ましい。

なお，回答時にはその根拠を確認する設問を組み入れることが必要になる。結果的に正答であっても，根拠が間違っている場合が考えられるためである。

(3) テストの回答条件の検討

次に，テストの回答条件の検討が必要になる。時間的制約により正答率が大きく変化すると考えられるためである。たとえば，次の枠内に示した文書を作成し，それにしたがいテストを実施することになる。

> これからバスケットボールに関する26の図を見て答えてください。
>
> 図は，あなたがシュートを打てる位置でボールを持っている状態から始まります。
>
> あなたは，この場面でどのプレーを選択しますか。あなたがより適切であると思うプレーを1つ選び，番号に○をつけてください。また，そのプレーを選択した理由を，5つの説明文から選び，その番号に○をつけてください。ただし，どのプレーを選択すればよいのかわからない場合は「④わからない」に○をつけてください。
>
> 回答時間は10分です。
>
> ※図における記号　Ⓑあなた　○味方プレーヤー
> ×相手プレーヤー　●ゴール

(4) テスト結果の検討

テスト実施後は，模範解答に従いを採点し，テストの妥当性を検討する。実際，結果的に正答であったとしても，選択の論理が間違っているケースやその逆のケースも考えられるためである。

たとえば，図4に示した，シュートを意図した同数のプレー場面（オフェンスとディフェンスの人数が同じ場面）の問題では誤答が多くみられた。

プレーの選択理由をみると，「自分の前が空いていなかったから」を選択しているものが多くみられた。このことから，ボール保持者である自分に対するディフェンスが離れているにもかかわらずマークされていると判断してしまい，「ボールキープ」を選択していたことがうかがえる。

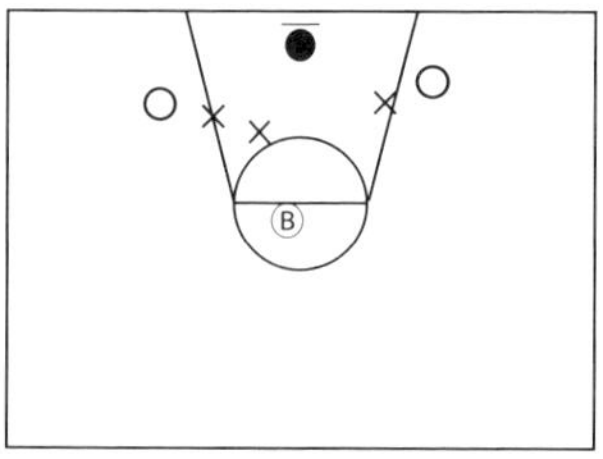

図4　質問紙による戦術的知識テストの問題例：3対3のシュート

(5) テスト問題の修正手続き

以上の手続きの後，改めてテストの修正を行うことになる。その際の観点は，次の3点である。

1) 設定した戦術の難易度の検討
2) 回答手続きの検討
3) 回答条件の検討

以下，具体的に確認したい。

表1は，をバスケットボール部に所属している大学生(48名)，球技経験の少ない体育専攻学生(48名）ならびに中学生（96名）に実施したテストの結果である。

正答率はきわめて高くなっている。その意味で

表1　質問紙による戦術的知識テストの正答数と正答率

	大学生経験者	大学生未経験者	中学生未経験者
26問中の正答数（%）	24.8（95.3）	23.6（90.6）	23.0（88.3）

は，これはきわめてやさしいテストであったと判断できる。逆に，経験者と未経験者の差を確認しにくいテストになっていたともいえる。

したがって，このテストを修正するには，大多数の者が誤答した問題の配点を高くするなどの得点の傾斜配分が考えられる。また，全員が正答した問題や経験者が誤答していた問題を他の問題に差し替えるなどの方法も考えられる。

他方で，選択肢提示型の回答方法にしたことが正答率を高めたとも考えられる。したがって，次の場面を自由記述させるといった回答方法に修正することも考えられる。

また，回答時間を全体としてより短くすることや各問いごとに回答する時間に制約を加えることで，正答率が変わることも予想できる。

このような観点から，作成したテストの妥当性を検討，修正していく過程は，生徒に学習させたい戦術やその理解を促すための手続を検討する過程にも重なっていく。

実際，表1の正答率の高さは，中学生でも意思決定の原則を十分理解できることを示している。したがって，それをゲームパフォーマンスに活かせるようにする授業の工夫が求められることになる。テスト作成を通して，授業の内容，方法を検討したいものである。

（鬼澤陽子・岡出美則）

■参考文献

グリフィン・ミッチェル・オスリン：高橋健夫ほか監訳 (1999) ボール運動の指導－楽しい戦術学習の進め方. 大修館書店

Mitchell, S.A., & Oslin, J.L.(1999) Assessment in Games Teaching. AAHPERD Publications:Oxon Hill

Mitchell, S.A., Oslin, J.L. & Griffin, L.L. (2003) Sport foundation for elementary physical education. A tactical games approach. Human Kinetics : Champaign.

鬼澤陽子（2003）バスケットボールの攻撃の映像を用いた認知テスト作成の試み，筑波体育研究科修士論文

Spackman, L. (1983) Invasion Games:An Instructional Strategy. In:Spackman, L. (Ed.) Teaching Games for Understanding. The College of St. Paul and St. Mary. Cheltenham. pp.37-41.

Ⅳ章
体育授業を質的に分析する

16. 質的分析：外国の分析例 1‥‥70
17. 質的分析：外国の分析例 2‥‥73
18. ナラティブ分析の事例‥‥78
19. 矯正的フィードバックの状況関連的分析‥‥83
20. 小学校体育授業の質的研究の試み‥‥89

16　質的分析：外国の研究例 1

はじめに

質的研究においても，データの信頼性や再現可能性を保証するための手続きが，多様に組み込まれている。また，データの収集，解釈の手続きが明示されている。

本稿では，1) 教育実習生の省察能力の変容可能性と 2) カリキュラム改革の成果を規定する要因としての体育教師，という 2 つのテーマに関する研究を事例的に取り上げることで，これらについて検討したい。

1 教育実習生の授業に対する省察能力を変容させるストラテジー

Tsangaridou(1994) らは，省察を促すストラテジーが教育実習生の省察能力に及ぼす影響を検討した。対象は，中学校課程在籍中の学生 6 名である。実験に際しては中学校教員養成課程に在籍している 36 人の体育専攻学生に研究の目的と手続きが伝えられた。6 人の学生（うち男子 5 名，女子 1 名）が被験者になることに同意したため，被験者には実験参加への同意書が取りつけられた (Tsangaridou,1994,16)。

被験者は，取り組む課題によりレベル 1 省察グループとレベル 2 省察グループの 2 グループに分けられた。レベル 1 省察グループの学生には，このコースで定番として提供されている課題に加えて，事実の確認，根拠の検討，改善案の提案という一連の思考サイクルが促されるように，彼ら自身の教授行為ならびに彼らの観察した教授行為の違いを記述，分析，批判する一連の課題が設定された。レベル 2 省察グループの学生には，コースで定番とされる課題のみが設定された。また，いずれも，1) 省察的記録，2) 観察，3) ビデオに対するコメントの提出が求められた (Tsangaridou,1994,17)。

データはインタビュー，日誌，ビデオに収録されたコメントから収集された。また，体育教師の「省察の対象とレベル」を記述するために，先行研究例や得られたデータをもとに分析枠 (RFTPE)（表 1）が新たに開発された。

［1］データの収集方法

データは，3 つの方法で収集された。第 1 のデータは，質問を決めたインタビューから収集された。それは，被験者 1 人当たり，最初の実習の前，最初の実習終了後，そして 2 回目の実習終了後の 3 回実施された。インタビューの内容はすべて録音され，文章化された。第 2，第 3 のデータは，被験者の記した記録ならびにビデオに対するコメントである。省察の加えられている記録とビデオへのコメントは，後の分析のためにすべて収集さ

表 1　体育授業中の教授行為を省察するための分析枠　(Tsangaridou, 1994, 31–33)

視点＼レベル	技術的	状況的	感覚を鋭敏化する
記述	学習指導やマネジメントの事実	教授行為のコンテクストに関する事実	人間関係やモラル，倫理的側面に関する事実
記述・判断	学習指導やマネジメントの事実の生じた論理／判断基準	教授行為のコンテキストの論理／判断基準	人間関係やモラル，倫理的側面に関する事実の論理／判断基準に関する省察
記述・批判	学習指導やマネジメントの事実の記述，解釈，評価	教授行為のコンテキストの事実の記述，解釈，評価	人間関係やモラル，倫理的側面に関する事実の記述，解釈，評価
記述・判断・批判	上記 3 点が混在した記述	上記 3 点が混在した記述	上記 3 点が混在した記述

れ，コピーされた (Tsangaridou,1994,17)。

［2］データの分析

文章化されたインタビューの内容，省察が加えられた記録とビデオへのコメントは，帰納的に分析された。また，それらのデータを分析するために，事例分析法ならびに事例間分析法が用いられた。加えて，データの信頼性を高めるために，トライアンギュレーションとメンバーチェックが適用された。トライアンギュレーションは，さまざまな情報を比較，クロスチェックする方法である。文章化されたインタビューの内容やレポートはすべて，メンバーチェックにかけられた (Tsangaridou,1994,17)。

表2　考察の対象 (Tsangaridou, 1994)

対象	レベル1の省察グループ 頻度	%	レベル2の省察グループ 頻度	%
技術的	45	83.3	47	100
状況的	7	12.9	0	0
感覚を鋭敏にする	2	3.7	0	0
計	54	100	47	100

表3　省察のレベル (Tsangaridou, 1994)

レベル	レベル1の省察グループ 頻度	%	レベル2の省察グループ 頻度	%
記述	2	3.7	27	54.4
記述と判断	11	20.3	11	23.4
記述と批判	6	11.1	6	12.7
記述・判断・批判	35	64.8	3	6.3
計	54	100	47	100

［3］結果と考察—教師の卵の省察の特徴—

分析結果は，表2～3である。レベル1のグループは，省察の対象に広がりがみられた。また，省察のレベルも，より高くなった。この結果は，次の3点に要約されている。

①省察は，学習の成果といえる。しかも，それは，専門職としての成長をもたらす。レベル1とレベル2のグループを比較すれば，教育実習生の分析能力は，練習によって向上すると判断できる。

②教育実習生の省察の対象は，実に多様であった。しかし，その主たる対象は，技術的なものであった。

③指導主事による観察指導は，教育実習生の省察能力向上に決定的な役割を果たした。したがって，指導主事たちもまた，教育実習生の省察能力を向上させる方法に関する実践的知識や理論を身につけるべきである (Tsangaridou,1994,26)。

2 カリキュラム改革を規定している要因としての体育教師

Wirszyla, C.(2002) は，サウス・カロライナ大学教育学部の体育研究所と3つの高校の連携による体育の授業改善過程 (1995-1998) を分析している。

これら3校では，まず体育教師教育が3年間（年間5日）のプロジェクトして段階的に展開された。また，1977年秋と1988年春に最低6日間，全日，各学校で授業が観察された。観察日には，インタビュー，クラスの観察，文書の分析，授業の撮影が行われた。さらに，研究者は，非公式な教師たちとの接触を通して信頼関係を築くとともに，教師の日々の生活を体験している。公的データとしてまとめられ，これらの体験は後でフィールドノートやインタビューの補足として活用された。なお，具体的に収集されたデータは，次のとおりである。

①**インタビュー**：インタビューは教師ならびに校長に実施された。なお，教師には体育授業の目標や達成指標，その評価法に対する印象などが質問され，校長には体育に関する知識や援助，さらには体育の授業を見た経験の有無などが質問されている。

②**文書の分析**：分析の対象となる文書とは，授業計画や生徒の学習カードなどであった。

③**第三者的観察**：秋学期には90分の授業が最低3回，各校で観察されている。2回目と3回目の授業はビデオに収録された。また，内容，学習指導，クラスの人数，性がフィールドノートに記録された。

④**授業の分析**：授業の様子は，授業を妨げない場所から撮影された。また，前のクラスの授業終了を告げるベルで撮影を開始し，授業終了のベ

ルが再度鳴って以降5分後まで撮影された。

インタビューは，文書化された。また，質問に対する参加者の反応によって分析カテゴリーが作成されたが，分析カテゴリーとして用いられた。そのため，齟齬が生じなくなるまでカテゴリーが調整されている。フィールドノートや観察結果は，教師，クラスならびに学年段階に分けて処理された。また研究者の設定した質問が分析カテゴリーとして設定された。ビデオは，教師パフォーマンスの質的測定尺度(QMTPS)とALT-PE(Academic Learning Time in P.E.)の2つの組織的観察法で分析された。分析に先立って，ランダムに抽出された25%の映像にもとづいて信頼性テストが行われたが，95%の一致率が得られたことが報告されている。加えて，これらのデータの信頼性を保証する手続として次の3つが紹介されている。

①インタビューやフィールドノートなど，収集した多様なデータと教師，生徒，校長など，多様なデータ源を活用したトライアンギュレーション。
②参加者と同僚双方によるデータのメンバーチェック。
③通常の学校での時間外にもったメールや電話，あるいは教師教育センター教授とのコンタクトなどを介した長期的関係づくり(Wirszyla, 2002,10)。

これらの手続を経て，データが，1)促進要因と阻害要因，2)実現レベル，3)生徒のパフォーマンス，4)説明責任の4観点から整理された。整理されたデータは，さらに，先行研究を踏まえて検討された。その結果，改革促進要因として管理職の援助と教師の共同，リーダー教師の役割が，また阻害要因として教師のコーチング志向，生徒の規律の欠如，施設，用具の不備，生徒に責任を持たせられていないことなどの要因が確認されている。

たとえば，共同に関していえば，2つの高校で教師たちが共同で仕事をしようとしたり，文書を共有したり，能力の劣る教師に対してメンターシステム（熟練者による先導やアドバイスを与えるシステム）を確立していたことが報告されている。逆に，それが欠落し，部活重視の高校では，改革の努力が妨げられていた。さらに，教師が変革の鍵を握っていること，しかし，教師自身は良質の改革プログラムを開発しきれないこと，したがって，メンターや他の教師，大学などからの援助が必要になる(Wirszyla,2002,16)。

これらを踏まえ，全体としては授業が順調に改善されたと総括されている。同時に，教師全員がそれに同等に関与できたわけではなく，意図していたカリキュラム改革の実現に必要な教授技術がいくつか欠落していたと指摘されている。そして，その状況を変えるために1)現職教師教育，2)説明責任，3)管理職の援助，4)現職教師教育を実施している大学と学校の連携の展開が提案されている。なお，最後に連携のメリットが次のように強調されている。

たとえば，大学の教科教育法の授業での実習経験や現場経験が，教師と生徒が改革に関連する知識を共有する機会を提供してくれる。さらに，リカレント教育コースや地域のスタッフの資質向上に取り組むことで，改革実現に必要な専門家を育成していくことができる。このようなコース設定と学校ベースでの説明責任に応える能力の育成が，改革実行の鍵を握っている。他方で，今回の研究では，変化が急激に起こるとともに，教師の説明責任も向上した。そのため，改革に積極的ではない教師も，教授を重視しなければならないプレッシャーにさらされるようになっている。研究を継続することで，変化を促す最善の方法に関する知識が増加していくというのである(Wirszyla,2002,18)。

（岡出美則）

■参考文献

Tsangaridou,N. & O'Sullivan,M.(1994)　Using Pedagogical Reflective Strategies to Enhance Reflections Among Preservice Physical Education Teachers. Journal of Teaching in Physical Education 14(1) : 13-33.

Wirszyla,C.(2002) State-Mandated Curriculum Change in Three High School Physical Education Programs. Journal of Teaching in Physical Education 22(1) : 4-19.

17 質的分析：外国の研究例 2

1 はじめに

近年，体育授業研究方法に関して，従来の量的研究に加えて質的研究が注目を浴びている（大友ほか，2002)。

一般に，質的研究法という決まった研究方法はないが，取り扱うデータがソフトデータ（文字データのこと。数値データはハードデータといわれる）であることに，共通した特徴があるといわれている。

稲垣 (1991) は質的研究について，次のように定義している。

①実験条件を設定せず，授業という自然条件のなかで，事象が生起した前後関係・文脈（コンテキスト)，あるいは生起した過程（プロセス）に注目しながら行われる。
②観察する途中，あるいは授業研究の途中で観察対象となる事象や問題が特定されていく。
③観察される対象を理解しようとする。

体育授業研究に関しても，高橋 (1992) は，「これまで開発されてきた組織的観察法では，‥‥実際の行動に内包されている総合的な意味性が未だ十分にとらえられていない」と量的研究の限界を指摘し，教師行動や教師そのものの深い理解，学習行動や子どもそのものの深い理解を進める研究の必要性を示唆している。

本稿では，質的体育授業研究から子ども理解に関するポートマン (Portman,1995) の論文を取り上げて概説するとともに，その方法論的な特徴について考察することにしたい。

2 体育授業で楽しんでいるのはだれ？

[1] 目 的

体育教師は，運動技能の低い児童の体育授業における経験，また彼らがそれまで上手くなってこなかった長期にわたる過程について，体系的な情報を持ってこなかったといわれる。その原因は，日々の体育授業における彼らの学習行動について，注意深く観察した研究の少なさにある。事実，どの体育授業においても，上手くできない，上手くならないままの状態で放置されている児童が多数存在する。それだけに，児童たちがなぜ上手くなれないのか，その理由を明らかにする必要があろう。

このような問題意識から，小学校 6 年生の運動技能の低い児童を対象に，彼らの体育授業における経験の記述，記述された資料にもとづく彼らの経験の解釈，教育学的視点からみた彼らの経験の意味の分析が行われた。

[2] 方 法

この研究における参与者は，3 学校区の中の 4 クラスに所属する 13 名の 6 年生男女児童（女子 11 名，男子 2 名）であった。これらの児童を指導した教師たちは，それぞれ最低 10 年以上の指導経験を有していた。

教師による評価とスキルテストの両指標から運動技能が低いと評価された児童が，抽出児に選ばれた（以下，抽出児と略す)。

研究の実施に関して，その地域の行政の管理者，各学校長，体育教師，各抽出児の所属するクラスの児童の両親あるいは保護者から，研究の許可が取りつけられた。

データとして，インタビューとフィールドノートが収集された。

インタビューは，単元初期の 2 週間以内，単元の中間，単元終盤の 3 回実施された。1 回目のインタビューは，広範囲におよぶ児童から情報を得るために，同意書を提出した全児童に対して行われた（グループ・インタビュー）。2回目のインタビューは，男女別に，また等質の技能レベルのグループに分けて行われた（グループ・インタビュー）。3回目のインタビューは，抽出児個々人に対して行われた。なお，インタビューは同一の研究者によって行われた。

データ分析に関して，フィールド観察をするための記録カテゴリーが予備研究によって設定され，観察初日にそれらのカテゴリーが提示された。具体的には，(a) 学習環境の記述，(b) 単元における指導課題の展開，(c) 児童の従事，であった。単元が始まると，それらのカテゴリーに，(d) 児童の誤った行動，(e) 友だちとの関係，(f) 教師の叱責，(g) 教師や児童から受けたフィードバックの種類あるいはタイプ，といったカテゴリーが加えられた。

収集された情報は3段階で分析された。第1段階では，それぞれの情報源から収集された情報が別々に分析された。フィールドノートがレビューされ，補足され，最終的に標準化されたフォーマットに分類された。

第2段階では，抽出児個々人のプロフィールが作成された。プロフィールには，抽出児に関する一般的説明，授業における行動，そして，成功や失敗への帰属を含むパフォーマンスに対する抽出児の自己認識が記述された。

第3段階では，インタビューやフィールド観察のデータから，大部分の児童，あるいは全抽出児に共通してみられる反応パターンの有無が検討された。

[3] 結　果

すべての抽出児は，体育授業の中で以下の4つの事例に集約される経験をもっていた。

【事例1】成功するときは体育が好き

抽出児は全員，成功するときは体育が好き，ということに同意している。彼らは成功と楽しさを関連づける。しかし，彼らの成功に対する定義はさまざまである。何人かにとっての成功は，すでにやり方を知っている技能を実行することを意味する。メラニィーは,「楽しいときが私は好きだし，トラック競技のようなスポーツをやっているときの体育が好きです。私は上手に走れるし，少しは速く走れるからです。私がトラック競技を好むのはたぶん上手くできるからだと思います」と述べている。

このような意見は，活動自体に内在的価値があるので魅力がある，とは考えていないことを意味している。抽出児にとって楽しさとは，その活動が簡単にできること，を意味している。

成功の2つ目の定義として，肯定的な結果の即時性（すなわち，ほんの少しの取り組みですぐに上手くできること）を強調していた。即時的な進歩や明白な進歩を経験できるように授業を仕組んだ場合，抽出児はそれらの課題に対して,「それは簡単だよ」という。その場合,「簡単」というのは，運動全体ができるかどうか（たとえば，ドリブルシュート）は別にして，運動を構成しているひとつの部分的な要素（たとえば，ドリブル）ができる，と思っているのである。

抽出児は，成功した理由に，過去の経験あるいは能力，そして運をあげていた。2，3人の抽出児が「スキルを習得しようとした」という意見を述べた。しかし，彼らは，スキルを学習するということを「運」へと帰結していた。たとえば，ポールは，バスケットボールのゲーム中シュートを成功させた後,「驚いた。何で自分にあんなことができたのかわからない。たぶん運だよ」と述べていた。

抽出児は体育を新しいスキルを学習する時間だと考えていない。というよりも，成功する運動を毎日探し求めているといえる。抽出児にとって，即時的な成功こそが重要であり，学習目標を達成するための努力はさほど重要だと考えてはいないのである。抽出児にとって理想的な体育授業とは，いくらか成功が経験できる活動を繰り返すことなのである。

【事例2】できない。だってできないから。

抽出児の成功経験はかなり少ないが，そのことが抽出児の体育の経験をきわめて否定的なものにしている。

課題に失敗した場合，抽出児にとってその活動は，「退屈」な活動になる。一度「退屈」だとラベリングしてしまえば，抽出児は練習をやめてしまう。

パトリシアは，「私たちはバスケットゴールにシュートをしようと並んでいました。10 回ほどトライしたけど，ゴールの近くにボールを投げることもできませんでした。それから私の順番がきても列の最後尾へ回って，シュートは打たなくなりました」と述べている。

「ゲームが下手」，「役に立たない」などのレッテルが抽出児に貼られると，13 人中 10 人の抽出児は極端に「ボールが恐い」といった状態に陥り，失敗を能力の欠如に結びつけるようになる。多くの抽出児は，技能は変わらないと考え，進歩を望まなくなる。

5 人の抽出児は，失敗の原因はクラスの仲間にあると述べたが，そこには仲間以外のことがらに対する批判も含まれていた。たとえば，抽出児は担当した教師が男子と女子に対して異なった対処のしかたをすると思っている。彼らは，自分たちに対する教師の支援に不適切さを感じているのである。失敗を外的要因へと結びつける抽出児は，授業は何も変化をもたらさないと絶望しているのである。

【事例 3】だれも助けてくれない

抽出児を改善しようとする教師の役割は，漠然としていた。

マーチンとポーブは特別クラスでの水泳の練習のとき，教師は一所懸命彼らの技能を向上させようとしてくれていると感じていた。メアリー，ヘーザー，そしてジャニスは次のようにいった。「たぶん先生は，私たちに少しでも役立とうと努力している」。その一方，ノーマやパトリシアたちは「ある技能を学習するとき，先生が私たちを手助けすることなんてできない」と述べた。

ノーマは「バスケットボールは本当に嫌いです。力かげんがわからないんです。ボールを投げると，バックボードの後ろまでいってしまう。そんなことはいつものことだし，欲求不満がつのってくるんです。先生は私に，そんなに強く投げないように，といったけど，どうしようもないんです。その後，先生は手助けしてくれなくなりました。ただシュートをする方法についていうだけになりました」と述べた。

フィールドノートから教師の補助の欠如が明らかになった。抽出児に対して，技能に関連したフィードバックがほとんど行われていなかったのである。

抽出児は教師にもっと手助けしてほしいのであろうか？　何人かは，手助けしてほしい，というであろう。しかし，他の抽出児は低い技能に注意を向けられないことを求め，見過ごされることを望んでいる。グレッチェンは，「先生が私を手助けしないで，他の児童を手助けしたとしても，私は気にもとめない。そんなことは私には関係ない」と後者の見解を代表する意見を述べている。

【事例 4】みんなが私を怒鳴りつける

抽出児の全員が，もしクラスメイトが競争場面などで公然と批判しなければ，もっと成功することができると感じている。批判されたとき，(a) 何も起こらなかったふりをする，(b) 下手な人に振る，(c) 参加しないでその場から立ち去る，などの反応をする。

抽出児への嫌がらせの多くは言語的なものだが，ヘーザーはバスケットボールの授業で，技能の低い少年から受けた身体的嫌がらせについて次のように語った。「私がバスケットボールをしていたとき，彼はボールをスチールしようとして何度か私をプッシュした。彼は私のことを嫌っているし，私も彼のことが大嫌いだ」。

体育授業では，クラスの批判的な環境が自分たちの力を減少させている，と抽出児は感じている。同様に，競争場面ではプレイの機会が少なく，失敗の可能性が生み出す不安が，自分たちをすごく神経質にさせる，と報告している。また，それが，継続的な失敗を生み出すと述べている。フィオナは次のようにいった。「神経質になってプレイしているとき，失敗することを恐れているし，みんなが私のことを嫌なやつと思うのではないかと恐れている」。興味深いことに，ときどき支援的なコメントすらもプレッシャーを増大させている。

［4］論　議

他の質的研究と同様に，抽出児の経験をより多くの人びとへと一般化するかどうかは，読者に任せることにする。本研究に参与した抽出児特有の行動が確認されたが，他の研究で観察された児童たちとの類似点も見られた。それらは，(a) 彼らは体育に対して否定的な態度を示した，(b) 彼らの成功や失敗には理由があった，(c) 彼らは低技能レベルであることの影響を経験していた，ということであった。

また，抽出児は，十分な練習時間を確保しておらず，彼らが学習したことをゲームで実行できておらず，あるいは異なる単元でもほとんど成功できないでいた。多くの人たちが観察したように，このパターンには循環性が存在していた。失敗が失敗を生み出しているのである。

抽出児は「無力感の学習」の兆候を示し，すでに体育授業での失敗を運命的なものと信じ込むようになっていた。結果的に，抽出児は技能学習への努力を怠るようになり，改善させることができなくなっているのである。成功を経験したときでさえ，努力以外のもの（以前の経験や運）をその理由にしていた。

抽出児の中で，2，3 人だけが彼らの不成功に対するクラスの体質について非難した。もし抽出児がいくらかの成功を経験し教師や友だちからの支援を受けるならば，彼らは体育を楽しいものとして経験するかもしれない，と考えることは適切であろう。成功とは，他人の得点との比較でなく，課題習得もしくはパフォーマンスの改善に基礎づけられたものでなければならない。このような考え方で成功を再定義することによって，2，3 人ではなくすべての人が成功できるようになる。

3 まとめ

ポートマンが行った研究の方法論的特徴は，以下の 4 点に集約できる。

第 1 に，対象児童はランダムに選ばれておらず，研究目的に適合した児童が選ばれていた（このようなサンプリングのしかたは，目的的サンプリングと呼ばれる）。

第 2 に，収集されたデータはフィールドノートならびにインタビューといったソフトデータであった。

第 3 に，それらのソフトデータは数値化されることはなかった。

第 4 に，研究結果の一般化は，「利用者（読者）の一般化可能性」の概念が適用されていた。すなわち，研究結果の一般化は研究者が行うのでなく，読者に任せていた。

これら 4 つの研究手続きは，質的研究では一般に用いられるものである。質的研究は，参与者（ポートマンの研究では運動技能の低い児童）を深く理解しようとする。そのため，理解したいと考える参与者を直接研究の対象として選択するのは妥当なことである。また，参与者の内面を深く理解するためには，注意深く観察することが必要であり，そのデータは詳細に記述したソフトデータにならざるをえない。また，少なくとも，研究の初期の段階でそのようなデータを数値化するのは大変困難である。さらに，研究結果の一般化は，「利用者（読者）の一般化可能性」の概念が適用される。その場合，読者は，注意深く記述され，解釈された研究の成果を評価し，自分自身の状況に何が適用できるかを考える，一般化するのは著者ではなく，その研究成果の利用者である（トーマス・ネルソン，1999)。これは，医学や法学の領域でよく使われる方法であるが，ポートマンの研究結果は，体育指導を行った経験のある指導者にとっては，納得のいく結果であるように思われる。

先述したが，質的研究では，目の前で起こっていることがらを深く理解しようとする。質的研究を行うためには，目の前で起こっていることがらについて，あるいは，そのことがらの起こった文脈について，何が起こっていたかを読み取ることができる豊かな観察力が必要とされる。そのため，現職教師は，自らの教職経験を最大限に生かすことができると考えられる。質的研究は，現職教師にとっては，自らの能力を生かす有効な研究方法であるといえる。

質的研究を実施する場合，どのようなことがらに問題を感じているか，どのようなことがらを研究テーマとして選択するかが，大変大きな問題となる。教師としてのものごとの見方が問われることになるといっても過言ではない。

研究テーマとしては，たとえば，体育に対する愛好的態度の低い児童は体育授業でどのような経験をしているのか，体育授業の展開を阻害する要因は何か，体育授業を学習として認識していない児童に対してどのような指導をすれば学習として認識するようになるのか，学校で不当に低く体育が扱われている場合何が問題点となっているのか，などが考えられる。

また，今日の体育分野で大きな問題になっている教師の指導性と子どもの学習行動との関係性に着目し，これを状況関連的に分析することも興味深いテーマである。このようなテーマは，これまで関心がもたれながらも，推論や主観的印象で論議されてきたのであり，科学的にアプローチされてこなかった。また，組織的観察法を適用した量的研究で十分理解できるとも思われない。教師の指導性，子どもの学習の主体性に焦点を当てて状況関連的に記述分析・解釈することが求められるであろう。

この他，それぞれの地域，学校，授業に即した多様な研究テーマが見つかるのではないかと考えられる。

学校教育現場で質的研究を展開する場合，大きなテーマを一度に明らかにするという方向で研究に着手するよりも，大きなテーマの元に複数の下位テーマを設定し，それらの下位テーマごとに研究を進めていく，という形式で進めることによって質的研究は可能になると考えられる。現職教師の経験を最大限に生かすことができる研究方法が，質的研究ではないかと考えられる。

（大友　智）

■参考文献

稲垣忠彦 (1991)　授業研究．細谷俊男他編．新教育学大事典第 4 巻．第一法規，pp.62-66.

大友智・吉野聡・高橋健夫・岡出美則・深見英一郎・細越淳二 (2002)　米国における質的体育授業研究の「目的」及び「方法」の特徴：JTPE 誌の研究例の分析から．スポーツ教育学研究 22(2) : 93-113.

Portman, P.A.（1995）Who is having fun in physical education classes? Experiences of six-grade students in elementary and middle schools.Journal of Teaching in Physical Education 14: 445-453.

高橋健夫 (1992) 体育授業研究の方法に関する論議．スポーツ教育学研究 20（特別号）:19-31.

トーマス，J.R.& ネルソン，J.K.(1999)　質的研究．宮下充正・片岡暁夫監訳．最新体育・スポーツ科学研究法．大修館書店，pp.425-447.

コラム

□授業研究のトライアンギュレーション

トライアンギュレーションとは，研究視点の輻輳化（ふくそうか）ともいわれ，質的研究を行う者が自らの解釈の正しさを検証したり，見解の確証を深めたりするための方法をさす。もともと，目的とする地点を異なる 2 地点から測量する「三角測量」を意味する。質的研究に関わって，異なる複数の視点を持ち込み，対象や理論を検討する方法に対しても，この言葉が用いられるようになった。たとえば，運動技能の低い児童に対する教師の言葉がけの有効性を検討しようとするとき，①対象児童へのインタビュー，②教師へのインタビュー，③観察者の観察記録を行えば，3 種類の異なったデータが得られる。このことをデータ・トライアンギュレーションと呼んでいる。（大友）

（平山満義編著：質的研究法による授業研究，北大路書房，1977）

18　ナラティブ分析の事例
—できない子どもの学習行動の分析から—

1 体育授業のナラティブ分析

私たちは，これまで「組織的観察法」を用いて数多くの授業分析を行ってきた。授業中の教師の指導行動や学習行動を観察・記録し，子どもの授業評価との関係から，授業中のどのような行動的特徴が授業成果に影響するのかを明らかにしてきた。しかし，このような研究から得られたことは，あくまでも一般的傾向であり，どの授業にも該当する基礎的条件ともいえることがらであった。当然，このような方法による授業分析には限界がある。とくに重要な問題は，指導行動や学習行動（イベント）をいかに多面的・多次元的に観察・記録したとしても，リアルな行動のもつ意味や全体性をとらえることはできないということである。授業中の行動は，具体的な学習課題や具体的な状況関連のなかで生起する。

そこで，状況関連的に授業の現象を質的に記述し，解釈する分析方法であるナラティブ分析（narrative analysis ＝物語的に授業の事実を記述する方法）に注目する必要がある。現在，私たちは，これまでの組織的観察法に加えて，このナラティブ分析法を用いた研究に着手している。

2 できない子の学習行動の観察と分析

ここでは，技能が低い児童に焦点を合わせて観察した記述例を紹介し，とくに技能の低い児童が，授業中にどのような学習行動を行うのか，どのようにすれば彼らが意欲的に学習し，運動課題を達成し，真の喜びを味わうことができるのか，を考えてみることにしたい。

なお，観察・記述する際に，①学習者が取り組む運動課題（教材），②学習者と学習集団（グループ）の関わり方，そして，③学習者と教師の関わり方の3つを重要な視点として設定することにした。授業中の学習行動はこれらの三要因に強く規定されて生起すると予想されるためである。

<跳び箱運動の授業の特徴>

観察の対象としたのは千葉県の研究指定校Y小学校4年生，跳び箱運動の授業（8時間単元）である。指導したのは30代の男性教諭H先生である。授業はいわゆる「めあて学習」を基調とし，1時間の学習は「めあて1」（基礎学習：習熟学習）と「めあて2」（発展学習：挑戦学習）の2つのめあての実現に向けて展開された。学習集団は固定的な6人のグループで形成され，グループの活発な協力学習が期待された。単元を通して取り組む技は「切り返し系の技」（開脚跳びと抱え込み跳び）に制限された。

全体的にみて授業は大成功であった。そのことは，表1に示した児童による形成的授業評価の推移が教えている。私たちが標準化した診断基準（14頁参照）に照らしてみて，1時間目から8時間目まで，すべてが5段階評価の5と評価された。全体としては文句のつけようがない授業であった。

ところが，この授業で着眼した「技能の低いA君」の総合評価点（表2）は，すべての時間で2ないし3で，とりわけ「成果次元（感動体験，技能の向上，新しい発見の3項目）」は，ほとんど1であった。何がそうさせたのか，授業の事実を記述してみよう。

［1］5時間目までのA君の学習行動

A君は，毎時間，用具の準備や導入運動（ウサギ跳び，蛙の足打ち，前転，踏み切り・跳躍練習，腕立て跳び上がり降り，馬跳び）場面では，いちおう同調的に参加するが，積極的とはいえない。跳び箱を使った学習場面では，最もやさしい「またぎこし」ができず，極端に学習が消極的になる。

表１　４年生跳び箱運動の授業：クラスの形成的授業評価の推移　（n = 32）

	1時間目	2時間目	3時間目	4時間目	5時間目	6時間目	7時間目	8時間目
総合評価	2. 92 (5)	2. 90 (5)	2. 90 (5)	2. 95 (5)	2. 93 (5)	2. 90 (5)	2. 92 (5)	2. 93 (5)
成果	2. 79 (5)	2. 74 (5)	2. 76 (5)	2. 86 (5)	2. 82 (5)	2. 80 (5)	2. 80 (5)	2. 89 (5)
意欲・関心	2. 98 (4)	3. 00 (5)	2. 95 (4)	3. 00 (5)	2. 95 (4)	2. 97 (4)	3. 00 (5)	2. 97 (4)
学び方	2. 96 (5)	2. 94 (5)	2. 97 (5)	3. 00 (5)	2. 98 (5)	2. 89 (5)	2. 97 (5)	2. 92 (5)
協力	3. 00 (5)	2. 98 (5)	2. 98 (5)	3. 00 (5)	3. 00 (5)	2. 97 (5)	2. 98 (5)	2. 98 (5)

表２　A 君の形成的授業評価の推移

	1時間目	2時間目	3時間目	4時間目	5時間目	6時間目※	7時間目※	8時間目
総合評価	2. 56 (3)	2. 56 (3)	2. 56 (3)	2. 33 (2)	2. 56 (3)	2. 33 (2)	2. 33 (2)	2. 56 (3)
成果	1. 67 (1)	1. 67 (1)	1. 67 (1)	1. 00 (1)	1. 67 (1)	1. 67 (1)	1. 00 (1)	2. 33 (3)
意欲・関心	3. 00 (5)	3. 00 (5)	3. 00 (5)	3. 00 (5)	3. 00 (5)	3. 00 (5)	3. 00 (5)	3. 00 (5)
学び方	3. 00 (5)	3. 00 (5)	3. 00 (5)	3. 00 (5)	3. 00 (5)	2. 00 (1)	3. 00 (5)	3. 00 (5)
協力	3. 00 (5)	3. 00 (5)	3. 00 (5)	3. 00 (5)	3. 00 (5)	3. 00 (5)	3. 00 (5)	2. 00 (1)

※本文で記述した授業

グループの見合い・教え合い学習も，自分から友だちの運動について発言（助言）することはなく，いつもグループから一歩しりぞいた位置を占めている。跳び箱を跳ぶ頻度も他の子どもに比べて半分程度である。

A 君が課題とする開脚跳びの運動の様態に注目してみよう。勢いのある助走から強く踏み切って跳躍するが，着手時に両腕を突っ張り，ブレーキをかけるようにして跳び箱の上にまたぎ乗る。明らかに「腕を支点にした体重移動」に問題がある。助走で勢いをつけるため，体重を移動させると顔面から落ちてしまうのではないかという恐怖があり，意識的に腕でブレーキをかけ，身の安全を保っているのである。

1 時間目から 5 時間目まで，ほぼこのような学習が繰り返された。

［2］6 時間目の学習行動

変化が生じたのは 6 時間目の授業である。導入運動の場面では，まじめに取り組んでいるが，すべてが適切でなく，これらの運動のねらいである感覚づくりにつながっているとは思えない。ただなぞって運動しているだけである。この運動に対する教師の関わりもみられない。

【場面 1】仲間の助言と聞き流す A 君

めあて 1 の学習場面では，グループ全員が，標準的な大きさの 4 段の跳び箱を使って「開脚跳び」の習熟学習を行ったが，A 君だけが跳び越せず，5 回ともまたぎ乗りで終わってしまう。A 君が試技を終えるたびに，グループの仲間が集まってあれこれと問題点を指摘するが，A 君はうんざりの様子で，耳を傾けたり，受け入れたりする様子ではない。また，この時間でも，友だちの試技に対して発言する様子はなく，つねに集団から一歩身を引いている。

【場面 2】教師による不適切な場づくり

めあて 2（発展学習）の場面になって，ようやく教師は A 君に個別に関わる。この日にはじめて，A 君のために小さな跳び箱（3 段）を準備し，跳び箱の上にまたぎ乗った姿勢から，腕で支えて跳び下りる練習を行うように指示を与える。しかし，教師は指示しただけで他の場所に移動してしまう。A 君は指示にしたがって跳び下りる練習を 5 回行うが，設定された跳び箱が低すぎ，跳び箱の上にまたがったときに足が床にふれる状態になるので，腕で体を支えて体重を移動させず，足で蹴って跳び出してしまう。結局，この教材（場）のもつ意図が実行されないままに終わる。

【場面 3】補助による小さな達成

ふたたび教師が現れ，今度は小さな跳び箱(3 段)で，助走から跳び越すように指示する。A 君は 3 回トライするが，いずれも腕を突っ張って，またぎ乗り姿勢で停止してしまう。そこで教師は「腕を支えて体を乗り出すようにするんだよ」と助言を与え，補助によって跳ばせることにした。A 君の試技に腕と尻に手を添え，引き出すようにしてまたぎ越しを行わせる。この補助での試技を 3 回繰り返した後で，教師は意図的に補助の手をやめ，自力でまたぎ越させることに成功させる。巧みな幇助である。

この後，教師は補助の態勢につきながらも，1 人で跳ばせ，A 君は 3 回連続で成功する。しかし，教師は特別の賞賛を与える様子はなく，A 君もそれほど喜んでいる様子もない。4 段での開脚跳びが単元の共通目標になっているためであろうか。

その後，教師は 4 段の跳び箱に挑戦するように指示し，教師は立ち去る。A 君は指示にしたがって 4 回挑戦するが，やはり同じ姿勢で停止し，またぎ越せないで終わる。

【場面 4】仲間が馬になって支援

そこで，グループの 1 人が「跳び箱が大きいからできないんだ。みんなで馬になってあげよう」と提案。グループの 5 名が手と膝をついて小さな馬になる。

A 君もこの仲間の支援を受け入れ，馬跳びに挑戦するが，腕で支えて体重を移動させる方法が体でわかっていない。とくに小さくなった馬に手をわずかにふれるだけで，足で蹴って跳び越えてしまう。いわゆる「蛙跳び」である。馬が小さければ小さいほど，腕を支点に体を移動させれば顔から落ちるような気持ちになるのだろう。何度行っても同じである。これを見ている仲間も A 君のこの問題に対して適切な助言を与えることはできない。

この場面でふたたび教師が現れ，「協力も大切だが，みんながそれぞれのめあてに向かって学習するよう」に指示する。まもなく授業が終了。

［3］7 時間目の学習行動

はじめの集合場面で，教師は「次回は発表会なので，今回が最後の練習。真剣に取り組もう」と激励する。

前時と同様，用具の準備と導入運動が行われた後，めあて 1 の学習に移る。

この回もグループの全員が 4 段の大きな跳び箱で開脚跳びの練習を行う。それぞれが「大きな足の振り上げ」や「着地での静止」などのめあてに向かって学習するが，A 君はやはりできず，助走からのまたぎ乗りを繰り返す。

【場面 1】4 段で開脚跳びができた！

めあて 2 の場面に移る。この日は教師も A 君を跳ばせることを重要な課題としている様子で，前時に達成できた 3 段の小さな跳び箱につれていき挑戦させる。

しかし，なぜか 3 回連続で失敗する。そこで教師はふたたび補助をして跳ばせ，次に 1 人で達成させる。つづいて教師は 4 段に挑戦させる。挑戦する前に教師は，膝屈伸と深呼吸をさせ，気持ちを落ち着かせようと配慮する。

その後，教師は，補助つきで 4 段の跳び箱を跳び越えさせる。3 回繰り返した後，教師は補助の体勢につきながらも手を出さず，1 人で開脚跳びをクリアーさせる。ついに 4 段での開脚跳びを成功させたのである。A 君はつづけて 3 回挑戦するが，余裕をもって跳び越すことができた。しかし，体重移動を意識的に行っているわけではなく，腕でブレーキをかけなくなったことでクリアーできたのである。教師の補助によって恐怖感がなくなり，助走の勢いと手の突きを生かしてできるようになったのである。

教師もグループの友だちも A 君の成功のたびに大きな拍手を送り，歓声をあげる。観察した私たちも感動した瞬間であった。A 君もさすがに嬉しそうな表情を示す。

【場面 2】目標をなくした A 君の行動

しかし，A 君のその後の行動が変である。達成の喜びの余韻であろうか，A 君はぶらぶら彷徨うだけだ。ひと仕事終えたという感じであり，次への挑戦意欲はまったくみられない。他の仲間の多くは「抱え込み跳び」に挑戦しているので，自分には無理だとあきらめているのか。何に挑戦すべきかわからないのであろうか。仲間もA君が達成して安心したのか，A君に積極的に関与しようとはしない。

そんなA君の行動に気づいた教師は，A君に練習するように指示する。A君はいわれた直後は何度か試技するが，はっきりした目標がなく，意欲的に取り組んでいる様子はない。いいかげんな跳び方をして，お尻を打ったり，転んだりする場面もあって，観察者の失笑をかう。

【場面3】ドラマにならなかった成果発表

授業のまとめの場面で，教師はクラスの全員にA君がついに4段の跳び箱が跳べるようになったことを報告し，A君にみんなの前で試技するように促す。A君は試技を行い，みごとに成功させる。全員が大きな拍手。

教師は「A君のよくなったところはどこだろう」と問いかけ，グループの5人の児童が次つぎと応答する。「踏み切りが強くなったから」「腕で突っ張らなくなったから」などなど。このような仲間の応答のたびに大きな拍手がわく。ところが，A君は，クラス集団の背後に位置し（教師からもっとも離れた位置），仲間の自分に対する評価や賞賛を，まるで他人ごとのように聞いている。面映ゆいのだろうか。教師は児童の意見を集約して，「腕で体重が移動できるようになったんだ」と評価し，再度A君に跳ばせる。みごとな跳躍に全員が大きな拍手を送る。

このようにA君をヒーローにする場面が設定されたにもかかわらず，なぜか形式的に流れ去った感があり，大きな感動を生み出すまでにはいかなかった。

実際，A君のこの日の形成的評価をみても，「成果次元」の「感動したこと」「できたこと」はなかったというのである。たしかに，4段の跳び箱で開脚跳びができるようになったのであるが，A君の心は閉ざされたままで授業は終わってしまった。

3 授業の反省と解釈

はじめに述べたように，この授業は少なくとも児童の形成的授業評価の得点からみて，標準をはるかに超えた「よい授業」であった。しかし，技能の低い児童に照準を合わせて観察するとき，今までの授業研究ではみえなかった部分がみえてくる。大部分の児童にとって心情的に満足のいく授業であっても，A君にとっては満たされない授業であった。なぜこのような結果に終わったのか，反省する必要がある。

①A君の運動学習への関わりから，教師の教材解釈の不十分さが指摘できる。この教師は教材研究に大変熱心であり，A君に提示した課題（下位教材）も間違っていたわけではない。しかし，A君のつまずきの根本的な原因をどのようにとらえていたのか，それを解決する方法をはっきりと掌握していたのかどうかが疑問である。教師は，A君のつまずきが「腕を支点にした体重移動」ができないことにあることを見抜いていた。だから6時間目に，またぎ乗った姿勢からの「腕支持跳び出し」の課題を提示したのである。ところが，跳び箱が低すぎ，またぎ乗ったときに足が地面にふれてしまい，腕に体重を乗せずに，足でジャンプして解決しようとしたのである。またぎ乗ったときに足がつかない高さの跳び箱を準備すべきであったし，この体感がしっかり身につくような具体的な付加的課題や助言を与えるべきであった。

また，体重移動に恐怖を感じているA君に，いきなり勢いのある助走から開脚跳びの課題を与えたのも問題である。これではいっそう恐怖感を強め，腕を突っ張りブレーキをかけてしまうのも無理はない。小さい跳び箱を使って，「その場跳躍からのまたぎこし」に挑戦させるべきであった。

②これらの問題が，A君の「達成の質」にも影響したと思われる。A君はたしかにできるようになったが，自分のどこが問題で，何をめあてに

して練習した結果，できるようになったのかわかっていない。実際，A 君の運動経過をみても，意図的に体重移動を行っているわけでなく，助走の勢いと手のつき放しによって課題を解決したのである（本来，この解決法が正しいのであるが，初心者の場合には，腕による体重移動の段階を経過させるのが無理がないということである）。体育の授業では，できるようになればよいというわけではなく，できるようになるための課題（技術）や課題解決の方法について考えたり，理解したりする学習が大切にされるべきであり，この点での不十分さが指摘できる。

③そのことは，集団学習の質にも影響したと思われる。この教師のすぐれた学級経営や体育授業の指導方針もあって，子どもたちの人間関係はすばらしかった。肯定的な関わりが頻繁にみられ，A 君に対する優しさや思いやりが感じられた。しかし，グループの仲間が A 君の課題解決に適切な助言や課題提示を行っていたとは思えない。学習集団が心情的な人間関係（マナー）レベルを超えて，学習内容に切り結んで力を発揮するには，学習集団が学習の焦点である運動技術やその解決のしかたに気づいていく必要がある。しかし，この授業でそのような「賢い集団づくり」に向けた指導が自覚的に行われていたとはいいがたい。

④技の達成後，A 君に対するめあてのもたせ方にも問題が残る。A 君は 4 段の跳び箱を達成することのみをめあてにしていて，これをクリアーした後，次のめあてをもつことができず彷徨っていた。単に繰り返し練習することを指示するだけではなく，次に何をなすべきか，何に挑戦すべきか，学び方に関わって再確認すべきであった。

⑤A 君の達成までに時間がかかりすぎた。もしできない児童への指導にこだわるなら，単元はじめに集中した関わりをもつべきである。A 君はたび重なる失敗経験に跳び箱運動への回避性向を強めていったと推察できる。教師は毎時間のはじめに，跳び箱運動の基礎となる「意味のあるやさしい運動遊び（運動のアナロゴン）」を位置づけていた。しかし，それらの運動は形式的に行われ，基礎的な能力がしっかり身につくように実行されていなかった。これらのやさしい運動学習こそを大切に扱い，正しく学習されるように指導すべきであった。

⑥教師の授業のドラマを生み出す教授技能に問題があった。それは，A 君ができるようになった時点（7 時間目の発表場面）での教師の関わり方に端的に現れている。A 君の凍り切った心を吹き飛ばすほどの，インパクトのある共感的な賞賛を与えるべきであった。たしかに教師は拍手を送り，みんなの前で発表もさせ，賞賛もした。しかし，なぜ，A 君をそばに引き寄せ，「やったね。よく頑張った」と心を込めて関われなかったのか。ドラマを生み出す舞台を設定しながらも，結局，感動的なドラマを生み出すことはできなかった。演出家・演技者としての教師の力量不足である。

以上，ここで紹介したのは，ひとつの授業のたった 1 人の児童の行動例でしかない。しかし，この分析を通して，ある授業の真実がみえてくるような気がする。それは，すべての子どもに満足される真にすぐれた授業を実現するには，教師の深い教材研究と専門的知識が，さらに豊かな感性を基礎にして発揮される教授技能が不可欠であるということである。

（高橋健夫）

■参考文献

Leblich, A., et al.,(1998) Narative Research. Reading, Analysis, and Interpretation. SAGE Publication.

19　矯正的フィードバックの状況関連的分析

1 教師のフィードバックを状況関連的に分析する

体育授業中の教師の相互作用，とりわけフィードバックが学習成果を高めるうえで重要な役割を果たすことが明らかにされてきた（シーデントップ, 1988, pp.239-248; 高橋ほか, 1996）。しかし，一歩進んで，どのような具体的内容をもつフィードバックが有効に機能するのか，その質については未だ十分研究されていない。私たち（深見ほか, 1997）も，教師のフィードバックと子どもの授業評価や子どもの受けとめ方との関係を計量的に分析してきたが, 個々人の運動学習に対する肯定的・矯正的フィードバックが有効に作用することは明らかになったが，具体的にどのような学習状況で，どのような言質を伴ったフィードバックが有効なのか，その質的特徴を明らかにするには至らなかった。

本当の意味で子どもにとって有効な教師のフィードバックを明らかにするには，子どもの学習状況との関連で教師のフィードバックの言質を分析評価する必要があると考える。しかし，そのことは「言うは易く，行うは難し」で，だれでもが簡単に分析評価できるわけではない。

そこで，今回はこれまでの研究結果や経験的理解をふまえて，子どもの学習行動との関連で有効であると予想される教師のフィードバックをあらかじめカテゴライズし，そのカテゴリーの枠組の中で質的に評価する方法を紹介することにしたい。ちなみに，教師のフィードバックとは，「次の反応（学習行動）を修正するために利用される情報」（シーデントップ, 1988, p.8）といわれるが，今回紹介するのは，とくに①運動学習行動に焦点を当て，これに関わった②具体的・矯正的フィードバック（助言）に限定して分析する方法である。

2 フィードバックを分析する 5 つの視点

教師のフィードバックに関する先行研究の結果から，子どもにとって有効な教師のフィードバックを次の 5 点にまとめることができる。

(1) 課題の挑戦性

第 1 は，子どもにとって意味のある「挑戦的な運動」に対するフィードバックである（Graham, 2001; シーデントップ ,1988, pp.154-155）。準備運動やすでにできる運動ではなく，新たに挑戦し，「なんとかしてできるようになりたい」と子どもが切望する運動に対するフィードバックである。子どもにとって関心のあることがらに対するフィードバックが有益であると予想できる。

(2) つまずきへの焦点化

第 2 に，子どもたちの学習に関わったつまずきや問題に焦点化したフィードバック（福島ほか, 1999; シーデントップ ,1988, pp.244-245）である。子どもは，運動に取り組む過程でさまざまなつまずきや問題に行き当たる。たしかに，そのようなつまずきや問題が学習を深める契機となり，運動技能習得への意欲を生み出すカギになると思われる（渡部, 1996）。しかし，もしそのようなつまずき状態が長くつづいたり，放っておかれたままでいっこうに運動技能の向上がみられなければ，おそらく子どもは練習が嫌になり途中で投げ出してしまうだろう。学習のつまずきがみられたときには，その解決に向けて，教師がフィードバックを与えることが重要である。

(3) 具体的課題提示

第 3 に，つまずきや問題を抱えて学習が停滞している子どもに対しては，彼らの運動行動の事実を分析して情報を与えるだけでなく，「動きの改善に向けた具体的フィードバック」を与えることが大切である（Mawer, 1995）。何をどのようにすべきかという，明確で具体的な課題提示が必要である。

(4) 言語内容の適切さ

第4に，子どもの運動技能の向上につながる「適切な情報」を提示することである（Magill, 1993）。どんなに教師が運動技能に関する具体的フィードバックを与えたとしても，それが間違った情報であれば，子どもの学習改善につながらないばかりか，ときには学習を抑制する。子どもの運動のつまずきを正しく見抜き，運動技能改善につながる「適切な情報」を与える必要がある。ちなみに，教師のフィードバックの適切さは，教師が持っている運動に関する技術認識レベルと深く関係するはずであり，このことは教師の専門的力量を問うことでもある。同様に，観察評価者の力量が問われるということでもあり，この点がこの観察評価の最もむずかしいところである。

(5) 技能成果の産出

第5に，教師の与えたフィードバックが有効であるかどうかは，それを受けとった子どもの運動技能改善につながったかどうかで判断できるであろう（高橋ほか, 1999）。おそらく，子どもが教師のフィードバックを「役に立った」と受けとめられるかどうかも，その結果として技能成果につながったかどうかということであろう。

3 5つの視点によるフィードバックの分析結果

私たちは，これら5つの特徴を分析視点として，それらを明確に概念規定する努力を払い，それぞれ①課題の挑戦性，②つまずきへの焦点化，③具体的課題提示，④言語内容の適切さ，⑤技能成果の有無の5視点を設定した（表1）。いうまでもなく，①〜④はフィードバックの質的側面を評価する視点であり，⑤はフィードバックの結果を評価する視点である。

このような5つの視点から，小学校高学年の器械運動2単元15体育授業における教師のフィードバックについて観察評価を行ってみた。また，授業後に子どもたちに調査を行い，「先生から助言を得たかどうか」「その助言が役に立ったかどうか」の回答を得た。技能成果の有無が，第3者（観察者）の行う客観的評価であるとすれば，このような子どもの受けとめ方は，子どもたち自身による主観的評価である。この子どもの受けとめ方にもとづいて，子どもが評価した教師のフィードバックが具体的にどのような場面で営まれ，どのような言質を伴ったものであったのかを特定した。教師は1授業時間中に特定の個人に何回もフィードバックを営む可能性があるが，今回の分析では，子どもの回答に対応させて1授業・1個人・1回のみのフィードバックを選択・対象にしたことになる。

以上の手順でデータを収集して分析を行った。図1-1〜1-4はフィードバックの4視点の評価結果と技能成果の有無との関係を分析したものである。これらの図からわかるように，「具体的課題提示」については有意な関係がみられなかったが，後の3視点はすべて有意な関係が認められた。とくに「言語内容の適切さ」との関係が最も強く，不適切な内容である場合に「技能成果」が得られた者は皆無であった。逆に適切な内容のフィードバックが与えられた場合には，53%の者が技能成果を得たという結果であった。

次に，図2-1〜2-4は教師のフィードバックについての4視点の評価結果と子どもの受けとめ方（役に立った，役に立たなかった）との関係を示したものである。

図から明らかなように，すべてのフィードバックの質と子どもの受けとめ方との間で有意な関係が認められた。しかし，技能成果との関係に比して若干弱い関係であるように思われる。最も強い傾向が現れたのは，「具体的課題提示」で1%水準で有意な関係が認められた。子どもたちは「言語内容の適切さ」を評価する基準をもたないため，具体的でていねいな教師の関わりを「役に立った」と評価すると考えられる。

ちなみに，図3にみるように，「技能成果の有無」と「子どもの受けとめ方」との間には有意な関係が認められた（$p<.01$）。当然のことながら，子ど

表1　子どもの学習行動に対応した矯正的フィードバックの観察カテゴリーの定義

カテゴリー			概念規定	具体的行動例
子どもの学習状況	課題の挑戦製	挑戦的	子どもの運動技能レベルに適しており，未だ習得していない運動課題に取り組んでいるときに与えている	・子どもの学習カードの「挑戦課題」欄に記載された運動課題に取り組んでいるとき
		非挑戦的	すでに習得した運動課題や準備運動，さらには子どもの運動能力レベルに適さない極端にむずかしい運動課題に取り組んでいるときに与えている	・子どもの学習カードの「挑戦課題」欄に記載された運動課題とは異なる課題や，準備運動に取り組んでいるとき
	つまずきへの焦点化	焦点化	やり方が間違っていたり練習方法がわからず，未だ運動を習得していないときに与えている	・同じ運動で，何度も失敗を繰り返しているとき ・開脚跳びの練習中，跳び箱の手前で助走するのをやめてしまったとき
		非焦点化	正しいやり方で運動に取り組んでいたり，すでに習得した運動に取り組んでいるときに与えている	・今までできなかった運動を成功させたとき ・正しいやり方で運動に取り組んでいるとき ・準備運動に取り組んでいるとき
フィードバックの言語内容	具体的課題提示	提示あり	運動技能に関わって次の具体的な行動課題を示唆する情報を提示している	・開脚跳びを練習している子どもに対して「もっと手を前のほうに着きなさい」 ・倒立の練習をしている子どもに対して「顔が下を向いてないよ」
		提示なし	運動技能に関わって次の具体的な行動課題を示唆する情報を提示していない	・抱え込み跳びを練習している子どもに対して「あと，もうちょっとだよ」 ・開脚跳びが跳べない子どもに対して「もっと思い切っていきなさい」
	言語内容の適切さ	適切	運動技能の改善や向上につながると判断できる助言や運動課題を提示している	・側方倒立回転で倒立姿勢になったとき，顔が下を向いていない子どもに対して「下を向きなさい」 ・抱え込み跳びの練習中，テープを貼ったとび箱を用意して「まずはこのテープのところに手をついて，両足がそれより前に出るように着地して」
		不適切	明らかに運動技能の改善や向上につながらないと判断できる誤った助言や運動課題を提示している	・跳び箱でのハンドスプリングで踏み切りが弱いため回転力が小さい子どもに対して「もう少し，踏み切り板を離して遠くから踏み切りなさい」と助言した結果，ますます回転力が小さくなり，倒立姿勢でバランスを崩してあやうくケガしそうになったとき ・台上前転が十分にできていない子どもに対して「次，首はね跳びに挑戦しなさい」とよりむずかしい課題を提示したとき
技能成果の有無		成果あり	フィードバックを受けとった子どもに今までできなかった運動技能の達成がみられたり運動技能の改善や向上がみられる	・側方倒立回転で「下を向きなさい」と指導した結果，実際に倒立姿勢で下を向けるようになったとき ・開脚前転で「膝を伸ばしなさい」と指導した結果，実際に膝が伸ばせるようになり，教師から「今の伸びてたよ」とほめられたとき
		成果なし	フィードバックを受けとった子どもに運動技能の改善や向上がみられない，または運動技能の低下がみられる	・ハンドスプリングの練習中，「肘を伸ばして倒立の姿勢をつくりなさい」と指導したが，ずっと肘が曲がったままで回転しているとき ・それまでできていた運動がフィードバック後にできなくなったとき

注）教師のフィードバックは，「体育的内容場面」に限定して観察記録した。

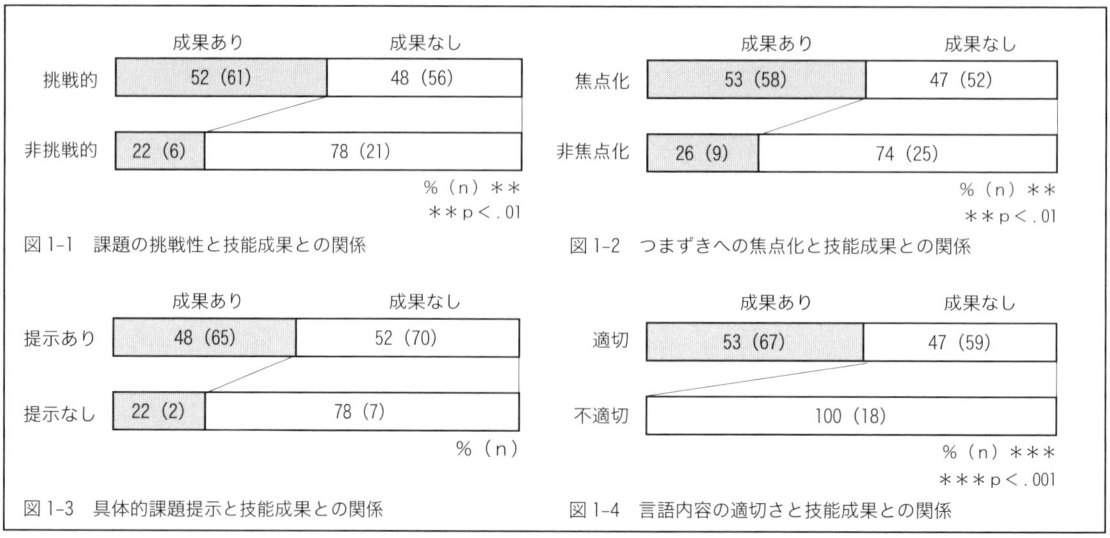

図1-1　課題の挑戦性と技能成果との関係

図1-2　つまずきへの焦点化と技能成果との関係

図1-3　具体的課題提示と技能成果との関係

図1-4　言語内容の適切さと技能成果との関係

図1　矯正的フィードバックと技能成果の有無との関係

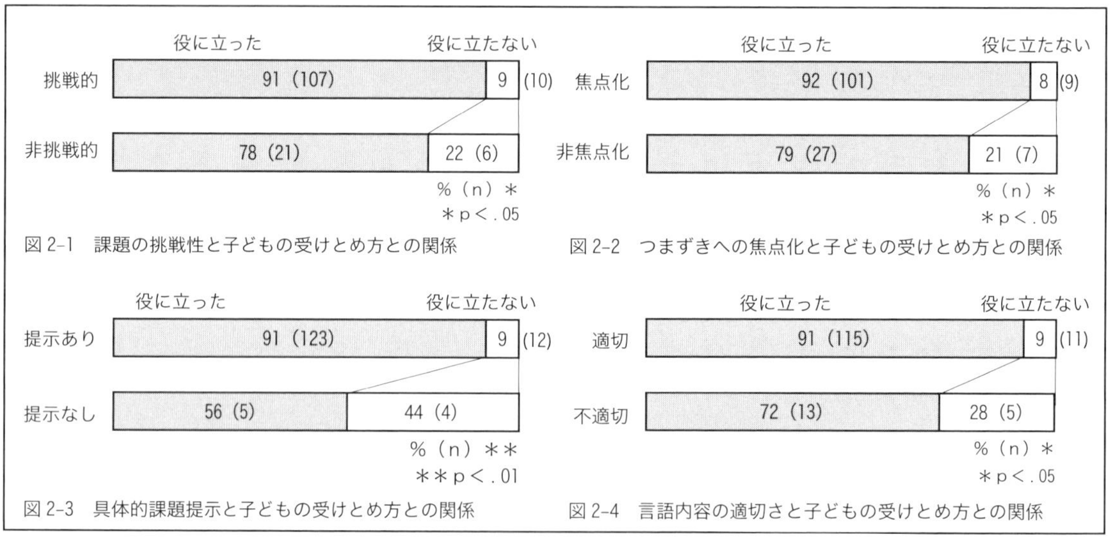

図2-1　課題の挑戦性と子どもの受けとめ方との関係

図2-2　つまずきへの焦点化と子どもの受けとめ方との関係

図2-3　具体的課題提示と子どもの受けとめ方との関係

図2-4　言語内容の適切さと子どもの受けとめ方との関係

図2　矯正的フィードバックと子どもの受けとめ方との関係

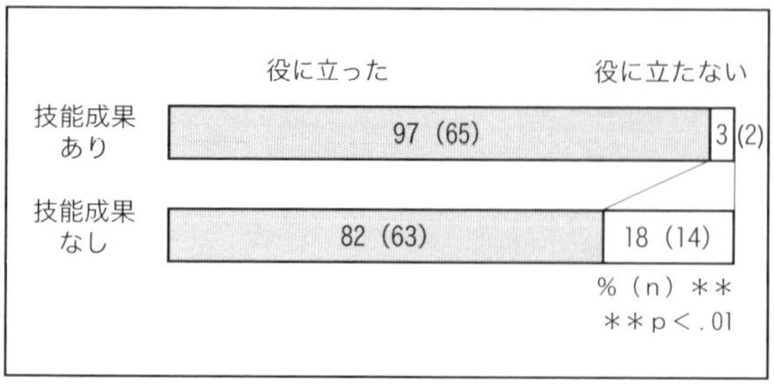

図3　子どもの技能成果と子どもの受けとめ方との関係

もの技能成果の有無がフィードバックに対する子どもの受けとめ方に影響すると判断できる。しかし，技能成果がなくても 82% の者は，教師のフィードバックが「役に立った」と意識している。これは，できたり・上手にならなくても，わかったり，イメージがもてるようになれば，役に立ったと思うためであり，「わかる」と「できる」の間に距離があることを示唆している。

以上，技能成果および子どもの受けとめ方とフィードバックの質との関係をみてきたが，これらの結果から，フィードバックの 4 評価視点はそれぞれ意義をもっており，このような質的側面から観察評価することの妥当性がひとまず明らかになったと考える。

4 教師のフィードバックを状況関連的に分析する方法

[1] 観察と資料の収集

①授業中の教師行動をＶＴＲに収録する。教師にはピンマイクをつけてもらい，教師の音声が収録されるようにする。教師を中心に収録するが，フィードバックの対象生徒の学習行動がわかるようにカメラを回すことが大切である。

②教師のフィードバックに対する子どもの受けとめ方（意識）がわかるように，授業終了後に「今日先生から助言をもらいましたか」「それはどんな内容でしたか」「それは役に立ちましたか」という設問の調査を実施する。この「子どもの受けとめ方」と教師のフィードバックの関係をあえて分析する必要はないが，補足資料として用いれば有効である。

③授業後に，教師にインタビューを行い，フィードバックについて回顧させ，どの子どもにどのような内容の助言を与えたのか，役に立ったと思うかなどについて問いかけ，その内容を記述するとよい。

[2] 分析の方法

○表2に示したように，教師の運動学習に関する具体的・矯正的フィードバックが出現するごと

表2　運動学習行動に対する教師の矯正的フィードバックの観察分析例

マット運動の授業（6時間目 / 全8時間）　○○小学校　6年1組　△月△日

時間	対象（技能）	フィードバックの内容	運動学習行動に関する観察項目					子どもの受けとめ方
			挑戦性	つまずき	課題提示	適切さ	技能成果	
5分	Yくん（上位児）	開脚前転で「（補助しながら）膝が曲がっているから，伸ばす」と助言。膝が伸びるようになった。	×	○	○	○	○	―
	Fくん（上位児）	側転をビデオで撮影し，「足は伸びてる。倒立姿勢のとき，顔が下を向いてない」という助言。補助倒立をやらせて，顔を下に向けることを意識させた結果，下を向けるようになった。	○	○	○	○	○	○
10分	Sさん（中位児）	側転で「足の振り上げ方が足りないなぁ。もっと思い切って足を上に振り上げて」という助言。	×	○	○	×	×	―
	Sくん（中位児）	ソフトマットでのハンドスプリングで「最初は立てなくていい，そのまま倒れて。肘が伸びてきたら，膝を曲げて着地しよう」	○	○	○	○	×	△
15分	Tさん（下位児）	側転ができるようになり「次は，ロンダートに挑戦しなさい。倒立姿勢になったとき足をそろえることを意識して」と新たな課題提示。	○	×	○	○	×	○
	Oさん（上位児）	ロンダートで手を突き放せず，体がふわっと浮かない。「手を着いた後，体をふわっと浮かせなさい」と助言。しかし，できない。	○	○	×	×	×	△
	Mくん（下位児）	跳び前転で「前転と跳び前転の違いは何？」と発問。「足が浮いたとき，もう手が着いている。ふわっと空中に浮きなさい」と助言。数回，練習後「あっ，今の浮いていた」と賞賛される。	○	○	○	○	○	○

注）子どもの受けとめ方の○は「役に立った」△は「役に立たなかった」，―は「助言を得なかった』を意味する。

に，時系列に取り上げ，その言語内容を記述するとともに，5つの視点から評価していく。分析の手順は，まず，授業（VTR）を観察しながら，観察表の左側部分の「時間」「対象者」「矯正的フィードバックの内容」を完成させる。

○子どもの受けとめ方と対応して分析しようとする際には，子どもの記述内容にもとづいて教師のフィードバックを特定する必要がある。ＶＴＲを再度再生してどのフィードバックであるのか特定し，その状況や言語内容を確認する。子どもの受けとめ方との対応関係を省略するのであれば，ＶＴＲに収録しなくても，授業を観察しながら評価することも可能である。「言語内容の適切さ」については，その評価がむずかしい場合が少なくないが，子どもの学習状況と言語内容を対応させて，授業後に論議すればよい。その場合，その運動種目に通じた専門家などを交えて，その妥当性を判断するとよい。

○教師のインタビューから得た情報や子どもの受けとめ方を対応させて，比較検討すると，有効なフィードバックを特定するうえで役に立つであろう。また，教師がフィードバックを与えた子どもにインタビューを行い，教師のフィードバックでわかったこと役に立ったことなどの情報を得ることも有効であろう。

5 まとめにかえて

フィードバック研究はまだ緒についたばかりである。とくに運動技術や戦術に関する教師のフィードバックの質と学習成果との関係については，より客観的な方法による研究が不可欠であると考える。また，特定の学習者を対象にして「学習課題」「学習活動」「学習のつまずき」「教師のフィードバック」「学習成果」「子どもへのインタビュー」などを通して精緻に分析していくような研究が考えられる。同様に，特定の運動種目に関わってつまずきに応じたフィードバック内容を仮説的に設定し，その有効性を確かめるような介入実験授業を試みるのも意義があると思われる。

（深見英一郎・米村耕平・高橋健夫）

■引用文献

深見英一郎・高橋健夫・日野克博・吉野聡（1997）体育授業における有効なフィードバック行動に関する検討：特に，子どもの受けとめかたや授業評価との関係を中心に．体育学研究 42(3)：167-179.

福島祐子・高橋健夫・大友智・深見英一郎・細越淳二（1999）子どもの学習行動と教師の関わり行動についての検討―特に技能水準下位児を対象として―．高橋健夫研究代表 平成9・10年度文部科学研究費研究成果報告書「よい体育授業の条件に関する実証的研究」pp. 75-88.

Graham, G（2001）Teaching Children Physical Education: Becoming a master teacher. (2nd ed.). Human Kinetics., pp.137-146.

Magill, R.A.（1993）Augmented feedback in skill acquisition. In R. N. Singer, M. Murphey and K. L. Tennant, (Eds) Handbook of research on sports psychology. Macmillan: New York, pp.193-212.

Mawer, M（1995）The effective teaching of physical education. Addison Wesley Longman: New York., pp.187-189.

高橋健夫・岡本洋（1999）よい体育授業と教師の力量？できない子どもの学習行動の分析から？．高橋健夫研究代表 平成9・10年度文部科学研究費研究成果報告書「よい体育授業の条件に関する実証的研究」pp. 89-93.

高橋健夫・歌川好夫・吉野聡・日野克博・深見英一郎・清水茂幸（1996）教師の相互作用及びその表現のしかたが子どもの形成的授業評価に及ぼす影響．スポーツ教育学研究 16(1)：13-23.

渡部伸（1996）運動学習の創造性を考える．金子明友 監修　吉田茂・三木四郎 編　教師のための運動学．大修館書店，pp.48-57.

コラム

□フィードバックの言葉の改善

フィードバックの威力を高める。最善の方法は，具体的な内容をもった情報あるいは価値的な内容をもった情報を与えることである。これらの具体例をあげてみよう。

具体的な情報を含んだ肯定的フィードバック：「いい動きだ。スクリーンの真後ろからシュートしたからね」「よかった。今までとは違って，腕がずっと前に出るようになったからね」「美しい。よいタイミングで膝を抱え込んでいたよ」。

価値的な内容を含んだ肯定的フィードバック：「ナイスショット。君のあのクロスインからのシュートは本当に決まる確率が高いね」「それがディフェンスに有効な方法だ。そのようにカバーすれば，チャンスがつかめるものだよ」「そうだ。顔を上げていればチームメイトが何をしているのかわかるんだ」。（高橋）

(D. シーデントップ・高橋健夫他訳：体育の教授技術，大修館書店，2003)

20　小学校体育授業の質的研究の試み

—体育の嫌いな児童の学習行動に影響を及ぼす要因は何か—

1 はじめに

運動に対する愛好的態度の育成という体育目標が掲げられて以来，その目標実現に向けてさまざまな授業実践・授業研究が試みられてきた。しかしながら，運動の二極化現象という言葉に象徴されるように，運動嫌い，スポーツ嫌い，体育嫌いの児童・生徒が学校現場には少なからず存在する。体育嫌いに関して，「体育の授業に喜びを感じることのできない生徒は，その原因を教師に求める傾向が強い」(小林 , 1970, p.291) という指摘や,「運動能力の低位に対する劣等感が体育授業経験の中で増幅されている一面がうかがわれた」(波多野・中村，1981, p.184) という指摘があるものの，これまで体育嫌いの子どもたちに関わった問題が実証的に分析されてきたわけではない。

なぜ，体育嫌いの問題がこれまで解決されてこなかったのか。さまざまな理由が考えられるが，体育教師は，体育嫌いの児童・生徒が体育授業中にどのような経験を持っているのか，また彼らがそれまで体育を好きになってこなかった過程について，体系的な情報を持ってこなかったからではないかと考えられる。もし，日々の体育授業における彼らの学習行動について注意深く観察するような研究が行われるなら，彼らが体育を好きにならなかった原因を明らかにできるのでないかと考えた(注1)。

そこで私たちは，体育授業中，態度の低い児童はいったいどのような経験をしているのか，いったいどのような要因が彼らの学習行動に影響を及ぼしているのか，質的な授業分析法を用いて明らかにしようとした。本研究を行うために，2人の教師に依頼し，体育授業を観察した(注2)。

2 方法

1. 対象：X 県 Y 小学校 3 ～ 6 年生各学年 1 学級ずつ計 4 学級を観察した。授業は，2000 年 10 月上旬から同年 12 月中旬に行われた。3 年および 5 年を指導した A 教師(教職経験 22 年, 44 歳, 女性)は，3 年の学級担任であり，Y 小学校の体育主任であった。4 年および 6 年を指導した B 教師（教職経験 14 年，37 歳，男性）は，6 年の学級担任であった。

①教師による態度の評価，②教師による体育学習の全体的な評価，③質問紙による態度の評価④質問紙による種目の好嫌の評価，⑤観察開始後の 3 授業時間の観察の 5 つの視点から，体育授業に対する態度の低い児童（以下，下位児と略す）が各学級男女各 1 名ずつの合計 8 名選ばれた。

以下では，3 年男子は A 児，女子は B 児，4 年男子は C 児，女子は D 児，5 年男子は E 児，女子は F 児，6 年男子は G 児，女子は H 児と示す。なお，観察開始前に，Y 小学校の校長，教頭，A 教師，B 教師，4 年および 5 年の学級担任，その他すべての職員，ならびに Y 小学校の全児童の保護者から，研究の実施について了解を得た。

2. 観察した授業：14 単元 70 授業を観察した。観察した授業と時間数は，**表 1** のとおりである。すべての授業に，いっさい介入を加えなかった。

3. データ収集：体育授業における下位児の学習の様子を詳細に記述した（以下，「ジャーナル」と示す)。児童には研究意図を知らせなかった。ジャーナルは，授業中のメモ，教師の発言内容および行動を収録した授業の VTR の視聴を用いて，一文単位で記述した。

教師に対して，観察開始前および観察終了後にインタビューを行った。観察終了後のインタビューは，書き起こした。インタビューの記録が，正

表1　観察した授業と時間数

3年生		4年生		5年生		6年生		合同体育	
単元	時間数	単元	時間数	単元	時間数	単元	時間数		時間数
一輪車・竹馬	4	マット運動	5	リレー・走り幅跳び	5	マット運動	6	3・4年合同体育	1
マット運動	4	持久走	4	マット運動	4	持久走	5	5・6年合同体育	1
持久走	4	カラーボール野球	6	持久走	4	ソフトバレーボール	5		
キックベースボール	6			ソフトバレーボール	6				
小計	18	小計	15	小計	19	小計	16	小計	2
合計時間数	70								

しいかどうかを確認するために，書き起こしたインタビューの記録を教師に確認してもらった。なお，教師に下位児の氏名は知らせなかった。下位児に対する教師の行動が変わることを避けるためである。

教師にワイヤレスマイクを装着し，授業中の発言内容および行動を同時にビデオテープに収録した。また，撮影は，できるだけ目立たない一定の場所から行った。観察終了後，下位児の特徴的な学習行動に関して，教師とディスカッションを行った。その様子は音声を収録しながら行い，後に書き起こした。

4. 質的データ分析の手続き：収集した質的データは，以下の手順で分析した。

1) ジャーナルには，①下位児の学習行動，下位児に対する教師および他の児童の働きかけ，下位児を取り巻いて起こったこと，および授業全体の様子，②下位児の学習行動に影響を及ぼす要因について行った推論もしくは主観的評価，③そのような推論および主観的評価を導いた理由，④授業場面，⑤児童名，を記述した。すべてのジャーナルについて，①から⑤の記述が明確に分離して記述できたかどうかについて，授業時間ごとにチェックした。分離できていないと判断したときは，分離したと判断できるまで，ジャーナルを作成しなおした。

2) ジャーナルから，下位児ごとに，特徴的な学習行動を探索した。このとき，授業観察前に実施した教師に対するインタビューも参照した。

3) 抽出した学習行動は，共通した特徴を持つものにグループ化した。その結果，10のグループが見つかった。

4) この10の行動的特徴のグループが下位児の特徴的な学習行動として妥当かどうかについて，教師とディスカッションを行った。その結果，9つのグループについては妥当であると判断できたが，1つのグループについては妥当と判断できなかった。

5) 下位児の特徴的な学習行動として妥当と判断できた9つのグループは，下位児の学習行動あるいは下位児を取り巻いて起こった現象を示していた。そのため，これらのグループを包括する上位の概念を探索した。その結果，先の9つのグループは，3つのカテゴリーに分類することができた。

6) これら3つのカテゴリーについて，ジャーナルおよび抽出された特徴的な学習行動を対象にして，カテゴリーの再構成や状況の制限を確認するために，否定的な事例を探索した。否定的な事例はカテゴリーごとに複数確認できたが，それらはすべて3つのカテゴリーの概念を洗練するものとして位置づけることができた。

以上の手順で，3つのカテゴリーを確認することができた。なお，8人の下位児のうち6人以上の下位児が，各カテゴリーに属する学習行動を示していた。このように，データの分析は，帰納的に行い，カテゴリーは徐々に洗練していった(Bogdan and Biklen, 1992)。

3 結果

下位児の学習行動に影響を及ぼす要因として，①運動課題の難度，②学習集団，③教師の指導信念，の3つのカテゴリーが確認できた。

［1］運動課題の難度

下位児の学習行動は，運動課題の難度や授業で取り上げられる運動の影響を強く受けた。

下位児は，興味のない運動課題やむずかしい運動課題が提示された授業場面では，課題に積極的に取り組まなかった。このような授業場面では，下位児は，①学習活動への参加機会を減らそうとする，②できないなどを声に出していう，③やさしい運動課題を選択し，むずかしい運動課題に挑戦しない，などの学習行動を示した。

具体的事例は，次のとおりである。

○4年のマット運動の4時間目であった。D児は開脚前転の練習場所に移動し，列の最後に並んだ。D児は自分が練習するときに，「できない」といった。また，9時間目の準備運動のとき，D児は「できないよう」といって首倒立をやらなかった。

○5年の走り幅跳びの3時間目であった。助走スピード，踏み切りの強さ，空中姿勢の3つの運動課題の練習場所が用意された。F児は，その中から空中姿勢の運動課題を選んで練習していた。課題は，跳び箱に向かって助走し，跳び箱の上を一気に蹴って，空中に身体を投げ出し，空中姿勢をつくること，であった。F児は，ゆっくりとしたスピードで助走し，跳び箱を登って降りていた。その後，A教師は3つの運動課題に順番に取り組むように指示したが，F児は授業終了まで空中姿勢の運動課題を変えなかった。

○6年のマット運動の2時間目であった。G児は開脚前転の練習場所に移動したが，「一番後ろに行こう」といって列の最後に並んだ。その後，B教師は跳び前転の練習を児童に指示した。G児は，このときも，列の最後に並んだ。班ごとの練習が始まったとき，G児はマットから離れ，他の児童の練習を見ていた。他の授業時間でも，G児は，自分の練習の順番がくると列から離れ，他の児童を見たりしていた。

他方，下位児は興味があり，上手くできる運動課題が提示された場合には，積極的に学習に取り組む行動が観察された。次の事例である。

□3年の一輪車と竹馬の1時間目は，一輪車を行った。B児はジャングルジムから雲梯まで，約14mの距離をバランスよく往復し，また，バックでも2m程度移動できた。B児はA教師に，「先生見て，バックできるよ」と話しかけ，3回バックで移動して見せた。2時間目は，竹馬を行った。B児は1歩2歩進むと竹馬から落ちた。3および4時間目，A教師は児童に，一輪車と竹馬の練習を順番にするように指示した。しかし，B児は一輪車の練習ばかりを積極的に行った。

□6年のG児は，マット運動では，練習にほとんど積極的に従事しなかったが，持久走では，いつも教師のすぐ近くにいて，教師の話を注意深く聞いていた。

なお，このカテゴリー（運動課題の難度）に属する学習行動は，下位児8人のうち，6人に見られた。

［2］学習集団

学習集団は，①下位児に学習行動を指示する，②下位児の運動技能の低さをあからさまにいう，などの行動をとり，下位児に対して主体的な学習行動を発揮させないように働きかけた。

下位児は，ほとんどの場合，学習集団の指示に従って受動的に行動した。班活動では，下位児が意見を述べる場面はほとんど観察されなかった。学習課題が選択できるような学習場面では，仲のよい児童に追随して課題を選択する児童が多かった。ときには1人で課題を選んで学習する下位児も観察された。具体的事例は，次のとおりである。

○3年の キックベースボールの5時間目であった。A児はI児の後ろで守備についた。相手チームの児童が1塁に出塁したとき，A児はホームベースの近くにいるようにI児から指示された。A児はI児に「何をするの？」と聞いたがI児は答えなかった。I児の指示後，A児はつねにホームベースの近くで守備をした。

○5年のリレーの2時間目，走順と走距離を班ごとに決めてリレーを行った。F児の班の話し合いで，F児の走るパートについて，「(スピードが出ないので走るパートは）カーブのある所がいい」と班のメンバーたちがいい，F児はその指示に従った。F児とK児は，一緒にスタート位置に移動した。K児は，「Fちゃん，スタート位置はこっちだよ」といって，他の班のだれよりもF児のスタート位置を前方に出した。次走者のスタート位置はどの班も同じであった。F児の走距離は，他のチームの児童と比べて，一番短かった。

○6年のソフトバレーボールの3時間目，班ごとに円陣になって，オーバーハンドパスの練習をした。H児の班では，順番にボールをパスして練習していた。その後，B教師は，「パスを20回つづけてみよう」という運動課題を指示した。児童は，元気よくパス回数を数えた。この練習に変わってから，H児は一度もボールに触れることはなかった。8時間目，B教師は児童を2チームに再編成し，ゲームを行った。H児は前衛ライトのポジションにいた。ゲームの中盤，後衛ライトのポジションにいたL児はH児に，ポジションを変わるようにいった。H児はすぐに従った。

学習集団が，下位児に指示する行動とは異なった行動も観察された。次の事例である。

□5年のリレーでは，E児はあまりバトンパスの練習ができず，他の児童から声をかけられる行動も観察されなかった。しかし，持久走では，E児は他の児童から話しかけられたり，応援を受けたりした。

□5年のマット運動では，F児はほとんど1人で学習していた。しかし，できなかった開脚後転ができた授業場面では，F児は他の児童から話しかけられた。

□この他，下位児が興味を持った単元では，下位児は班の他の児童から活躍を期待するような発言を受けたりした。

なお，このカテゴリー（学習集団）に属する学習行動は，下位児8人全員に見られた。

［3］教師の指導信念

下位児は，運動課題に取り組んでいるときに，教師から具体的な技能的フィードバックよりも一般的な肯定的フィードバックを受けた。具体的事例は，次のとおりである。

○4年のマット運動の3時間目であった。C児の前転は，左側に曲がった。B教師は，「Cちゃん，頑張れ。Cちゃん，左手をもっとしっかりな」といった。C児は，再度前転を行ったが，先ほどとほとんど変わらなかった。そしてB教師は，「立つまで大変かもしれないね」とC児にいった。

○6年のマット運動の2時間目であった。H児の開脚前転は，回転が遅く，腰がマットから数センチ上がる程度で立ち上がれなかった。B教師はH児に，「立てるかな」といってその場から去った。その後，B教師は「跳び前転」の練習を指示した。H児の跳び前転は，通常の前転であった。B教師は，H児に「Hちゃん，もうちょい」といった。

教師がフィードバックを与えたとき，下位児が少し高い運動課題に取り組んだり，運動課題を達成したりする学習行動が観察された。しかし，下位児はその運動課題を繰り返して達成することができなかった。次の事例である。

□5年のマット運動の5時間目，F児は開脚前転を練習したが，立てなかった。A教師はF児に，「手を思い切って突こう」といった。その直後，F児は開脚後転を行い，立つことができた。A教師はF児に，「開脚後転ができるようになったね」といった。F児は少し微笑みながら，「はい」と答えた。しかしその後，F児は開脚後転と開脚前転を練習したが，立てなかった。そして，F児は，単元終了まで，開脚前転，開脚後転ができなかった。

□ 6年のマット運動の2時間目，G児は，開脚前転で立てなかった。B教師は「できる，できる，立ち上がること。G君，膝がちゃんと伸びてるね」といった。G児は，B教師の前で再度開脚前転を行うと，立つことができた。B教師とG児は目線を合わせて，B教師は，「うん」と首を縦に振った。しかしその後，G児は単元終了まで開脚前転ができず，積極的に練習する行動も観察されなかった。

くわえて学習指導場面では，教師が下位児に対して頻繁に注意を与えるケースがみられた。一例をあげると次のようである。

○ 5年のマット運動の5時間目，A教師の合図で，児童は1人ずつ演技を披露した。A教師は，それまで児童が騒がしくても注意しなかったが，このとき，A教師は「E君，ちゃんと見ていて拍手しましょうね」といった。その直後，E児は後ろの児童と話を始めた。

さて，教師は下位児に対して，なぜ具体的な技能的フィードバックをあまり与えず，また，なぜ，学習指導場面で注意するのであろうか。観察終了後に行ったディスカッションで，教師は次のように発言した。

フィードバックに関して，A教師は「意欲を持たせるための声掛けみたいに，言葉掛けをしていた。････技能的な指導が足りないかもしれない。でもある意味では，意欲を持たせている」。B教師は，「たぶん『もうちょい』なんていうのはただの気休め」と発言した。そして，下位児に意欲を持たせるために，「『もうちょっとだ』，『今度できるよ』」(A教師)，「『やればできるんだ』」(B教師) などといった声掛けを行ったと発言した。これらの発言から，両教師は下位児の学習行動を活性化させるためには，下位児に対するフィードバックは，技能的フィードバックよりも一般的肯定的フィードバックを与えるほうが有効であると考えていることがうかがえる。

これに関連して，運動の行い方および技能に関する下位児への情報提供が不十分ではないかという質問を行ったが，それに対して，A教師は，「この程度のことをいえばいいのかなと思うんですよ。････技能的な内容を中心にして指導してよい児童と，技能的な内容を中心にした指導では効果が現れない児童がいると感じます」，B教師は，「(下位児には) いってもわからない，できないことがどうしてもある」と発言した。

下位児に注意することに関して，A教師は「私は頻繁にしているだろう。････私には，下位児に (教師の話) よく聞かせたい，という意識があるから，注意をする。････下位児が興味のない運動の場合には，注意をすることはよく起こる。････教師の話を聞いてもらわないと，その先，授業が全然進まないから注意する････」，B教師は，「下位児たちに教師の話を静かに聞かせないと，他の児童が聞かなくなってしまうと思う」と発言した。両教師とも，下位児に対して注意を与えることはよくあること，と述べていた。なお，このカテゴリーに属する学習行動は，下位児8人のうち，7人に見られた。

4 考　察

運動課題の難度，学習集団，教師の指導信念が，体育嫌いあるいは運動嫌いを引き起こす要因であることは，小林 (1970, pp.289-292)，佐久本・篠崎 (1979, pp.61-63)，秦泉寺ら (1993, pp.30-31)，波多野・中村 (1981, pp.180-182) も指摘している。

ポートマン (1995, pp.448-449) は，技能の低い児童は新しい運動技能を獲得するという意識が大変低いことを指摘しているが，本研究においても，下位児の意識は，新しい運動技能の獲得に向かっていなかったと考えられる。しかし下位児の学習行動は，下位児が取り組む運動課題の難度や下位児の運動課題に対する興味などの要因の影響を受けていることは明らかで，下位児にフィットした課題選択の重要性が改めて示唆されたといえよう。

運動技能の低い児童の学習行動上の問題は，学習集団内の人間関係に関係している，と報告されている (Portman, 1995, pp.448-449; Griffin, 1985, p.106)。今回の観察においても，学習集団が下位児の学習機会や運動学習機会を奪っていることが認められた。とくに下位児は学習集団の指示に従って受動的に行動していた。またその指示は，下位児の学習機会を奪うような内容であった。下位児が学習集団の指示に従った理由として，下位児および学習集団のメンバーが，技能の低い児童の学習行動は他者から指示されるのが当たり前だと考えていること，また下位児は運動の行い方（基本的なルール，動き方）などに関して知っていることがあまりにも少ないことが推察された。しかし，これらの理由については，今後なお検討の必要がある。

運動技能の低い児童に対して，教師が運動技能に関するフィードバックを与えないことは，ポートマン (1995, p.450) によって指摘されていた。教師は，下位児に運動技能向上に向けたフィードバックを与えても下位児の運動技能は容易に高まらないと考えており (秦泉寺ら，1993, p.36)，そうした意識が，技能向上に向けた指導よりも運動従事への意欲を喚起する言葉掛けに走らせたと考えられる。教師は，そのような指導信念によって，下位児の学習意欲の低下を防ぐことができ，学習従事行動の減少を防ぐことができると考えていると思われる。

下位児は，自分の能力以上の高い運動課題に取り組むことはほとんどなく，学習集団の指示に従って受動的に行動するので，運動学習機会が奪われ，教師から技能向上に向けたフィードバックを受けることも少なかった。このような状況は，下位児の運動技能の低さに起因しており，結局，下位児のパフォーマンスをますます低くするという悪循環を生み出していた (波多野・中村 , 1981, p.184; Portman, 1995, p.452)。

他方，下位児は，達成可能な運動課題が提示された場面や運動課題を達成した場面，そして，教師から個人的な指導を受けた場面など，自分のパフォーマンスの向上につながったり，つながる可能性のある場面では，積極的に学習に従事した。

体育嫌いあるいは運動嫌いを引き起こす要因，すなわち，運動課題の難度，学習集団，教師の指導信念は，すべて児童の運動技能に関連しており，パフォーマンスを高める方向，そして，学習従事行動を高める方向に向いていなかった。

このような事実を踏まえると，下位児の学習行動を取り巻く状況を変えるためには，下位児の運動技能の向上を保証することが授業では重要課題になることが明らかである。具体的には，運動課題の明示，そのステップの細分化，下位児の学習機会の保証と，運動課題の行い方およびその選択の仕方に関する十分な情報提供，教師の具体的な技能的フィードバックの増加などが，下位児にみる学習悪循環をくい止める方略になるのではないかと考えられる。

本研究では，体育の嫌いな児童の学習行動に影響を及ぼす要因について明らかにしようと試みた。その結果，①運動課題の難度，②学習集団，③教師の指導信念の 3 つの要因が，体育が嫌いな児童の行動に影響を及ぼしていたことを確認できた。今後，これらの要因のマイナスの部分を除去し，下位児の学習行動を活性化させ，最低限の技能保証を図るための方略についていっそう立ち入って検討する必要がある。

（大友　智・小川知哉）

■注

注 1) このような考え方は，ポートマン (1995) に倣っている。

注 2) 本稿は，Otomo,S. and Ogawa , T. (2003) The influential factors to lower attitude pupil’s learning behavior toward physical education class. International Journal of Sport and Health Science 1(1): 76-81. を加筆，修正したものである。

■参考文献

Bogdan, R. C. and Biklen, S. K. (1992) Qualitative research for education (2nd edition). Allyn and Bacon: Boston. pp.153-183.

Griffin, P. S. (1985) Boys' participation style in a middle school physical education team sports unit. JTPE 4:100-110.

波多野義郎・中村精男（1981）「運動ぎらい」の生成機序に関する事例研究. 体育学研究 26(3) : 177-187.

秦泉寺尚・飯野透・太田黒保宏・山本栄二（1993） 宮崎県における体育・運動嫌いの実態と嫌いにさせる要因に関する研究. 宮崎大学教育学部紀要　芸術・保健体育・家政・技術 74 : 23-43.

小林篤（1970）運動嫌いにさせるものは何か：その社会的条件. 体育の科学 20(5) : 289-293.

Portman, P. A. (1995) Who is having fun in physical education classes? : Experiences of six-grade students in elementary and middle schools. JTPE 14: 445-453.

佐久本稔・篠崎俊子（1979） 学校体育期の " 運動嫌い " に関する研究（I）. 福岡女子大学家政学部生活科学 12(1) : 55-78.

Ⅴ章
体育の授業研究例

21. セストボールの戦術学習とゲーム分析‥‥96
22. ボール運動の授業分析：プールバスケットボールの実践‥‥100
23. 小学校中学年における侵入型ゲームの授業実践の検討‥‥103
24. バスケットボールの教材づくりと授業成果の検討‥‥107
25. チャレンジ運動による仲間づくり‥‥112
26. 人間関係を豊かにする「チャレンジ運動」の実践‥‥115
27. コミュニケーション・スキルを高める体育授業‥‥121
28. 奈良の体育授業研究：有能感を高める走り幅跳びの授業づくり‥‥125
29. 佐久の体育授業研究：ザ・シューター（ハンドボール型）の実践‥‥129
30. 松戸の体育授業研究：触球数からボール運動の評価を考える‥‥133
31. 体育授業の勢いと雰囲気をつくる‥‥140
32. 筑波大学の体育授業実習例‥‥145
33. 愛媛大学での模擬授業の実践‥‥152

21　セストボールの戦術学習とゲーム分析

1 ゲーム分析の意義

「作戦を考えよう」という教師の呼びかけに対して，子どもたちはどのような作戦を考えるだろうか。また，教師自身何を戦術や作戦だととらえているのであろうか。実際のゲーム場面で，子どもたちは考えた作戦を，実行し成功したのか。そして効果的な学習をしていったのか。このようなことをどのように評価していけばよいのだろうか。

ゲームをやらせっぱなしにしないためにも，実践者としてゲームを分析することは必要である。ここでは，学習内容を戦術学習にしぼって試みたセストボールの授業を通して，ボール運動の授業分析，ゲーム分析の方法について考えてみたい。

2 実践報告

[1] セストボールについて

セストボールは3対3で行い，パスのみでボールを運び，かご状のゴールにボールを入れ合うゲームである。シュート空間が360度あることが大きな特性である。子どもたちにとってやさしくそして学習を深められる教材としてセストボールを導入した。

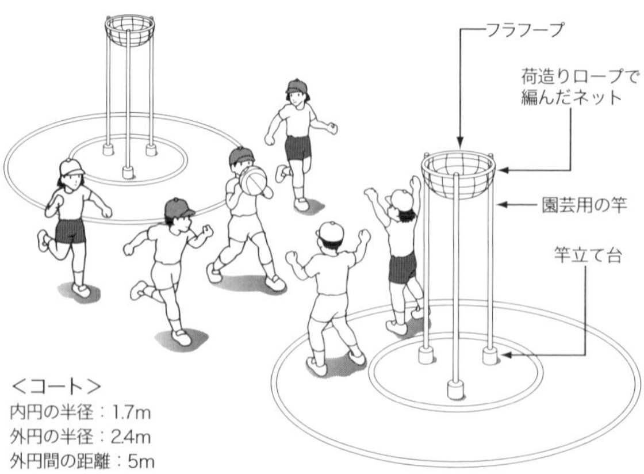

図1　セストボールのゲーム様相

この実践では，戦術とはいかなるものかを明確にしようと考えた。そして「シュートにつながる意図的なコンビプレイ」を「戦術」と呼ぶことにした。子どもたちの言葉でいうと，「ゴールの近くでノーマークでシュートをうてる状況のつくり出し」である。

私は，まず子どもたちに徹底的に勝敗にこだわらせた。「勝つ」ことに情熱を向けさせたのである。子どもたちはチームで一丸となってセストボールの勝負に燃えるようになっていった。そして，戦術を考える必然性をもつようになった。

[2] 子どもに事実から考えさせる必要性

「ゴール近くでノーマークでシュートできる状況をつくりだす」こと，つまり戦術を子どもたちは考え，ゲームで試し始めた。ゲーム後のチームミーティングでは事実にもとづいてゲームをふり返らせるようにした。そこで，子どもたちに触球数やパスのつながり具合が調査できる学習カードを渡した（図2）。このカードで，子どもたちはチームのパスのつながり具合をつかむことができた。

次の段階ではボールの動き方が記録できる「空間分析表」（図3）を渡した。この分析表は，コートを自陣（A空間），相手陣（B空間），ゴール裏の右空間（C空間），ゴール裏の左空間（D空間）に分け，ボールがどの空間を動いているかを記録できるようにしたものである。多くのチームは，思ったほどC，D空間にボールがいっていない事実に驚きを示していた。そして，「もっとゴール裏の空間にパスを出そう」というめあてを持つようになっていった。子どもが自分たちのゲームをなるべく事実をもとに振りかえさせるには，こういった分析カードが有効であり，戦術を考えていく必然性を持たせていく手だてとなる。

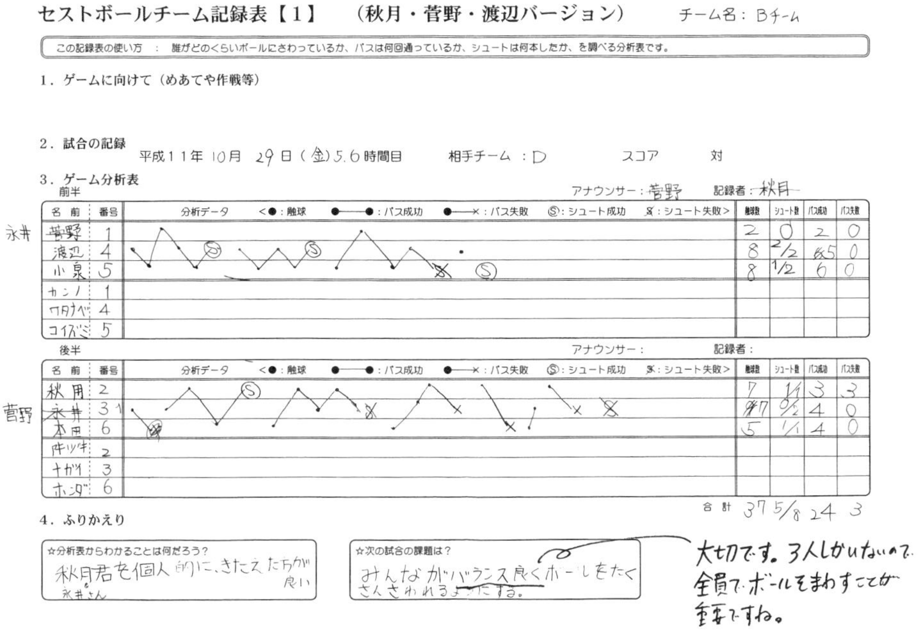

図2　学習カード

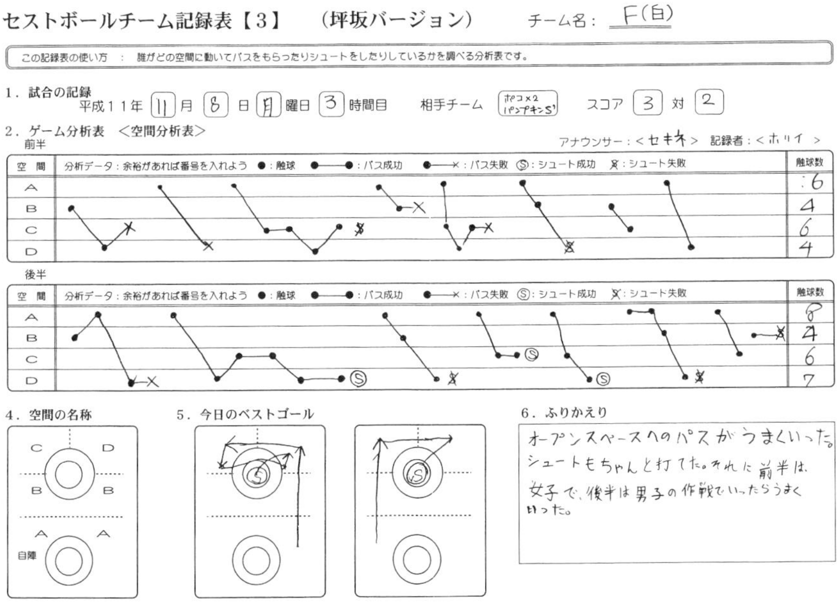

図3　空間分析表

［3］学ばせたい4つの戦術

①居残り縦パス＆シュート型（居残り）

3対3で行うため，全員攻撃全員守備の様相が生まれやすいゲームである。そこで，1人が相手ゴール前に残り，自陣でボールを奪うやいなや居残っている味方にパスを出してシュートをする戦術が有効である。この戦術は，学習初期に多く見られる。ディフェンスにマークされるようになると行き詰まりがきてしまう。

②対角パス＆シュート型（対角A）

これは，シュートを打とうとしているときに相手に前に立たれてしまった場合，ゴール裏にいる味方に山なりパスやバウンドパスを出してフリーでシュートをさせるという様相である。シュート空間が360度ある特性を生かした作戦だといえる。比較的早い時期に気づいていく戦術である。

③対角に走り込んだ見方にパス&シュート型 (対角B)

対角Aはあらかじめ対角に位置している味方に

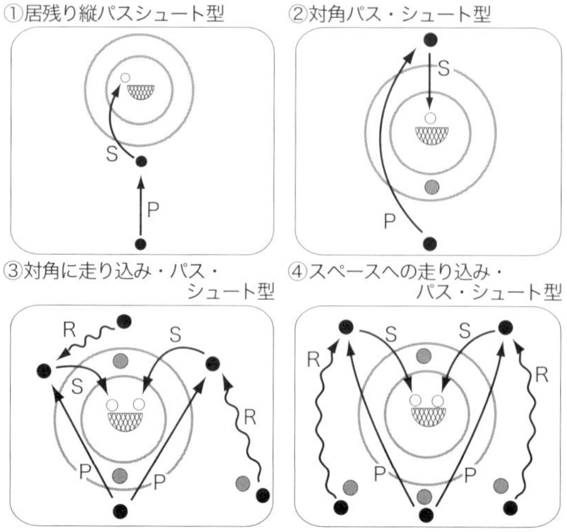

図4　学ばせたい4つの戦術

パスを出すのに対して，この型はマークを外してシュートエリアに走り込んできた味方にパスを出してシュートをさせるという様相である。コンビプレイとして質が高く，ボールを持っていない子の意図的な動きと，パッサーの意志とが通い合う必要がある。この型が見られるようになると，ゲーム展開がスピーディーでおもしろくなる。

④スペースへ走り込んだ見方にパス＆シュート型（スペース）

この戦術は，かなり子どもの動きが高まってこないと出てこないものである。パスの受け手ががっちりとマークにつかれるとパッサーはパスを出せない。そこで，スルーパスを出して受け手が走り込んだり，アイコンタクトでリードパスを出して受け手がよいタイミングでボールをもらいシュートという形が有効になる。つまり，双方が意図的に動いているコンビプレイである。

4 ゲーム分析の方法

この実践を通して，実際子どもたちのゲーム様相に変容が見られたのか，学習が進むにつれ児童が「シュートにつながる意図的なコンビプレイ」を行う頻度が増え，学習を深めていったのか，このような視点で授業をふり返るため，次のような方法で授業分析を行った。

①戦術学習に取り組み始めてからのゲーム（7回分）をＶＴＲに録画した。
②戦術を「シュートにつながる意図的なコンビプレイ」と定義し，前述の4つの型に分類した。
③ＶＴＲを再生し，シュート場面を抽出した。
④シュート場面を，意図なし（意図的なコンビプレイをしないでシュート）・意図ミス（コンビプレイの意図はあるが，パスミスやインターセプトによってシュートにつながらなかったもの）・居残り・対角Ａ・対　角Ｂ・スペースに分類し，出現数をカウントした。
⑤全シュート数を100％とし，シュート様相を割合で表しグラフ化した。クラス全体と，チームごとそれぞれグラフ化したが，今回はクラス全体のみ紹介する（図5）。
⑥毎時間ごとに，クラス全体の攻撃数（シュート場面実数）における意図的な攻撃数の推移をグラフ化した（図6）。
⑦チームごとの攻撃回数（シュート場面実数）の推移をグラフ化した（図7）。

5 結果と考察

分析結果から次のようなことが読みとれた。

<図5より>

☆意図的なプレイの割合が，回を追うごとに高くなってきている。
☆総攻撃数に対する意図ミスの割合は，減ってきているようである。
☆居残り型，対角Ａ型は，各回とも同じような割合で出現している。
☆対角Ｂ型は，3回目より増えてきている。2回目終了後に，全体の場でこの型に気づいた橙チームを紹介し，効果的であることを知らせた。居残り型に行き詰まっていたチームが多く，この戦術を多用するようになったものと考えられる。
☆スペース型は，5回目から割合が高くなっている。前述のとおり，4回目終了後に子どもたちにビデオ分析させ，スペース利用の有効性に気づかせたことが要因ではないかと考えられる。このころからような流れるようなゲーム展開になっていった。

＜図6・7より＞

☆割合だけでなく，実数から見ても，意図的なプレイが回を追うごとに増えてきている。

☆攻撃数（シュート場面）は，5回目から急に多くなっている。スペースを利用するようになったことと関係していると考えられる。

☆意図ミスは，同じような頻度で出てくるが，図5によると割合は減ってきている。技能の向上とチームの戦術の高まりとともに意図ミスの割合が減ったと考えられる。

＜成果○および今後の課題●＞

○スペース利用の攻撃回数が増えたことから子どもたちはセストボールを行うことで戦術的な動きが高まることがわかった。

○意図的な攻撃回数が増えたことから，戦術を学びやすい教材である可能性が高い。

以上のことから，子どもはゲームを行いながら仲間とともに作戦を考え実行し修正する過程を通して戦術的な動き方を身につけることができた。セストボールは，戦術学習を進めていくのによい教材であったといえる。

●戦術の推移や変容とチームの勝敗との関連については興味深いところであるが，今回の報告では分析しきれていない。今後の課題としたい。

●本実践は一事例にすぎないので，「セストボールが戦術学習に有効かどうか」については，一般化できないであろう。本実践の条件（ルール，コート，ボールなど）でいくつか実践を重ねてどの児童でも同様の学習展開になっていくのかを検討する必要があると思われる。

6 まとめ

このようにゲームを分析すると，いろいろなことが見えてくる。全ゲームをビデオに撮影したり，ていねいに見ながら分析することは時間も手間もかかり大変な作業であるが，研究仲間とチームを組んで行うと楽しいものである。そして，より深い授業研究ができると思う。私たちは，学習計画や指導案の検討には多くの時間をかけるが，その結果や効果についてていねいに分析を行い，フィードバックを図ることも大切である。指導案はあくまでも仮説であり，それをどのようにして子どもが学習し成果を上げたかをみていくことで，仮説が検証され，そして次の授業プランづくりに生きていくものである。とくに体育のボール運動学習は，子どもの学習過程が記録として残りにくい教材である。だからこそ，なるべくデータによって学習をふり返ることが重要である。この実践分析においてたくさんのことが見えてくるものだということがわかった。　（鈴木　聡）

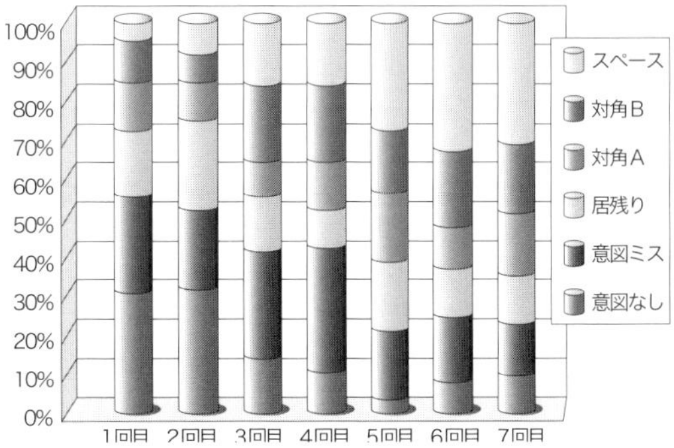

図5　シュートにつながるプレイの変容

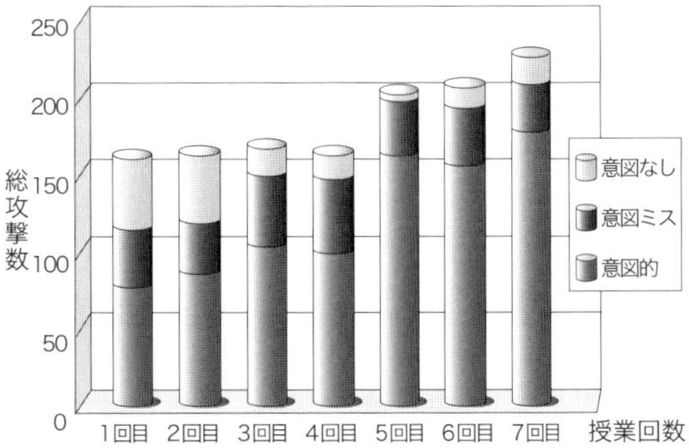

図6　総攻撃数における意図的な攻撃数の推移

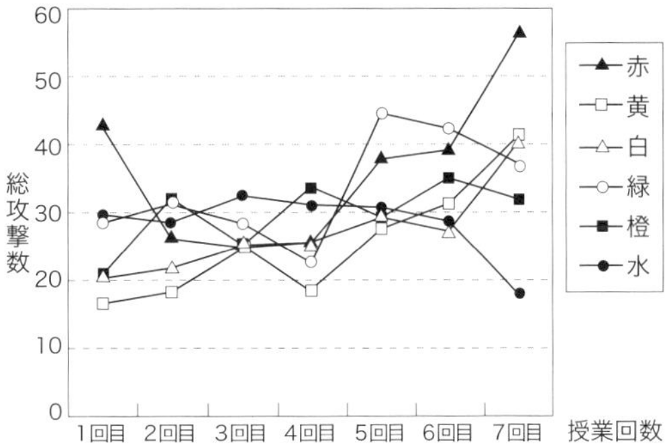

図7　チームごとの攻撃回数の推移

22　ボール運動の授業分析
―プールバスケットボールの実践―

1 はじめに

近年,球技(以下,小学校の「ゲーム」領域および「ボール運動」領域を含む)の学習指導において,「ボールを持たない動き (off the ball movement)」と「ボールを操作する技能 (on the ball skill)」からなるゲームパフォーマンスを向上させることを重視する考え方が,国際的に支持されている。経験的に知られるように,ボールを媒体として行われる競り合いにおいて,プレーヤー1人あたりがボールを直接扱う時間はきわめて少なく,大部分の時間は「ボールを持たないプレー」によって構成される。たとえば,前後半90分のサッカーのゲームの場合,頻繁にボールが回ってくるポジションのプレーヤーであっても,ボールを直接扱う時間の合計はわずか2分程度にしかならないという。つまり,われわれが「ボールゲーム」と呼んでいる多くの種目は,実は「ボールを触らないゲーム」とさえ見なすことができるのである。

したがって,球技の授業において子どもたちに成功裡な学習経験を保障するためには,ボールの扱い方や身体操作に関わる技能もさることながら,ゲーム中のボールを持たない時間帯にどのような戦術的行動をとればよいのかを理解させることが重要となってくる。戦術的行動は,わからなければできないのであり,そのためには「わかる」に向けた課題解決場面を豊富に経験させるようなすぐれた教材を適用する必要がある。

ここで,子どもたちの意識を「ボールを持たない動き」に向けさせるためには,ボール操作のむずかしさを緩和するなど,プレーヤーの自由度を確保する配慮が必要となる。ボールと格闘することに終始するようなゲームでは,相手チームとの競り合いの醍醐味を味わうことはできない。

くわえて,ゲームを振り返り,チームや個人の成果と課題を確認するための仕組みを整えておくことも求められる。「がんばる」とか「次は絶対に勝つ」などの気持ちを高め確認することは大切であるが,より重要なのは,攻め方や守り方の工夫や問題点を振り返り,次のゲームのための具体的行動目標を設定することである。

そこで以下,宮崎県の小学校で実施された「プールで行うボールゲーム」の授業実践(5年生対象,5時間扱い)を取り上げながら,子どもたちの戦術的理解を促進するための手だてについて考えていきたい。

2 教材の概要

本実践では,プールでバスケットボール型のゲームを行い,その模様をプールサイドから鳥瞰的に観察することによってコート上の人員配置を把握し,攻め方や守り方の工夫(とくにオープンスペースの活用)に関する認識を高めていくことがねらいであった。子どもたちの発案により「プールケットボール(「プールで行うバスケットボール」の意)」と名づけられたこのゲームの大要は,表1のようである。

ゲームを行わないチーム(コート2面で6チームが対戦するので,2チームは順番待ちとなる)の児童には,分担してゲーム記録シート(図2)への記入を行わせた。プールの底には,各コースを示すラインが引かれているので,これをめやすにゲーム中のボールの軌跡を記録させ,各チームがゲームを振り返る際の手がかりとして活用させた。

3 学習過程と成果

図3は,あるチームのゲーム記録シートの内容を簡略化して示したものである。

図からうかがえるように，第1時間目のゲームでは，各々のゴール付近に攻守が密集し，これらの集団の間をロングパスが行き来するという状況であった。特定の児童（ほとんどは男子）ばかりがボールを扱い，サイドマンへのパスは少なかった。ゲーム終了後，教師がコート上のプレーヤーの配置について問いかけたところ，多くのチームが，2つのゴールを結んだ線上に集中していたことを反省点にあげていた。

第3時間目になると，サイドマンを活用しての攻撃が多く出現するようになった。たとえば，サイドマンを経由しての壁パスによってボールを前線に運ぶ，サイドマンからの指示に従ってポジションどりを変える等々，意図的・組織的な攻撃の萌芽がみられるようになった。しかし，ゲーム記録シートを見ると，中央からサイドマン側の壁にかけての地域（全体の2/3）にボールやプレーヤーが集中し，サイドマンと反対側のスペースがほとんど使われていないことがわかる。ゲーム終了後，教師はこの問題を指摘し，ゲーム記録シートやサイドマンの意見などを参考にして，攻撃に有効なスペースが他になかったかどうかを考えさせた。

第5時間目のゲームでは，コートの幅を有効に活用した攻撃が展開された。相手チームのディフェンス力も高まってきているので，とくにゴール付近で三角形を形成して突破のチャンスをうかがったり，サイドマンを活用して数的優位の状態を生み出すなど，組織的な攻撃が功を奏した。くわえて，ディフェンスに厳しくマークされた場合，そこから強引にシュートを試みるのではなく，一度中盤までボールを戻し，別の突破口をねら

表1　プールケットボールのルール

①25mプールの半面（15m×12.5m）を1コートとし，両端にバスケットボールのリング状のゴールを設置する（図1）。
②ボールはソフトバレーボールを使用。
③1チーム6名とし，内4名をプールマン，2名をサイドマンとする。
④プールマンは，プール内でパスおよびシュートによってゴールをねらう。なお，ボールを持って移動することは禁止．また，身体接触も禁止。
⑤サイドマンは，あらかじめプールサイドの任意の場所にフープを置き，その円内でパスの授受を行う．なお，サイドマンはシュートすることはできない。
⑥ジャンケンでスローオフの権利を決め，ゲームを開始する。
⑦ゲームは5分ハーフで行い，前後半でサイドマンを交代する。

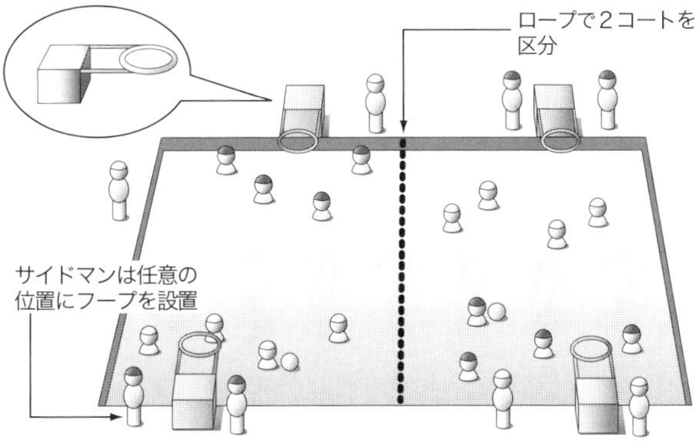

図1　プールケットボールのコート

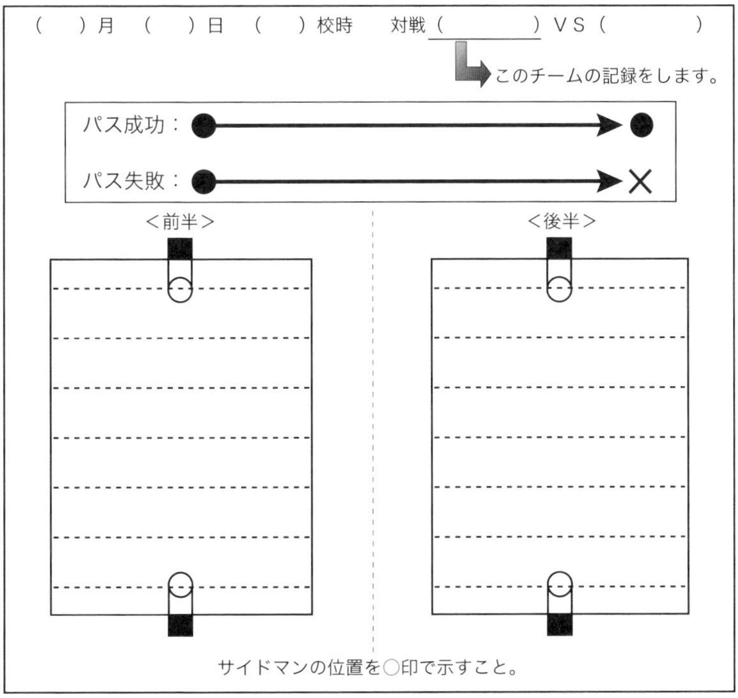

図2　ゲーム記録シート

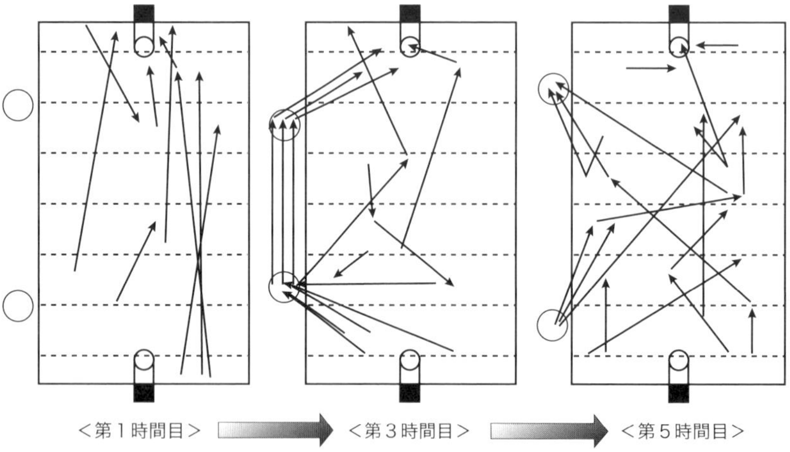

図3　ゲーム様相の変容

ってパスを展開するなど，二次攻撃，三次攻撃へと連続するケースも出てきた。

❹ 授業実践を振り返って

単元終了後の子どもたちの声を紹介しよう。「バスケットのときは，ボールをとれなくって，ただゴールに入れるだけだったけど，プールケットボールは，パスがどんどんまわってくるし，ボールをとりやすいので，なんだかボールをつかったあそびがけっこう上手になったような気がした。」「みんなにパスがまわって，楽しみながら戦術が考えられるということ。バスケよりプールケットボールのほうがみんな楽しめるから，よいと思いました。」これらは，これまでボール運動に苦手意識を持っていた児童らの記述である。

水中での位置移動は，たとえ泳ぎが得意な者であっても陸上のそれよりは時間がかかる。また，プールでパスを行った場合，たとえキャッチミスをしても，ボールは着水点付近にとどまり，後逸することは少ない。これらのことは，プールケットボールのゲーム遂行上，身体操作やボール操作の巧拙があまり問題にならないことを意味する。むしろ，オープンスペースの有効な使い方が「わかる」ことのほうが，ゲームを有利に進めるうえで大きなアドバンテージとなる。このゲームでは，パスは「うまい人」にではなく，得点に結びつく「有効な場所にいる人」に出されるのである。

本実践は，他学級との時間割調整の都合により，5授業時間を確保するのが精一杯であったが，前述したように，そこで上げられた成果はきわめて大きかった。授業を担当した教師は，これまでバスケットボールやサッカーの授業に10授業時間以上を費やし，さまざまなゲームの工夫を凝らしながらも戦術的な学習成果が思うように得られなかったという。その教師にとって，今回のわずか5回の授業のあいだにみられたゲーム様相の変化は驚異的であった。

それは，子どもたちがサイドマンを担当したりゲーム記録をつけたりしながら，プールサイドからコート内のスペースを見渡す経験を重ね，戦術的理解を深めていった結果である。彼らは，自分たちが何に気づき，何に気づいていなかったのか，ゲームの各々の場面での成功や失敗の原因は何だったのか，次のゲームではどこを，どのように改善すればよいのかなどの手がかりをつかみ，具体的行動目標を持ってゲームに臨んでいた。

ゴール型のゲームは，その名称から，「シュートの成否を競い合うゲーム」というイメージが想起されがちである。しかし実際には，シュートに先だって，得点に結びつきやすい有効なスペースを支配することが重要であり，これに向けて意図的・組織的にパスのルートを確保することが不可欠の条件となる。本実践においては，教材の工夫と有効・簡便な観察評価法の適用により，ゲーム中の戦術的な行動のしかたを子どもたちによく理解させることができた。勝敗に一喜一憂するばかりでなく，球技の重要な学習内容である「攻め方や守り方の工夫」が実現された，すぐれた実践例である。　（鈴木　理）

23　小学校中学年における侵入型ゲームの授業実践の検討—ハンドボールのゲーム分析—

「侵入型」ゲームの素材として「ハンドボール」を選択し，ボール運動の学習内容の中核である「戦術行動」の視点から「課題ゲーム」を考案し，小学校4年生を対象にして授業実践を試みた。ここでは，とくに教材としての「課題ゲーム」づくりにおける問題意識を説明するとともに，試みた授業についてその成果を主としてゲーム分析を用いて考察することにする。

対象となる授業は，北原準司先生（長野県長野市立大豆島小学校）によって，2002年11～12月に10時間の単元で実践されたものである。

2 教材づくりの実際
—「単元教材」づくりの2つの視点—

ここでは，ハンドボールを素材とした「あっち？　こっち？　シュート」の教材づくりの意図，およびその実際について説明しておきたい。

[1] 素材選択の視点と授業の前提条件としての「ミニ・ゲーム」

一般に，ボール運動（ゲーム）のおもしろさは，主にそのゲームの状況的な「判断」行為に参加するところに求められる。ここで問題としている「侵入型」ゲーム（その中でも「ゴール型」）では，ゴールにシュートするための有効な空間に侵入し，ボールを保持することが攻撃における主要な戦術的課題となる（守備側はその逆）。このゲームはボールを媒介にした空間の奪い合いといってもよい。したがって，有効な空間をめぐってのパス－シュートの状況判断をやさしく，そして豊富に学習させたい。

そこで取り上げた素材はハンドボールである。ハンドボールは同じ侵入型のゲームであるサッカーやバスケットボールよりもパス－シュートに関わる運動技能の課題性がやさしく，戦術行動の善し悪しを判断・評価しやすい。

ただし，既存のハンドボールは大人が楽しむために，大人によって創られてきたものであって，子どもが学習するには非常に複雑であり，大変むずかしい。通常，このような場合，子どもたちの空間利用の判断を促し，個々の子どもの学習機会を増大させることに向けて，「ゲームの少人数化」（ミニゲーム化）が工夫される。

そのような観点からこの実践では，4対4のミニゲームが計画された。なお，ゴールエリア内に唯一入れるゴールキーパーも攻撃できるルールを加え，攻撃場面において4対3の数的優位（アウトナンバー）の状況が生じるゲームを構想した。

[2] 教具による「誇張」を介した「課題ゲーム」

さらに，「ミニゲーム」化を前提条件として，そこでの戦術的課題を明瞭に提示することを意図した「課題ゲーム」（高橋，1988）づくりを試みた。そして，その「課題ゲーム」そのものを「単元教材」（岩田，2000）として位置づけた。

ここでは，中学年という段階を意識し，侵入型ゲーム群に共通する戦術的課題として，「シュートに有効な空間にボールを持ち込み，シュートチャンスを生み出したり，シュートチャンスを選択する」ことをクローズアップ（＝誇張）する方向を探究した。

つまり，①シュートに結びつく有効な空間を子どもたちにとってわかりやすくすること（有効な空間の明確化），および②シュートに有効な機会や状況を判断して攻めること（子どもにとってのやさしい「判断の選択肢」の設定）を豊富に学習させることを重視したゲーム修正を追究した。

このような発想から生まれてきたのが，「V字型ゴール」の採用である。図1に示したゴールを用いて，図2のようにコートを設定することによ

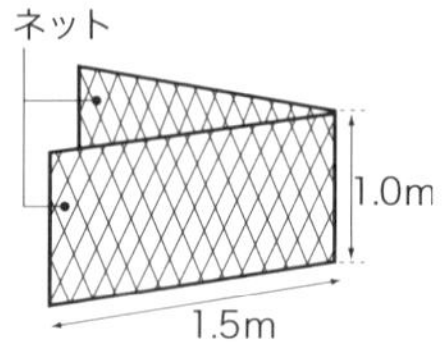

図１「あっち？こっち？シュートのゴール

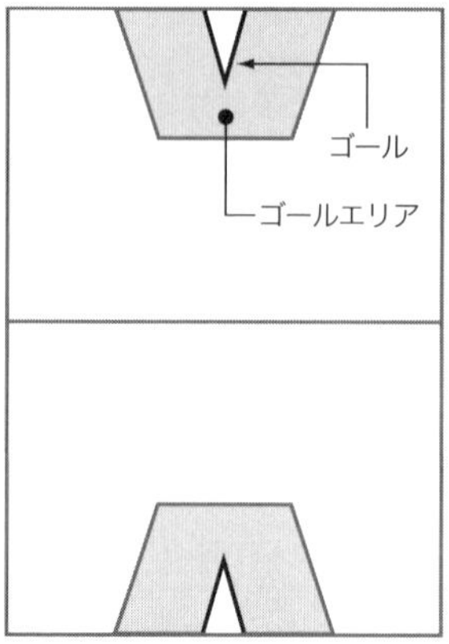

図２「あっち？こっち？シュート」のコート

り，どこにボールを持ち込めばシュートにつながるのか，また，どこにいる味方がシュートチャンスを生み出せるのかをやさしく，そして明瞭に判断しながら攻撃できるであろう。

教材づくりの一側面として，ゲームに用いられるゴールを工夫したり修正したりすることは珍しいことではない。ただしそこでは一般に，子どもたちのシュートの成功感を高める方向で，ゴールの大きさなどを変化させる場合が多い。しかし本実践では，ゴールという「モノ」を「ゲームを成立させる用具」という位置づけを越えて，子どもたちの「戦術的気づき」を意図的に方向づけたり，促進させたりする「教具」，つまりシーデントップの指摘する「指導装置」として工夫し(Siedentop,1983)，子どもたちにとっての戦術的課題を「誇張」するための手段として考案した。

なお，通常，小学校における初期のゲームでは，子どもたちがボール密集してしまう，いわゆる「団子ゲーム」や，ゴールを結んだ中央の狭い空間のみで展開される「直線型ゲーム」の様相が強い。そこでは意図的なパスによる攻撃空間の奪取という学習は非常にむずかしい。また，投能力の高い子どもが支配するようなゲームでは，周囲にいる味方の存在に関係なく，ロングシュートが中心的な攻撃となる場合も多い。正面からのシュートの成功率がきわめて低く，サイドの空間を利用せざるをえない「V字型ゴール」を利用したことにはそこにも理由がある。

２ 実践された授業におけるゲームの分析

単元展開を通して，毎時の授業のはじめに，子どもたちの「戦術的気づき」の質を高めていくための指導が行われた。そこでは，コートやプレイヤーの位置を指し示すモデル図や授業で行われたゲームのVTRを利用しながら，教師の「発問」を中心に進められた。主要には，第２～４時に「パスを回すうえでの戦術的課題」について，第５～６時に「ボールをもらうための動きについての戦術的課題」，そして第７～８時には「シュート場面での戦術的課題」について取り上げてきた。

さて，この授業での主要なねらいは，子どもたちがゲーム場面で，シュートに有効な空間にボールを持ち込むこと，また，シュートに有効な状況を判断して攻撃することであったので，その視点からVTRによるゲーム分析を試みている。

クラスを４つの「親チーム」に分け，各チームの中にそれぞれ実際にゲームでプレイする２つの「子グループ」をつくった。４つの親チームから２チームを抽出し，第２時以降，第10時まで全ゲームをVTR収録し，ゲーム分析の対象とした。ここではとくに以下の３つの視点からのゲーム分析の結果を報告しておく。

［１］攻撃場面において有効空間にボールを持ち込み，シュートできる割合

第１に，対象とした２チームのゲームにおいて，自チームがボールを保持した攻撃場面を抽出し，表１のようなカテゴリーでそれらの場面を区分することによって，それぞれの出現頻度の単元を通した変化を算出している（表２＝データは２チームの総計である)。図３はその頻度をパーセンテージでグラフ化したものである。

表２，図３から明らかなように，有効空間にボールを持ち込んで攻撃することが子どもたちの中心的な課題として意識され，学習された。また，Aパターンの割合が単元のかなり早い段階から50％を越える値を示したのは，この教材による「誇張」の効果の現れであろう。事実，単元の初期から団子型のゲーム様相はほとんど生じなかったし，

表1　ゲームにおける攻撃場面の分類カテゴリー

－シュートをする	Aパターン	ゴール前の有効な空間にボールを持ち込んでチャンスを創り出し，シュートをする。
	Bパターン	明らかにシュートに適当でない空間や状況からシュートをする。 ・ゴール前の有効空間外の空間からシュートをする。 ・無意図的なロングシュートをする。 ・複数のディフェンダーが周囲にいる状況でシュートする。 ・ゴール前にフリーの味方がいると同時に，自分がマークされている状況でシュートする。
シュートができない	Cパターン	ゴール前の有効空間に持ち込もうとしたが，パスのミスやインターセプトなどによって，シュートにつながらない。

表2　各パターンの出現回数と出現頻度　（括弧内は%表示）

	第2時	第3時	第4時	第5時	第6時	第7時	第8時	第9時	第10時
Aパターン	22 (40.0)	25 (36.8)	31 (52.5)	30 (54.5)	28 (54.9)	24 (52.2)	19 (59.4)	28 (62.2)	32 (72.7)
Bパターン	13 (23.6)	14 (20.6)	5 (8.5)	8 (14.5)	4 (7.8)	6 (13.0)	2 (6.2)	2 (4.4)	3 (6.8)
Cパターン	20 (36.4)	29 (42.6)	23 (39.0)	17 (30.9)	19 (37.3)	16 (34.8)	11 (34.4)	15 (33.3)	9 (20.5)

第4時以降，得点の確率の低いロングシュートや成功しにくいロングパスは大いに減少した。

［2］有効空間でパスを受けたときのシュート－パスに関する判断行為の状況

このゲームでは，得点しやすい2つの空間を設定している。その意味は，状況に対応しながらシュートの決まりやすい空間を選び取る「判断」行為を増幅させることにあった。そこで，そのような学習が単元の進行に伴って効果的に生じるかどうかのひとつの指標として，VTRの再生から次のようなデータ収集を行った。それは，攻撃場面でパスによって有効空間にボールを持ち込んだ際，ボールを保持したそのプレイヤーにディフェンスがマークしている場面を抽出し，そのプレイヤーのその後の行動を大きく「シュート」と「パス」に区分して記録した。つまり，選択的な判断行動が学習されていけば，ディフェンスされた状況での成功の確率の低いシュートは減少し，異なるシュートチャンスを生み出すためのパスの割合が増加するであろうということである。この結果（出現回数）は以下の表3のようであった。

授業時間による出現頻度の変化傾向に揺れは多少あるものの，単元の中半以降ではシュートとパスの選択の割合は逆転し，よりよいシュートチャンスを追求する「判断」が拡大していったと考えてよいであろう。

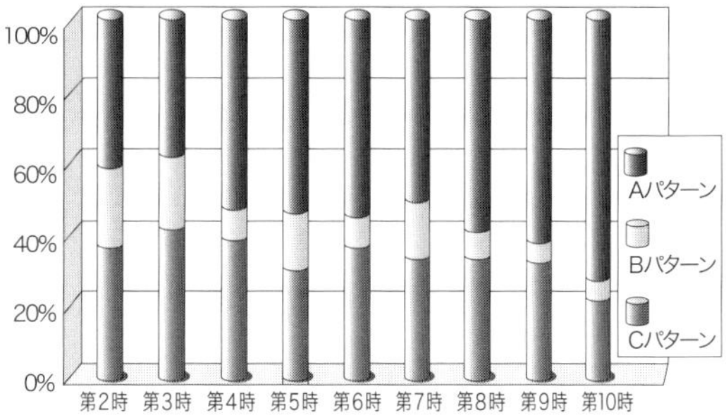

図3　意図的な攻撃の割合の推移

［3］ゲームパフォーマンス評価からみた学習効果

リンダ・グリフィンらが開発したゲームパフォーマンス評価（Griffin,1999）を抽出児（得意群2名［J・K児］・苦手群2名［N・T児］）に適用し，ゲームの中でのパフォーマンスの変化を記録した。GPAIの特徴は子どもたちのゲーム中の行動そのものを，さらにとくに「ボールを持たない動き」（ボールを保持していないときの判断行動）を主要な分析対象としていることである。このGPAIでは，ゲーム中の行動に対する7つの構成要素が示されているが，本実践が「侵入型」ゲームであること，

表 3　有効空間でディフェンスされた状況での行動の変化　（括弧内は％）

	第 2 時	第 3 時	第 4 時	第 5 時	第 6 時	第 7 時	第 8 時	第 9 時	第 10 時
シュート	10 (66. 7)	7 (63. 6)	8 (61. 5)	8 (44. 4)	6 (40. 0)	7 (70. 0)	8 (42. 1)	4 (19. 0)	9 (42. 9)
パ　ス	5 (33. 3)	4 (36. 4)	5 (45. 5)	10 (55. 6)	9 (60. 0)	3 (30. 0)	11 (57. 9)	17 (81. 0)	12 (57. 1)

また，とくに攻撃場面のプレイに着目していることから，「意思決定」「技能発揮」「サポート」を選択して取り上げた。

ここではこれらについてのすべてのデータを提示し，考察する余裕はないので，3 つの要素のうち，単元の展開に伴って 4 名に共通に向上がみられた「サポート」についてその結果を掲げておきたい。

「サポート」における適切な行動は「パスを受けるために空いている空間（数的有利な空間）へ動く。マークされていない状態でパスを要求する。パスをもらうことができるように動く」であり，逆に不適切な行動は「パスを受けるためにディフェンスの多い空間（数的不利な空間）へ動く。マークされている状態でパスを要求する。パスをもらうことができるように動かない」である。

図 4 は，サポートの指標（第 4 時～第 10 時）を示したものである[注1)]。抽出児それぞれの向上のしかたには実際のところ開きはあったものの（得意群の 2 名のほうが適切な行動の出現の度合いが顕著であったが，苦手群の 2 名も単元後半には適切な行動が不適切な行動の 2 倍前後まで向上している），戦術的な側面をクローズアップする教材や教師の意図的な働きかけはかなり有効に作用したものと解釈できる。なぜなら，侵入型ゲームの攻撃場面の中で「サポート」の動きこそ最も頻繁に生じさせたい重要な行動であり，「ボールを持たない動き」の中心であるからである。

本実践の主要な課題意識は，子どもたちの戦術的気づきを増幅させるために，ゴールを教具として工夫することを通して，ゲーム中の「判断」をやさしく，そして豊富に学習させることにあった。本稿では，実際の成果について攻撃場面に焦点を当てて検討を加えた。シュートに有効な空間に持ち込むことの増大，より適切なシュートチャンスを選択する行動や，サポートといった「ボールを持たない動き」の中核的な空間利用の学習の向上などから考えて，「ミニゲーム」化に加え，教具による誇張を介した「課題ゲーム」が子どもたちにとって適切な学習対象として成立していたことが確認されたといえる。　（岩田　靖）

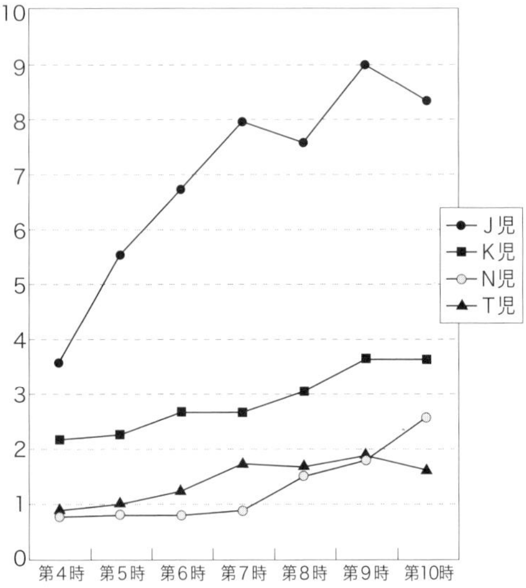

図 4　ゲームパフォーマンス指標（サポート）

■注

注 1）この指標は，「適切なサポートの動きの数÷不適切なサポートの動きの数」によって算出している。

■参考文献

高橋健夫（1988）ボール運動のよい授業－よい授業を生み出すための前提，たのしい体育・スポーツ (26) : 48-53.

岩田靖（2000）ボール運動・球技の教材づくりに関する一考察－「課題ゲーム」論の「戦術中心のアプローチ」からの再検討，体育科教育学研究 17(1) : 9-22.

岩田靖（1994）教材づくりの意義と方法，高橋健夫編，体育の授業を創る，大修館書店，pp.26-34

Siedentop, D. (1983) Developing Teaching Skills in Physical Education, Mayfield, ：高橋健夫ほか訳（1988）体育の教授技術，大修館書店.

Griffin, L. L., Mitchell, S. A., & Oslin, J. L.（1997）Teaching Sport Concepts and Skills. Champaign IL：Human Kinetics, ：高橋健夫･岡出美則監訳（1999）ボール運動の指導プログラム，大修館書店.

24　バスケットボールの教材づくりと授業成果の検討

バスケットボールを素材として試みた小学校6年生での「侵入型」ゲームの実践について紹介したい。ここでのテーマは子どもにとって「やさしく，そして関わりのある体育授業」である。このテーマにそった教材づくりの発想を明示し，シュート場面を視点にした教材の評価を行うとともに，「形成的授業評価」，および「仲間づくりの授業評価」によって本実践の成果の一端を検討してみたい。対象となる授業は，中村恭之先生（長野県長野市立通明小学校）によって，2003年2月に7時間の単元で実践されたものである。

1 教材づくりの構想

［1］多くの実践で抱えるバスケットボールの悩みやむずかしさ

まず，一般に体育授業で行うバスケットボールにおける悩みやむずかしさについて列記してみたい。ひと言でいえば，「なかなかシュートが決まらない」に尽きるが，それは以下のような事柄と結びついている。

● ゴール（リング）が高く，小さい．一般には体育館の固定施設として自由に変更できない。
　また，通常のボールではリングまでボールがなかなか届かなかったり，うまくコントロールできない子どもも多い。

● 攻守が入り乱れたゲームであるため，パスがつながらない。

・パスされたボールの捕球が上手くいかない（ボールに対する恐怖心）。
・すぐにディフェンスされたり，ボールをカットされてしまう（ボールを持ったプレイヤー）。
・だれにパスしてよいのかわからない（ボールを持ったプレイヤー）。
・どこへ動いてよいのかわからない（ボールを持たないプレイヤー）。ゲーム中にほとんどボールに触れない子どももまれではない。
・コートの中盤でのボールの奪い合いが多くなり，ゴール前での攻防に持ち込めず，シュートチャンスが創れない。

● つねに流動しているゲームであるため，チームで作戦を立てても思うようにならない（作戦が実際のゲームに生かせない）。

これらを整理すれば，空間を利用したパスやスペースの生み出し方といった戦術的課題が複雑であること，シュートがむずかしいことである。

このような子どもにとっての難度（運動の課題性の高さ）を緩和するとともに，コートのスペースをめぐる攻防を豊富に学習させる教材づくりが課題となる。

［2］ゲームの修正と「課題ゲーム」づくり

ロッド・ソープらのゲームの修正論（Thorpe, 1986）に学びながら，「発達適合的再現」（representation）と「誇張」（exaggeration）の論理を生かして，子どもたちにふさわしいものとなるような教材としての「課題ゲーム」（岩田，2000）を考案した。

ⓐ子どもの現時点の能力に応じてゲームをやさしくする（「発達適合的再現」の視点）

ここではまず，5対5のバスケットボールのゲームは，先に述べたような戦術的課題を子どもたちが有効に学習するには不適切であるため，ゲームの少人数化を図り，参加する人数としては5対5のゲームでありながらも，センターラインを区切りとしたグリッドコートを用い，フロントコートで3人が攻め，バックコートで他の2人が守る方式をとった。すなわち，つねに3対2のアウトナンバー状態（数的優位）での攻防が繰り返されるようにした。オールコートでつねに移動しながら戦術的課題を解決していくことは，このようなゲームに慣れていない子どもたちには非常に困難であるし，ハードすぎる。その意味で，攻撃と守備のどちらかに焦点を当てて（ゲーム中の役割を分離させて）学習することが有効であろう。さらに，相手チームにシュートを決められた場合，またバックコートで守備側がボールを奪った場合には，すぐさまセンターラインから攻撃を始められる（センターラインまでボールを持って走れる）ルールに修正することによって，ほぼ確実に，そして素早く反対側の3対2による攻防の状態に転換させ，その学習機会を実質的に増大させることを意図した。

このようなゲームの大枠の中で，とくに配慮を加えたのはこのゲームで用いる「ボール」であった。通常使用される硬いボール・跳ねるボールは，シュート・パスなどのボール操作がむずかしい。また，このようなボールでは，その操作の苦手な子どもはその恐さから，攻撃や守備への参加が非常に消極的となる傾向が強い。

そこで本実践で採用したのが，「ソフトバレーボール」用の柔らかいボール（L球）である。これは子どもたちのゲームでのプレイをより積極的なものにするとともに（ボールの捕球に対する恐怖心を最大限に緩和できる），ボールの軽さ，およびシュート時のボードからの跳ね返りの状態を考え，バスケットボール用のボールよりもシュート成功率を高められるものと予想した。

このゲームでは，半コートにおける3対2の状態での攻防に焦点化させることを意図しているので，ドリブルで移動できるルールを削除し，ボールの受け手が空間を意識して動けるようになることを強調するために，ボールを運ぶ手段はパスのみに限定した。またそこでは，パスの正確性やパスの強さを考慮して，原則的にボールを両手で操作することとした。

ⓑ子どもの意図的パス（明瞭な空間の奪取）を促進させる（「誇張」の視点）

攻撃側の中心的課題はシュートに有効な空間にボールを持ち込むことである。そこでは「ボールを持ったプレイヤー」と「ボールを持たないプレイヤー」相互の「予測・判断の一致」が必要となる。ボールを持たないプレイヤーは空いたスペース，シュートしやすいスペースを判断すること，ボールを持ったプレイヤーはパスのできるスペースに入り込んでいる味方を判断することが課題となり，それらが一致したときゲームの新たな展開が生まれてくるのである。ゲームはこれらの行動の連続であるが，このような「2人の世界の一致」が集団的達成の喜びの源泉となる。このような「一致」がシュートに直接結びつき，さらに得点の可能性を高めるとすれば，子どもたちは意識的に，そして意欲的にそのような活動を行うであろう。

そこで，もともと既存のバスケットボールのゲームには存在しないが，「2人の世界」の達成を子どもたちにわかりやすく提供するために，コートの中に特別な「セイフティーエリア」を設けた。それは，フリースローサークルのゴール寄りの半円部分をセイフティーとし，攻撃側がここでパスを受ければ，このエリア内から相手チームのメンバーにディフェンスされないでシュートが打てるというルールにしたことである。おそらく子どもたちはこのセイフティーエリアの奪取・防御をめぐって活発に学習し，課題解決の方策を探究していくであろうと予測した。また，ディフェンスされないで安心してシュートできる場面を挿入すれば，ボールコントロールの苦手な子どももより積極的にセイフティーエリアを奪取し，シュートを試みてくれるであろうと思われる。

このようなルールの追加は，戦術的課題を「誇張」する一つのあり方と考えてよい。ここでは付加的ルールによって子どもたちに明瞭に，そして確実に眼に見えるかたちで特定のエリアの重要性を提示する方法を採用しているので，このような方略を暫定的に「明示的誇張」と命名しておきたいと思う。

さて，子どもたちが得点するための，あるいは失点を防ぐためのひとつの重要な空間として「セイフティーエリア」を提示したわけであり，この空間を大いに利用し，意識して攻防を繰り返してほしいのは当然であるが，バスケットボールのシュートの有効空間は，リングの周囲に180度広がっている。したがって，シュートチャンスの選択や判断が状況に応じて柔軟に遂行されることもまた一方のねらいである。このことから，セイフティーエリア内からのシュートの得点は2点とし，それ以外の空間からのシュートは3点とした。なお，既存の体育館備え付けのリングでシュートを決めるのは小学生にとって非常にむずかしいことであるため，シュートしたボールがリングに当たれば1点を与えるルールを採用した。

ゲームをやさしくすることは，子どもたちにとってゲームをわかりやすいものにすることでもある。言い換えれば，課題解決の見通しを具体的に，そして明瞭に与えることである。ゲームがそのようなものであってこそ，課題解決に向けてのチームの集団的思考を促し，肯定的関係づくりができるようになるとともに，集団的達成の喜びを導き出し得るものと思われる。

2 教師の指導のポイント

対象とした授業クラスは，男子20名，女子17名，計37名である。6〜7人からなる6チームを編成した。

第2時以降，体育館の2つのコートでゲームを行った。4分ハーフ，計8分のゲームを各コート3回繰り返す方法をとった。同時に4チームがゲームに参加することになるので，残りの2チームが各コートの審判・得点係を担当した。

ゲームに費やす時間に24分必要である。当然ながら，毎時の学習課題（めあて）の確認，各チームでの練習・話し合い，まとめの時間も重要であるため，授業のマネジメントの時間を極力押さえるように努力したことはいうまでもない。

毎時，授業の始めの段階で学習課題の確認を行ったが，そこでは「守備」よりも「攻撃」に力点を置いて働きかけた。とくに，シュートに持ち込むためのパスの課題について，教師の「発問」による子どもの「応答」を組織したが，そこでは「3人の攻めのフロアバランス」（攻撃する3人の位置関係），およびボールの受け手がボールを持った味方とディフェンスとの位置に対応した「三角形のポジション取り」[注1)] をしていくことについて認識させていった。

3 ゲーム様相についての分析－シュート場面とシュート成功率の観点から

実際に行われたゲームについては多様な視点から分析が可能であるが，ここでは教材づくりにおいて，この実践の特徴的な部分が反映されているであろうと思われるシュートに関連した事項について若干のデータを示し，考察を加えたい。

表1は，単元展開にしたがったゲームにおけるシュートの様相についてシュート場所を区分した上で（セイフティーエリア内とエリア外），シュー

表1　単元展開にしたがったゲームにおけるシュートの様相

		第3時	第4時	第5時	第6時	第7時
セイフティーエリア内	シュート数	26	39	47	44	55
	シュート率	33.8%	48.8%	49.5%	50.0%	56.7%
	シュート成功数	8	13	17	21	23
	シュート成功率	30.8%	33.3%	36.2%	47.7%	41.8%
セイフティーエリア外	シュート数	51	41	48	44	42
	シュート率	66.2%	51.2%	50.5%	50.0%	43.3%
	シュート成功数	15	15	21	17	19
	シュート成功率	29.4%	36.6%	43.8%	38.6%	45.2%
全　体	シュート数	77	80	95	88	97
	シュート成功数	23	28	38	38	42
	シュート成功率	29.9%	35.0%	40.0%	43.2%	43.3%

ト数，シュート率，シュート成功率の観点からのデータ変化を表したものである注2)。このデータは，毎時，一方のコートで行われた3ゲーム分のトータルを示している。

このデータから，まず驚かされるのは第5～7時の全体的なシュート成功率が40%を越えている事実である。具体的にはここで比較対象を示し得ないが，一般に小学校の体育授業におけるバスケットボールのゲームで，このような数字が現れるのはおそらくきわめて稀であろうかと思われる。地域のミニバスケットボール活動の経験者など一人もいないクラスである。たとえば，第7時は総数42本のシュートが決まっている。前述したように，これは3ゲームのトータルであるので，1ゲーム平均14本のシュート成功であり，チーム平均では8分間のゲームで7本が成功していることになる（1点の場合は成功数に含めていない)。既存の「高くて，小さい」リングを利用していることからすれば，この数字は子どもたちに攻撃における達成感を大いに味わわすことができたのではないかと推測するに十分である。ちなみに，この第7時は筆者以外に実践校内外の6人の教員が授業観察をしていたが，シュート成功の度合いが高いことを異口同音に感想として述べていた。

ここには，攻撃側が有利となる少人数ゲームを構想したこと，コントロールしやすいボールを採用したことが学習成果を生み出す前提として大いに貢献しているであろうことは想像にかたくない。さらに，ゲームの攻撃場面において「セイフティーエリア」をめぐって積極的に学習したことが掲げられるであろう。シュート数，シュート率の変化からみて，子どもたちはセイフティーエリアからのシュートに持ち込む戦術的行動をかなり意図的に試みたといえる。

4 授業評価からみた本実践の成果の検討

以下に示した表2は，本単元2時間目以降に実施した「形成的授業評価」の結果である。データから明らかなように単元の展開にしたがって着実な向上がみられ，単元終末には子どもたちからきわめて高い評価が得られたといってよい。

一般的傾向として，バスケットボールやサッカーなどの侵入型ゲームの授業，またゲームの複雑さやそこで要求される運動技術の課題性が緩和されないまま子どもたちに提供された授業では，とりわけ苦手な子どもたちの授業評価が低くなるた

表2　本実践の「形成的授業評価」　(括弧内は5段階の評価)

次　元		第2時	第3時	第4時	第5時	第6時	第7時
成　果	男子	2.39	2.49	2.70	2.63	2.96	3.00
	女子	2.53	2.56	2.50	2.53	2.71	2.96
	全体	2.45 (4)	2.52 (4)	2.61 (4)	2.58 (4)	2.83 (5)	2.98 (5)
意欲・関心	男子	3.00	2.89	3.00	2.91	2.97	3.00
	女子	2.87	2.78	2.97	2.88	2.94	3.00
	全体	2.94 (4)	2.84 (4)	2.99 (4)	2.90 (4)	2.95 (4)	3.00 (5)
学び方	男子	2.50	2.61	2.69	2.65	2.84	3.00
	女子	2.40	2.59	2.63	2.65	2.76	2.80
	全体	2.46 (3)	2.60 (4)	2.66 (4)	2.65 (4)	2.80 (5)	2.91 (5)
協　力	男子	2.76	2.66	2.83	2.71	2.81	2.94
	女子	2.73	2.78	2.91	2.82	2.79	2.90
	全体	2.75 (4)	2.71 (4)	2.87 (5)	2.76 (4)	2.80 (4)	2.92 (5)
総合評価	男子	2.63	2.64	2.80	2.71	2.90	2.99
	女子	2.61	2.67	2.72	2.70	2.79	2.92
	全体	2.62 (4)	2.65 (4)	2.76 (4)	2.71 (4)	2.85 (5)	2.95 (5)

表 3 本実践の「仲間づくりの授業評価」

次 元		第 2 時	第 3 時	第 4 時	第 5 時	第 6 時	第 7 時
集団的達成	男子	2. 34	2. 53	2. 53	2. 50	2. 94	3. 00
	女子	2. 23	2. 38	2. 44	2. 47	2. 62	2. 83
	全体	2. 29	2. 46	2. 49	2. 48	2. 77	2. 92
集団的思考	男子	2. 34	2. 50	2. 75	2. 50	2. 84	2. 97
	女子	2. 50	2. 53	2. 47	2. 56	2. 76	2. 73
	全体	2. 41	2. 51	2. 62	2. 53	2. 80	2. 86
肯定的関係	男子	2. 47	2. 47	2. 56	2. 79	2. 81	3. 00
	女子	2. 60	2. 72	2. 84	2. 62	2. 50	2. 83
	全体	2. 53	2. 59	2. 69	2. 71	2. 65	2. 92
協力的態度	男子	2. 16	2. 50	2. 53	2. 47	2. 84	3. 00
	女子	2. 23	2. 63	2. 56	2. 50	2. 47	2. 87
	全体	2. 19	2. 56	2. 54	2. 49	2. 65	2. 94
集団学習意欲	男子	2. 95	2. 87	3. 00	2. 91	2. 97	3. 00
	女子	2. 83	2. 69	2. 94	2. 94	2. 88	3. 00
	全体	2. 90	2. 79	2. 97	2. 93	2. 92	3. 00
総合評価	男子	2. 45	2. 57	2. 67	2. 64	2. 88	2. 99
	女子	2. 48	2. 58	2. 65	2. 62	2. 65	2. 85
	全体	2. 46	2. 58	2. 66	2. 63	2. 76	2. 93

め，全体の平均スコアは高得点が得にくいものである。この授業では単元前半から比較的評価が高く，さらに後半に全体の評価が向上したことは，ボール運動に苦手意識を持っている子どもたちも積極的に学習活動に取り組み，学習成果を自ら確認し，練習やゲームの楽しさを十分に味わったことを意味している。

さらに，通常，高得点の得られにくい「成果」次元のスコアが，単元終末において顕著に高い値を示したところに，この教材づくりの有効性が示唆されたといえる。

表 3 は同じように第 2 時以降実施した「仲間づくりの授業評価」である。データから非常に明瞭に，単元の進展に伴って子ども同士のより濃密な関わり合いが生み出され，集団的達成の喜びが得られたものと考えてよい。

その授業で取組んでいるゲームが複雑でむずかしいものであれば（とくに侵入型ゲーム），単元の時数を費やしても集団的関係の向上がほとんどみられなかったり，毎時の評価得点の上昇・下降が繰り返されたりするものであるが，本実践ではきわめて良好な成果が得られたといってよいであろう。

（岩田 靖）

■注

注 1）ボールを持った味方とディフェンスを結んだ直線を一辺とし，それと自分の位置取りによって三角形ができるような場所に動くこと。

注 2）「シュート率」は，セイフティーエリアの内外から打たれたシュートの総数に対するエリア内・エリア外のシュート数の割合である。

■参考文献

Thorpe, R., Bunker, D. & Almond, L.（1986）A Change in Focus for the Teaching Games. In：Pieron. M., & Graham, G. (Eds.) Sport Pedagogy : The Olympic Congress Proceedings, Vol. 6. Champaign, IL : Human Kinetics, pp.163-169.

岩田靖（2000）ボール運動・球技の教材づくりに関する一考察 ―「課題ゲーム」論の「戦術中心のアプローチ」からの再検討．体育科教育学研究 17(1) : 9-22.

25　チャレンジ運動による仲間づくり

1 授業研究の目的と方法

[1] 目　的

平成14年4月から完全実施となった学習指導要領において，豊かな人間性や社会性の育成を重視していくことが明示された。体育科でも，その目標の冒頭に「心と体を一体としてとらえ」（文部省，1998）というように「心」ということばが示され，人間性や社会性の育成に貢献しようという姿勢がみられた。さらに，従来の体操領域が体つくり運動と名称を変えるとともに，体力を高める運動と体ほぐしの運動の2領域で構成された。その中で，とくに体ほぐしの運動で取り上げる運動・活動によって，仲間との交流を深めていくことがねらいのひとつになっている。

仲間との交流，つまり仲間づくりという点で成果をあげているのが，ミドゥラとグローバーが15年以上にわたる実践の成果のうえで提案している Physical challenges Program（以下，チャレンジ運動と略す）は注目に値する（ミドゥラ・グローバー，2000）。

本実践は，チャレンジ運動の仲間づくりへの有効性を検証することである。

[2] 方　法

①授業実践による検証

チャレンジ運動の仲間づくりへの有効性を，学級替えがあったばかりのクラス（授業I，図1），および臨時採用の女教師が担任であり仲間との人

<table>
<tr><th></th><th>1</th><th>2</th><th>3</th><th>4</th><th>5</th><th>6</th><th>7</th></tr>
<tr><td></td><td rowspan="7">オリエンテーション
（教室）
・チャレンジ運動の説明
・授業の進め方
・グループづくり</td><td colspan="6">整列・挨拶</td></tr>
<tr><td>5</td><td colspan="6">場づくり・試しのチャレンジ</td></tr>
<tr><td>10</td><td colspan="6">役割・チャレンジ運動の理解，確認</td></tr>
<tr><td>15</td><td>チャレンジ1「川わたり」</td><td>チャレンジ2「どこでもフープ」</td><td>チャレンジ3「空飛ぶユーホー」</td><td>チャレンジ4「ターザンわたり」</td><td>チャレンジ5「ステージ・アップ」</td><td>チャレンジ6「ファイナル・チャレンジ」</td></tr>
<tr><td>25</td><td colspan="6">課題を高めて再チャレンジ（複数課題の場合あり）</td></tr>
<tr><td>30</td><td colspan="6">場の片づけ・集会
発表会</td></tr>
<tr><td>35</td><td colspan="6">学習のまとめ</td></tr>
</table>

図1　授業Iの単元計画―東京都T小学校，4年3組・39名（男子19名，女子20名）

<table>
<tr><th></th><th>1</th><th>2</th><th>3</th><th>4</th><th>5</th><th>6</th><th>7</th></tr>
<tr><td colspan="8">整列・挨拶・健康観察</td></tr>
<tr><td>10</td><td colspan="7">集合・主運動の説明（模範・話し合い）</td></tr>
<tr><td>20
30</td><td>チャレンジ1「ジャンピング・マシーン」</td><td>チャレンジ2「空飛ぶジュータン」</td><td>チャレンジ3「ロックで渡ろう」</td><td>チャレンジ4「かべ登り」</td><td>チャレンジ5 ゴーイングメリー号」</td><td>チャレンジ6 バランス・ウォーク」</td><td>チャレンジ7「ミックス・チャレンジ」</td></tr>
<tr><td></td><td colspan="7">意見交換をする</td></tr>
<tr><td>40</td><td colspan="7">再度，挑戦する
発表会</td></tr>
<tr><td></td><td colspan="7"></td></tr>
</table>

図2　授業IIの単元計画―茨城県S小学校，4年2組・30名（男子16名，女子20名）

間関係のつまずきから休みがちの女児のいるクラス（授業Ⅱ，図2）で，授業実践を通して検証することにした。

②検証の方法

チャレンジ運動の仲間づくりへの効果をみるために，集団達成・集団思考・集団的相互評価・集団的人間関係・集団的活動の意欲の次元で評価する「児童の集団的・協力的活動を評価する形成的評価」（小松崎ほか，2001：以下，集団的活動評価）を活用した。

2 結果と考察

［1］授業Ⅰ

表1にみるように，2時間目は，初めてのチャレンジ運動での活動ということもあって項目によって多少結果にばらつきがあるものの，全体としては子どもに高く評価されている。3時間目以降は，全体として2.90を下回ることなく推移し，子どもたちに授業Ⅰのチャレンジ運動がきわめて高く支持されていたと考えられる。

この授業では，活動の場の準備・片づけも授業時間のなかで行うよう計画されていた。若干評価が下がった6時間目「ステージ・アップ（壁登り）」は，子どもたちの身長よりも高い壁を全員で登る活動であった。子どもにとって活動意欲をそそられる課題であったが，場づくりに時間がとられて運動の時間が少なかったことが評価を下げた原因であると思われる（期間記録―マネジメント場面・32.8%，運動学習場面・18.0%）。それでも全体として2.90であり，また「達成」次元が3.00であった。準備を手際よく行って運動に取り組む時間が確保されれば，他の次元の評価もさらに高くなるものと思われる。

［2］授業Ⅱ

表2にみるように，1時間目から2.88ときわめて高い評価であり，その後も1時間目よりも評価が下回ることなく推移した。授業Ⅰと同様に子どもたちにつねに高く評価された授業であったということがいえよう。

最も高く評価されたのは4時間目の「壁登り」

表1　T小学校・4年3組の「集団的活動評価」の結果

	2時間目	3時間目	4時間目	5時間目	6時間目	7時間目
全体	2.81	2.96	2.94	2.90	2.90	2.96
達成	2.73	2.99	3.00	3.00	3.00	3.00
思考	2.81	2.93	2.92	2.86	2.86	2.92
相互作用	2.84	2.96	2.91	2.83	2.83	2.95
人間関係	2.70	2.93	2.92	2.87	2.87	2.95
意欲	2.95	2.99	2.97	2.96	2.96	3.00

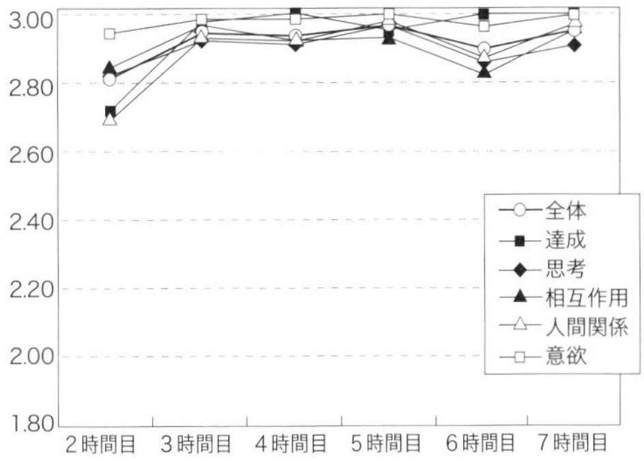

図3　T小学校・4年3組の『集団的活動評価』の結果

表2　S小学校・4年2組の「集団的活動評価」の結果

	2時間目	3時間目	4時間目	5時間目	6時間目	7時間目
全体	2.88	2.95	2.94	2.96	2.89	2.92
達成	3.00	2.98	2.97	3.00	2.96	3.00
思考	2.88	2.95	2.92	2.89	2.84	2.81
相互作用	2.77	2.93	2.93	2.94	2.88	2.97
人間関係	2.80	2.92	2.92	2.98	2.77	2.81
意欲	2.95	2.97	2.98	2.96	2.98	3.00

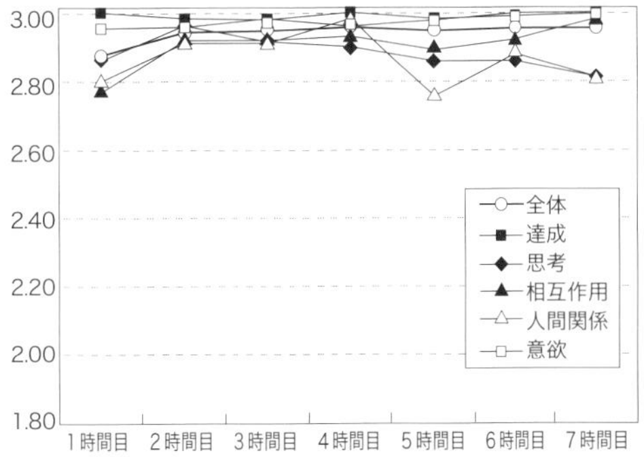

図4　S小学校・4年2組の『集団的活動評価』の結果

表 3　集団的活動評価の各次元の比較（S 小学校）

	平均	達成	思考	相互作用	人間関係	意欲
かべ登り	2.96	3.00	2.88	2.89	2.98	2.96
川わたり	2.89	2.96	2.84	2.84	2.77	2.98

表 4　抽出児の評価

	1 時間目	2 時間目	3 時間目	4 時間目	5 時間目	6 時間目	7 時間目
T－校A男	－	2.40	欠席	2.70	2.70	2.60	3.00
S－校B子	2.80	3.00	3.00	3.00	欠席	欠席	3.00

であった。授業Ⅰで評価が低かった「壁登り」だが，運動学習時間が十分に保証されたこともあって子どもたちに高く評価されると思われる。

しかし，5 時間目の「川わたり」については多少気がかりなことがある。それは，「川わたり」の評価が単元 7 時間の中では 1 時間目に次いで低いものの，単元終了後の子どものアンケートでは「よかったチャレンジ課題」のトップにきていたことである。

「壁登り」と比較して「川わたり」の平均が低い第 1 の原因は「人間関係」の次元であり，「相互作用」の次元がそれにつづいている。一方，唯一「川わたり」の平均が「壁登り」の平均よりも高いのは「意欲」の次元である。つまり，「川わたり」は「壁登り」と比較して，チャレンジ運動の主なねらいである仲間との関わりに関した次元での評価が低く，個人的な意味合いの強い運動への意欲の次元で評価が高かった（表 3）。

評価が高かったり，子どもに人気があるという理由からそのままチャレンジ運動としてふさわしい運動であると即断せずに，各次元を検討したうえで判断すべきだと考えられる。

［3］抽出児の分析

チャレンジ運動の仲間づくりへの効果をより具体的にみるために，とくに仲間とうまく関われないと判断した児童として，授業ⅠでA男，授業ⅡでB子を選定した（表 4）。

A男の 2 時間目の 2.40 だが，相互作用と人間関係が 2.00 で全体の評価を下げていた。とくに相互作用（補助・助言，賞賛・激励）は 5・6 時間目では 1.50 で，各次元の中でつねに最低の評価であった。逆に，意欲の次元はつねに 3.00 であった。A男は，チャレンジ運動に対する意欲は高いものの，仲間に協力したという意識は乏しかったようである。最後の授業で 3.00 になったが，多様な場と課題が用意され，必然的に仲間とのかかわりの機会が増加したためと思われる。

B子の集団的活動評価は，1 時間目の相互作用 2.00 以外の全次元の項目で 3.00 であった。1 時間目の「ジャンピング・マシーン」の課題を達成した場面で，仲間と手を取り合って喜んでいた。2 時間目の「空飛ぶじゅうたん（ザ・ロック）」の授業で，最初は仲間に背中を向けていたが，課題達成のために中心を向いて仲間と手をつなぎ合っていた。B子のチャレンジ運動に対する肯定的なイメージは 1・2 時間目にできたと思われる。

チャレンジ運動は，学級替えがあったばかりの学級あるいは仲間との関わりに問題がある子どもが所属する学級を対象に実践されたが，実践時期や子どものレディネスなどに違いがあるにもかかわらず，2 学級ともに子どもにきわめて高く評価された授業であった。　　　　（松本格之祐）

■参考文献

小松崎敏ほか（2000）体育授業における児童の集団的・協力的活動を評価する形成的評価票の作成．スポーツ教育学研究 22(2)：57-68.

文部省（1998）小学校学習指導要領　体育科編．大蔵省印刷局．

ミドゥラ，D.W. ほか：高橋健夫監訳（2000）チャレンジ運動による仲間づくり．大修館書店．

26　人間関係を豊かにする「チャレンジ運動」の実践

1 はじめに

周知のように，1998年告示の新学習指導要領では，子どもたちが運動の心地よさを味わい，心身を解放し，仲間と豊かに関わることを企図して，「体ほぐしの運動」が導入された。これの導入の背景には，子どもの遊戯経験や仲間との交流経験の減少，ストレスの増大などがあげられる。このような子どもを取り巻く状況に対して，今，「心と体」を一体的にとらえた体育授業がもつ人間形成機能に大きな期待が寄せられている。

ところで，戦後の学校体育は一貫して，社会的態度の育成を教科の主要な目標としてきたが，社会的態度の育成に関わる学習内容や指導方法については不明瞭な点が多かった。と同時に，社会的態度の育成を企図した授業論の研究蓄積も少ない（友添，1993）。このようななか，最近では，豊かな人間関係を育む教材として「チャレンジ運動」が提案され，仲間づくりをめざした実践がみられるようになってきた（ミドゥラほか，2000）。

現在のところ「チャレンジ運動」を教材とした実践は，肯定的な人間関係を確立するために，①ニックネームで呼び合う，②自分のチームや他のチームのメンバーに対してほめ言葉をおくる，③課題を達成したら「達成ポーズ」をとる，などのルールをあらかじめ決めている。これらのルールは，社会心理学領域で明らかなように，人間関係のルールにほかならない。人間関係を改善したり，豊かにするためには，人間関係について理解を深めること，人間関係のルールを習得しそれに従うこと，相互作用のスキルを身につけることが必要とされる。そしてそれらのソーシャル・スキルの学習方法として，講義，討論，実験的な練習，録音テープやビデオテープによるフィードバック，役割演技，モデリングなどが提唱されている（アーガイル，1992）。

上記の視点に立てば，現在，学校体育で行われているチャレンジ運動の実践は，人間関係のルールをあらかじめ定め，それを体験的に学習する方法といえよう。チャレンジ運動で習得した人間関係のルールやソーシャル・スキルが子どもたちにとって生きる力となるためには，肯定的な人間関係のルールやスキルだけではなく，多様な人間関係のルールやスキルを学習させたり，さまざまな学習方法を開発することが必要であろう。というのも，日常生活では，チャレンジ運動で意図した肯定的で受容的な場面ばかりではなく，友だちの否定的な態度に遭遇したり，友人関係をめぐるトラブルに直面することも想定されるからである。したがって，日常生活のあらゆる場面を想定すれば，ネガティブな感情の処理や問題解決に関わるスキルなどを学習することも有効であると考えられる。

ここではこのような問題意識に立って，人間関係のルールをあえて設定せず，人間関係に関わるルールや人間関係スキルそのものを発見的に学習させる授業を試みた。具体的には，チャレンジ運動の課題に対する話し合い場面をテープに録音し，それを子どもたちに毎時間聞かせ（フィードバック），自分たちの人間関係スキルについて反省・改善させながら，豊かな人間関係を築くためのルールやソーシャル・スキルを発見させる学習方法を試行的に実践した。

2 実践授業の概要

[1] 対象学級

小学校4年生　男子12名　女子11名　計23名

対象学級は，子ども同士の関わりが少なく，友だちとうまく関われないことに起因するもめごとが頻繁に起こった。1学期間，子ども同士の関係改善のため，学活の授業を通して，①上手な話の聞き方（話を聞くスキル），②仲間の誘い方と入り方（勧誘のスキル），③共感のしかた（共感のスキル）など人間関係の基本的なルールや人間関係スキルを学習させた。2学期になり，1学期に学習したことをより深めるため，体育授業でチャレンジ運動（計7時間）に取り組んだ。

［2］学習過程

<めあて>

①友だちと助け合いながら，グループの課題を解決する。

②友だちとの触れ合いを通して，自分や友だちに対する理解を深める。

③グループでの課題解決を通して，話し方のルールやスキル，問題解決のルールやスキルがわかり，人間関係を豊かにできる。

<table>
<tr><td>時　間</td><td colspan="3">運動学習に関する学習内容</td><td>社会学習に関する学習内容</td></tr>
<tr><td>1
時間目
（教室）</td><td colspan="4">①オリエンテーション
・学習計画表，チャレンジ運動の説明カードを使って，学習計画，学習方法を知る。
②アンケートを通して，授業前の身体観・友だち観を知る。
　単元開始のこの時間に，表2に示した調査表を使って，「心とからだのアンケート」を実施した。なお，アンケート結果は，本時に子どもたちにフィードバックした。子どもたちは，自分の考えと違う意見があることに気づき，とくに表2の5の設問，「自分の体を動かすことが好きですか」という問いに，「きらい」と答えた者（2名）がいることに驚いていた。
③「協力・チームワーク」について理解する。
　「チャレンジ運動を成功させるためのコツは何ですか」という問いかけに，子どもたちは，「協力・チームワークが大切」と答えた。そこで，チャレンジ運動を行う前に「協力・チームワークとは何か」について考えさせ発表させた。
　単元終了時に，このときの「協力・チームワーク」についての理解と，単元終了時の「協力・チームワーク」についての理解とを比較考察させた。

単元開始時の「協力・チームワークについての理解」（子どもの授業での発言を集約）
・友だちを助けること。
・みんなが力をあわせること。
・みんなでがんばってできること。
・困っている子がいたら助けてあげること。
・みんなが何かしているときに手伝ったり，応援したりしてあげること。</td></tr>
<tr><td rowspan="2">2
時間目</td><td rowspan="2">教材 体ほぐしの運動
みんなでケンケンなど</td><td>からだの触れ合いに対する意識の変化</td><td>運動に関する課題解決の方法</td><td>話し方のルールやスキル
問題解決のためのルールやスキル</td></tr>
<tr><td>・当初，異性と肩を組んだり，足を持ったりするのを嫌がっていたが，課題解決のためには必要なことなので，徐々に慣れていった。
　ただし，一部の子どもたちには，体の触れ合いに対する抵抗感が残った。</td><td>○課題解決のための具体的な方法
・「1・2，1・2」の掛け声が大切
・みんな同じ速さで進むことが大切
・友だちの足をしっかり持つ。でも痛くないようにしてあげよう。
・体を小さくしよう。</td><td>・話し合い場面をテープに録音する。
・自分たちの声の録音に慣れておらず，最初はとまどっていたが，時間の経過とともに意識せずしゃべれるようになった。</td></tr>
<tr><td>3・4
時間目</td><td>教材
飛び石渡り</td><td>・「いたい」「あつい」「汗でぬれている」など，友だちとの体の触れ合いに対する率直な意見が聞かれる。
・直接的な体の触れ合いがなくても課題解決できるため，活発な活動がみられた。</td><td>○課題解決のための具体的な方法
・フラフープの端によって，友だちが通りやすいようにしよう。
・交互にいくと成功するよ。</td><td>○前時の録音テープを聞く
・しゃべっている人といない人がいる。
・しゃべっている回数が違う。
・友だちが嫌がることをいっている人がいる。
・ふざけている人がいる。
・チームワークがまだまだできていない。
○課題確認
　班のみんなが意見を言おう！
　きつい言葉づかいはやめよう！</td></tr>
</table>

<table>
<tr>
<td>5・6
時間目</td>
<td>教材ザ・ロック</td>
<td>○1班の変化
・自然に肩を組んだり，手をつないだりできるようになった。
○2班の変化
・4時間目に男女間の対立がみられたが，この対立が仲間意識を高め，他の班よりも抵抗感なく，肩を組んだり，おんぶしたりしていた。
○3班の変化
・女子の中に，友だちとの触れ合いに対する抵抗感が残った。
○4班の変化
・体の触れ合いに対する抵抗感が少なく，すぐに肩を組んだり，体でささえあったりしていた。</td>
<td>○課題解決のための具体的な方法
・C君を中心にしてまわりを囲もう。
・友だちをおんぶしてあげよう。
・H君にささえてもらおう。
・みんなで体をささえ合おう。
・他の班の方法を参考にしよう。
・肩を組むと成功しやすい。</td>
<td>○1班の変化
・発言できない子に「C君はどう思う」と問いかけ，班全員の発言回数が増えた。
○2班の変化
・4時間目に男女間の激しい対立がみられ，話し合いを行い，「怒った声で言わない」「相手にわかりやすくいう」という話し方のルールが確認された。
「けんかしたから，みんなと話ができた」という感想からわかるように，子どもたちは，対立を通して仲間意識がより高まったことを発見した。
○3班の変化
当初，特定の人だけが話をすることが多かったが，司会者が全員の意見を聞き出し，みんなを話し合いに参加させていた。
女子は控えめな子が多く，進んで意見をいうことが少なかったが，他の班の方法を参考にする，みんなで活動をするなどの教師からのアドバイスにより徐々に活発な話し合いができるようになった。
○4班の変化
当初，否定的な発言が多く，「ふざけないで」と注意をする言葉が多く見られた。
否定的な発言を避ける方法として，「ルールを守る」「順番を守る」「ふざけない」というルールが決められた。
他の班の成功に刺激され，ふざけずにがんばろうという雰囲気ができ，何度失敗しても「もう1回」と前向きに取り組むようになった。
日ごろ関わらない子同士の班だったが，自然に話をしたり，体を寄せ合ったりしていた。とくに，女子は，体育以外のときにも話をするようになり，互いにそのことを喜んでいた
○話し方のルール，問題解決のルール
・きつい言葉を言わない。
・「いい考え」など言われてうれしい言葉を言う。
・絶対にふざけない。
・相手に分かりやすく言う。
・発言回数の少ない子には，意見を聞く。
・とことん話し合う。</td>
</tr>
<tr>
<td>7
時間目
（教室）</td>
<td colspan="4">①授業前後のアンケート結果を比べ，身体観・友だち観の変化を知る。
自分や友だちの体に対する意識が否定的なイメージから肯定的なイメージに変化していることを理解する。子どもたちは，チャレンジ運動を通して，自分たちの考えが変化したことに驚いていた。
②「協力・チームワーク」について，理解の深まりを知る。

単元終了時の「協力・チームワークについての理解」（子どもの筆記による代表的回答を集約）
・一緒にささえ合うことが大事。
・人の話を無視せずちゃんと聞く。友たちといっぱい話をする。
・きちんと話し合って相手のことをわかりあうことがチームワークだと思う（話し合うと成功する）。
・気分を害することを言われてもがまんすることが大切。
・怒ったように言わず，優しく言ってあげると，友だちもいい気持ちでいられる。
・1人でもふざけると成功しない。みんなが「やるぞ！」という気持ちがあれば絶対に成功する。
・みんなの気持ちをわかり合うこと。

単元終了時の「協力・チームワークについて」の理解は，単元開始時の皮相的な理解よりも深まりがみられた。「人の話を無視しないで聞く」「気分を害することを言われても我慢する」「十分に話し合って相手の気持ちを理解する」「怒ったように言わず優しく言ってあげる」「ふざけない」など，具体的な行動として，どのようにすれば協力できるのかということが，子ども自身に考えられるようになっていることを，前記した単元開始時の「協力・チームワーク」についての理解を子どもたちに示して確認した。さらに，これらのことがらが協力という人間関係を成立させるためのルールであり，それを実際に行動に移すことが大切であることを学習させた。</td>
</tr>
</table>

［3］指導方法

①グループ編成と学習課題

グループ編成は，学級みんなの友だち観を変えることや子ども同士の関わりが少ないという学級の雰囲気を変えることを目的として，日頃親密でない子ども同士やけんかをし合う子ども同士をあえて同じグループ（男女混合5～6人）に混在するように編成した。

また，学習課題は友だちと協力しないと課題達成できないものに限定した。「チャレンジ運動を成功させるためのコツ：協力・チームワークを考えよう！」というテーマのもと，毎時間，自分たちの行動や言動の振り返りが，学習カードの記入を通して行われた。学習カードには，「自分について・友だちについて・協力について」という項目が設けられ，それぞれフリーアンサーの形式で自由な記述がなされた。

②会話の録音テープのフィードバック

課題に対する話し合いの場面では，子どもたちの会話をテープに録音し，次時の学習時に，子どもたちにそれを聞かせ（フィードバック），話し方，発言内容，グループの雰囲気などについて分析させ，子どもたちの人間関係スキルの改善に役立たせた。

③ 教師の手立て

(1) 友だち同士が対立した班への取り組み

学習の途中で，友だち同士が激しく対立する班が生じたが，お互いの気持ちを理解するために，十分に話し合うことを促した。この班は，「対立→話し合い」を経て，互いを認め合うことの大切さに気づき，仲間との一体感も生まれ，どの班よりも学習課題を成功させることができた。この班の成功体験を教材として，学級全員に紹介した。

話し合いを通して，「怒った声で言わない。相手にわかりやすく言う。よい意見は認めてあげる。間違っても責めない」というルールがつくられ，結果的にどの班よりもうまく課題達成できたことを理解させた。さらには，意見の対立は，失敗ではなく成功へのチャンスであることにも気づかせた。

(2) 話し合いの苦手な班への取り組み

話し合いが苦手な班へは，班の中でも活発に意見を言う子どもに，たとえば「A君はどう思う」などのように，話をしない子どもに意見を求めるよう教師が促したり，意見を出しやすくするために，他の班の活動を参考にさせるなどの積極的なアドバイスを行った。

3 授業分析

［1］会話内容の分析

課題に対する話し合い場面では，子どもたちの会話を，約15～20分間テープに録音した。録音開始から3分後10分間を対象に，子どもたちの会話内容を肯定的・否定的の2つの観点から分析した。

表1　会話内容の観点表

観点	具体的な発言例
肯定的な発言	「いい考え。」 「やってみよう。」 「H君が真ん中にいて，みんながまわりを囲みぎゅっと抱き合おう。」 「しっかり手を握ってあげるから落ちないようにね。」
否定的な発言	「絶対無理！できないよ。」 「男子と手をつなぐのなんていや。」 「そんなことしたってできないよ。」 「Sがうちのグループにいる限り，絶対できない。」

［2］子どもの意識調査

チャレンジ運動の実践を通して，子どもたちの身体観や友だち観がどのように変化したのかを確認するため，心と体に関する簡単なアンケートを行った（表2）。

4 分析結果

［1］会話内容の分析結果

図1は，メンバーの会話内容を肯定的発言・否定的発言で分析し，グループごとにそれぞれの回数の平均値をグラフ化したものである。第3・4時は飛び石渡り，第5・6時はザ・ロックを行った。どのグループも録音テープを聞いた第4・5時から肯定的発言が2倍近く増加し，否定的発言は半

減した。このことから，録音テープの再生という会話情報のフィードバックが，子どもたちの人間関係スキルの改善に有効に働き，子どもたちが人間関係を豊かにするための会話のスキルを身につけたことがわかる。

［2］子どもの意識の変化

子どもたちのアンケートの結果から，チャレンジ運動の授業を通して，子どもたちの身体観が変化し，自分や友だちの体に対し肯定的な感情を持つ者が増えたことがわかる（質問 1，2，3，4）。ただし，授業を通して，友だちとの体の触れ合いに対する抵抗感を解消することはむずかしく，チャレンジ運動での触れ合い経験にもかかわらず，友だちと触れ合ったことがないと回答した者が残った（質問 6，7）。友だちとの触れ合いに対する抵抗感は残ったが，新しい友だち関係ができる，友だちのよいところを発見できる，学級の中に仲間意識がめばえるなどの変化がみられた。

5 まとめ

チャレンジ運動の授業を通して，子どもたちは，「怒った声で言わない」「自分の考えをわかりやすく言う」「話をきちんと聞く」「笑顔で接する」「相

表 2　子どもの意識調査表

心と体のアンケート

年　組　　名前

みんなの今の気持ちにあてはまるものに〇をつけてください。
（このアンケートは，成績といっさい関係ありません。）

1. あなたの体は，　（かたい・やわらかい・ごつごつしている・つるつるしている）。（複数回答可）
2. 友だちの体は，　（かたい・やわらかい・ごつごつしている・つるつるしている）。（複数回答可）
3. あなたは自分の体が　（好き・きらい）。
4. あなたは自分の体を大切にしたいですか。　（はい・いいえ）
5. 自分の体を動かすことが好きですか。　（好き・きらい）
6. 友だちの体を動かすことが好きですか。　（好き・きらい）
7. あなたは友だちと体をくっつけたことがありますか。　（はい・いいえ）
8. あなたは人と話しをすることが好きですか。　（好き・きらい）

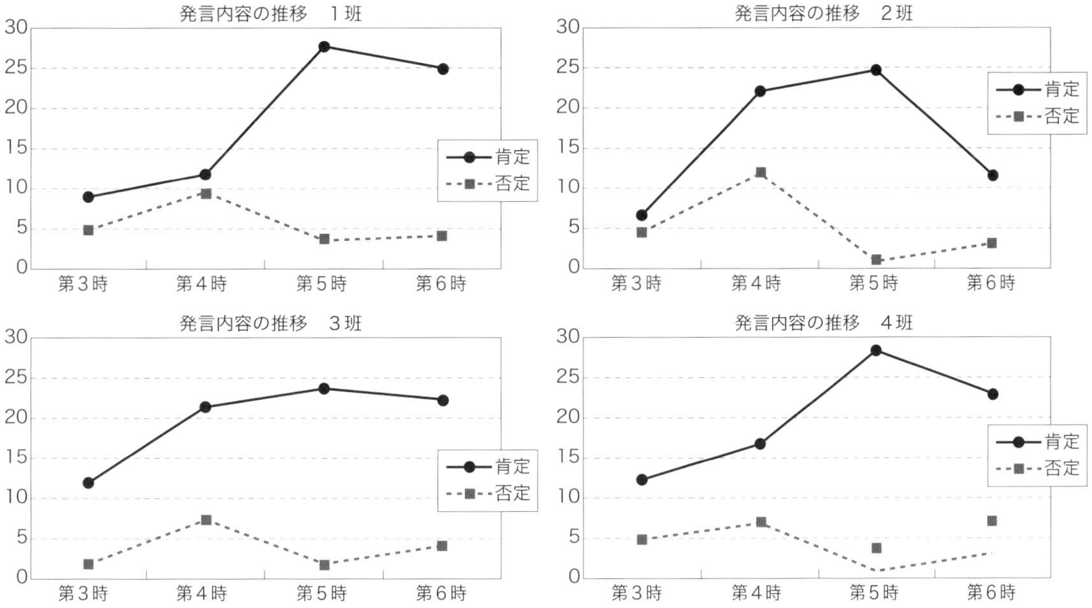

図 1　会話内容の分析結果

＊2 班と 4 班の第 6 時に肯定的発言が減ったのは，活発な話し合いが行われた第 5 時にザ・ロックをほぼ完成させており，第 6 時には，主に前時の方法の確認が行われたからである。

表3　心と体のアンケート結果　（単位：人）

質　問		回　答	授業前	授業後	増　減
1	あなたの体は（複数回答可）	かたい	10	6	－4
		やわらかい	10	17	7
		ごつごつしている	1	0	－1
		つるつるしている	2	0	－2
2	友だちの体は（複数回答可）	かたい	5	5	0
		やわらかい	14	18	4
		ごつごつしている	1	1	0
		つるつるしている	3	4	1
3	あなたは自分の体が	好き	18	22	4
		きらい	5	1	－4
4	あなたは自分の体を大切にしたいですか	はい	21	22	1
		いいえ	2	1	－1
5	自分の体を動かすことが好きですか。	好き	21	22	1
		きらい	2	1	－1
6	友だちの体を動かすことが好きですか。	好き	17	17	0
		きらい	6	6	0
7	あなたは友だちと体をくっつけたことがありますか。	はい	19	19	0
		いいえ	4	4	0
8	あなたは人と話をすることが好きですか。	好き	21	22	1
		きらい	2	1	－1

手の意見にうなずく」などの人間関係のルールを発見し，人間関係を豊かにするためのスキルについて理解を深めることができたように思われる。また，自分や友だちの体に対するイメージを肯定的なものに変え，ふだんあまり話しをしない友だちのよさを理解し，新しい友だちと関わろうとする雰囲気が生まれるようになった。

しかし，反省すべき諸点も残された。当初の私たちの小学生に対するイメージは，友だち同士がじゃれ合い，体と体のぶつかり合いが頻繁に生じているという予測だったが，触れ合い経験のない子どもが多いことに驚いた。チャレンジ運動を通して，身体的なコミュニケーションへの抵抗感が和らぐことを願ったが，結果的には，身体の問題を扱うことのむずかしさが明らかとなった。これらの問題はこれからの課題としたい。

（授業実践者：香川県東かがわ市立引田小学校　長町裕子）

（友添秀則・梅垣明美）

■参考文献

アーガイル,M. ほか：吉森護編訳（1992）人間関係のルールとスキル．北大路書房．
ミドゥラ,D.W. ほか：高橋健夫監訳（2000）チャレンジ運動による仲間づくり．大修館書店．
友添秀則（1993）問われるスポーツの倫理と学校体育．体育科教育 41(14)：151-154.

コラム

□チャレンジ運動による仲間づくり

チャレンジ運動とは，もともと野外運動として行われていたアドベンチャーゲームを体育授業のために改造された運動である。挑戦的な運動に集団で取り組み，集団的達成の喜びを味わうことを通して仲間づくりやコミュニケーションスキルを育成しようとする。

たとえば「グランドキャニオン」と命名された運動では，クライミングロープを振動させて，崖（跳び箱）から向こうの崖の上にグループが協力して全員わたりきることが課題になる。取り組み過程では，●グループ全員で話し合って解決策を考える。●協力し，助け合いながら課題に取り組む。●達成の喜びを全員で表現する。●取り組み過程での仲間の活動を評価しあう。このような一連の協同的活動がルールとして強調される。（高橋）

（D. グローバー他・高橋健夫監訳：チャレンジ運動による仲間づくり―楽しくできる体ほぐしの運動―，大修館書店，2001）

27 コミュニケーション・スキルを高める体育授業

1 はじめに

一般的に，よい体育授業の条件には，「基礎的条件」と「内容的条件」の2つがあげられる。「基礎的条件」には，①学習従事時間の確保，②学習規律の確立，③教師の肯定的な働きかけ，④生徒の情緒的解放や学習集団の肯定的関わり，などがある。そして，この「基礎的条件」の上に，①学習目標（めあて）の明確化，②教材や場づくりの工夫，③学習方法の多様性，④教師の明確な指導性などの「内容的条件」が満たされれば，よい授業が成立することになる（高橋，1997）。

近年，学級崩壊，いじめ，不登校など生徒たちの問題行動が深刻化するなか，授業の成立自体がむずかしい学校も少なくないという。授業妨害だけではなく，時には器物破損や対教師暴力にまで生徒たちの荒れはエスカレートする場合もある。そういった状況では，よい授業のための「基礎的条件」を整えることすらきわめて困難な状況がある。

私たちは，いじめが頻発し，学級全員が互いに関わり合えず，一部の荒れる生徒が学習規律を乱したり，マネジメントに関わる約束ごとを遵守できない学級を対象に体育の授業実践を行った。実践授業では，意図的に人格的な衝突が生じるジレンマ状況をつくり，個々の学習者が当該のジレンマ状況を解決しながら，学級全員のコミュニケーション・スキルを高めたり，さらにはその問題解決を通して集団形成過程を学ぶ授業を試行的に行った。

荒れる生徒を積極的に学習課題に従事させるには，何よりも他者との接し方，話の聞き方などの基礎的なコミュニケーション・スキルを身につけさせることが重要である。また，当該のジレンマ状況の解決を通して，学級集団の連帯感を高めることも有効な学習経験になると思われる。本実践ではこのような実践意図の下に，コミュニケーション・スキルを高める実践を試行的に行った。

2 実践授業の概要

[1] 対象授業

教育困難校といわれる中学校，2年生女子17名を対象に，バスケットボールの授業（全18時間）を行った。

[2] 単元計画

時間	社会的行動に関わる学習		運動に関わる学習	
	めあて	学習内容	めあて	学習内容
1-2時間	・グループ学習の方法がわかり，話し合い場面の観察ができる。	・グループの特性 ・ラボラトリーメソッドの方法	・シュート空間がわかる。 ・簡単なボール操作ができる。	・ボール操作の技術 ・ボールと身体とゴールの位置関係 ・シュート空間の位置
3-5時間	・グループや学級の特性がわかる。 ・課題に適したグループ編成とリーダーの選出ができる。	・ラボラトリーメソッドによる討議内容の分析 ・同質グループと異質グループの特性と生産性 ・リーダーの特性	・シュート空間の攻め方・守り方がわかる。 ・コンビネーション・プレイができる。 ・マンツーマンディフェンスができる。	・防御を抜き，パスをつなぎシュートする技術の理解と習熟 ・マンツーマンディフェンスの理解と習熟
6-13時間	・理想的な集団の特性がわかり，理想的な集団を形成できる。	・集団の特性 ・グループ間の関係分析 ・グループの特性と勝敗との	・相手グループ・自グループの戦力分析ができる。 ・作戦をたてたゲームができ	・カットイン，スクリーン，ポストプレイの理解と習熟

6-13時間		関係	る。	・ゾーンディフェンスの理解と習熟 ・作戦をたてたゲーム
14-18時間	・民主的な討議を通してリーグ戦を組織し，運営できる。 ・バスケットボールの授業を振り返り集団の発展過程がわかる。	・リーグ戦の組織・運営 ・集団凝集性の変遷過程の理解 ・集団の特性と生産性との関係 ・民主的な集団形成の方法	・グループの課題がわかり，課題に応じた練習を行い，グループ全体の戦力を高めることができる。	・VTR 視聴による技術分析・ゲーム分析 ・グループの戦力アップの方法

［3］授業の特徴

学級全員のコミュニケーション・スキルを高めるために次の工夫を行った。

① コミュニケーション・スキル啓発のために，毎時間繰り返される話し合い場面で，ラボラトリーメソッド注1）による学習を導入した。グループの1人を観察者とし，観察者に討議内容，グループの成員の動きや雰囲気を観察させ，その情報を次時の導入時にグループの成員にフィードバックすることを繰り返した。

② 課題に適したグループ編成，グループリーダーの特性を発見的に学習させるため，グループ変更（荒れる生徒が支持する同質グループから荒れる生徒以外が支持する異質グループへの変更）をジレンマとして与えた。

③ 荒れる生徒とそれ以外の生徒との互いに拒否しあった関係を仲間意識へと変えるため，ゲームの対戦方法の変更（荒れる生徒が支持する勝ち抜き戦から荒れる生徒以外が支持する総当り戦への変更）をジレンマとして与えた。

3 授業分析

［1］話し合い場面の分析

毎時間，グループで準備運動→話し合い（練習計画）→練習→話し合い（作戦）→対戦方法を学級全員で決める→ゲーム→話し合い（ゲーム分析・反省）というサイクルでグループ学習を行わせた。

討議内容は観察者によってすべて記録され，時間，雰囲気，各成員の発言回数，討議内容の分析結果が記録された。討議内容の分析は，①技術に関する内容（例：「私がゴール下へ行ったらパスしてね」），②人間関係に関する内容（例：「K ちゃん，もっと優しく言ってね」），③集団・グループに関する内容(例：「私たちのグループは，みんなまとまっていて最高ね」)，④学習とは関係のない内容（例：「きのうのテレビおもしろかったね」）の４つの観点から行った。

［2］技能習熟に関する分析

ゲームの触球数とシュート数の調査を単元開始時と終了時に行った。

［3］技術認識に関する分析

技術認識テスト（図1）を単元開始時と終了時に行った。技術認識テストは，表1のような評価基準で分析した。

Bは，ボールを持ったAからパスをもらいシュートします。
ディフェンス×パスカットします。
Bの動き方をできるだけたくさん考えなさい。
また，シュート空間を斜線で表しなさい。

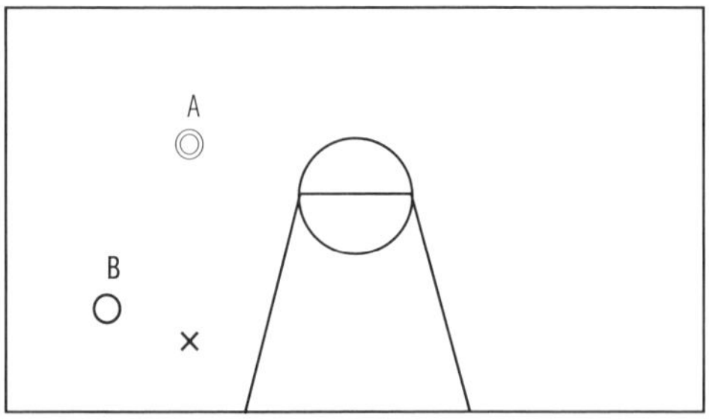

図1　技術認識テスト

表1　技術認識テストの評価基準

評価基準
・シュート空間がわかる。
・ディフェンスにパスカットされない空間がわかる。
・ディフェンスにパスカットされず，しかもシュートできる空間がわかる。
・フェイントがわかる。
・フェイントがわかり，シュートできる空間がわかる。

※理解できていれば各基準に対し1点を，理解できていなければ0点を与えた。

表2　感想文の観点表

観　　点	授業に対する肯定的評価（例）	授業に対する否定的評価（例）
①情意に関する感想	おもしろかった。楽しかった。	おもしろくなかった。バレーボールの授業の方が楽しかった。
②技能に関する感想	上手くなった。シュートできるようになった。	パスがまわらなかった。作戦をたててもあまり成功しなかった。
③集団に関する感想	クラスの雰囲気がすごく暖かくなった。	いじめられた。グループがいやだった。
④教師の指導に関する感想	自分たちから進んでやったのがよかった。アドバイスが上手い。	先生はあまり教えてくれなかった。注意が多すぎる。

［4］感想文の分析

単元終了時には，授業評価の資料として生徒たちに感想文を書かせた。感想文は表2の観点から分類した。

4 分析結果

［1］話し合い場面の分析結果

表3で示したグループは，バスケットボール部に所属する技能レベル上位の者2名（KK，KS）と技能レベル下位の者2名（FY，IK）で構成される。KKとKSはふだんから仲がよくいつも一緒に行動している。FKは，技能レベルは下位だが，おしゃべりで活発である。IKは，ゲーム中の動き方がまったくわからないうえ，だれともしゃべらずおとなしい。教師は，話し合い場面への指導（「IKさんともっと関わろう。IKさんの意見も聞こう」）やグループノートへの書き込み（「IKさんをゲームの中で活かそう！IKさんに動き方を教えてあげよう！」）を通して，生徒1人ひとりのコミュニケーション・スキルを向上させるとともに，グルー

表3　話し合い場面の記録シート

<table>
<tr><td colspan="5">2年A組（12時間目／18時間）メンバー（KK, KS, FY, IK）</td></tr>
<tr><td>めあて</td><td colspan="4">作戦をたててゲームをしよう！</td></tr>
<tr><td>項目</td><td colspan="4">作戦について</td></tr>
<tr><td>討議内容</td><td colspan="4">KK：「ゾーンディフェンスを練習したから，ゾーンディフェンスをしよう。」
FY：「だれがどこを守るの。」
KK：「私は，きのう先生からもっとリバウンドをとるように言われたから右ローポストを守る。」
KS：「私もローポストを守る。」
KK：「FYさんは左ハイポスト，KSさんの前ね。IKさんは右ハイポスト，私の前にきてね。相手チームがシュートにきたら，IKさんを押すから，両手を大きく広げて守ってね。IKさんわかった？」
IK：（うなずく）
KK：「うちのグループは，FYさんとIKさんのシュート数が少ないでしょう。私がリバウンドをとったら，すぐにFYさんとIKさんは両サイドを走って。パスするからね。そしてシュートできたらシュートしてね。もし相手にパスをとられたら，すぐに自分のポジションに戻って守ってよ。」
FY：「KKちゃんがボールを取ったらどこを走るの。」
KK：「できるだけサイドラインより。ディフェンスが守る前に，ゴール近くに行ってシュートするの。」
KK：「IKさん，わかった。パスするときは，IKさん！　FYさん！　って呼ぶからね。」
KK：「KSちゃん何かない？」
KS：（うなずく）
KK：「みんな意見いってよ。私ばっかりしゃべってる。もー！」</td></tr>
<tr><td>時間</td><td colspan="4">6分程度</td></tr>
<tr><td>雰囲気</td><td colspan="4">まあまあよかったけど，IKさんが全然しゃべらなかった。IKさんに話しかけたのはよかった。</td></tr>
<tr><td>発言回数</td><td colspan="4">KK－8回，KS－1回，FY－2回，IK－0回</td></tr>
<tr><td rowspan="2">分析</td><td>①技術に関する内容</td><td>9回</td><td>③集団・グループに関する内容</td><td>1回</td></tr>
<tr><td>②人間関係に関する内容</td><td>1回</td><td>④学習とは関係のない内容</td><td>0回</td></tr>
<tr><td>ゲーム結果および反省</td><td colspan="4">0勝2敗
IKさんの動きがまだまだ悪い。でも今回ゾーンディフェンスはうまくいった。KKちゃんのIK押し出し作戦がよかった。今度は，IKさんがシュートできる作戦を考えよう。KKさんも今日はあまりリバウンドがとれなかった。今度は必ずリバウンドをとろう。</td></tr>
</table>

表 4　触球数とシュート数の変化

		1	2	3	4	5	6	7	8	9	10	11	12	13	14	15	16	17	総数	平均
触球数（回）	単元前	10	7	5	4	0	3	5	5	4	3	1	0	5	2	1	2	0	57	3. 4
	単元後	7	12	5	10	2	5	7	7	9	6	6	4	10	7	4	5	2	108	6. 4
ｼｭｰﾄ数（回）	単元前	7 (5)	1 (0)	3 (0)	1 (0)	0	0	0	0	0	1 (0)	0	0	0	0	0	0	0	13 (5)	0. 8 (0. 3)
	単元後	6 (4)	7 (1)	3 (3)	5 (3)	1 (0)	2 (1)	2 (0)	1 (1)	4 (1)	2 (1)	2 (0)	0	5 (3)	5 (2)	1 (0)	1 (0)	0	47 (20)	2. 8 (1. 2)

（　）はシュートの成功数を示す。

プ全員が活躍できるコンビネーション・プレイを指導した。

授業当初，寡黙でだれとも関われなかった IK は，授業の進行とともに友だちの呼びかけに，うなずく，にっこり笑うなど非言語的なコミュニケーションを示せるようになった。また，12 時間目には，IK 押し出し作戦など，ゲーム中に IK を活かす作戦が考案され，実行された。

［2］技能習熟に関する分析結果

表 4 のとおり，単元後のゲームでは，触球数・シュート数が 2 倍以上増えたこと，触球数・シュート数ともに生徒全員への平均化がみられたこと，触球数 0 回の者がいなくなったこと，約 9 割の者がシュートを試みていることから，コンビネーション・プレイに関する集団技能が著しく向上したことがわかる。

［3］技術認識に関する分析結果

単元後，技術認識テストの平均点が増加していることから，バスケットボールに関わる認識学習が効果的に行われたことがわかる。

表 5　技術認識テストの結果

	単元前	単元後	増減
テストの平均点（点）	2. 94	3. 66	＋ 0. 72

［4］感想文の分析結果

否定的な感想がみられないことから，生徒たちが本授業をかなり高く評価したことがわかる。また集団に関する感想が 8 割以上もみられることから，コミュニケーション・スキルや集団形成過程を学習内容として設定したことの成果が認められる。

5 まとめ

荒れる生徒のいじめにおびえ，学級全体がばらばらだったが，ラボラトリーメソッドによるコミュニケーション・スキルの学習，ジレンマ状況の解決を通して，学級全員の凝集性が高まり，体育授業の雰囲気が暖かいものに変化した。また，体育授業の中に，人間関係上のトラブルにもとづくジレンマ状況を作ったが，運動に関わる学習を妨げることはなく，技能の高まりと技術認識の深まりがみられた。

（友添秀則・梅垣明美）

＊本実践は，次の実践論文を参考に，生徒たちの学習カードから必要に応じて加筆した。
友添秀則・梅垣明美（2000）荒れる子どもを変える・荒れる子どもが変わる体育―ともに生きる集団をめざしてー．体育科教育 48(4) : 28-31.
友添秀則ほか（1995）体育の学習集団に関する実践研究―集団形成過程重視の試みー．スポーツ教育学研究 15(1) : 35-47.

■註 1) ラボラトリーメソッドとは，小グループの中で，互いの行動のフィードバックをもとに，グループ参加者自らが対人関係を確認したり他者理解を深めたりする体験学習のことをいう。
津村俊充（1992）コミュニケーションスキルの開発と訓練．原岡一馬編：人間とコミュニケーション．ナカニシヤ出版．

■参考文献

高橋健夫編（1997）体育の授業を創る．大修館書店，pp.10-24..

表 6　感想文の観点別分類

観点	①情意	②技能	③集団	④教師	無回答※※
肯定（人）	1（5. 9%）	7（41. 2%）	14（82. 4%）	1（5. 9%）	2（11. 8%）
否定（人）	0	0	0	0	

※「クラスの雰囲気がよくなり，楽しい授業だった。」というように，2 つの観点が含まれている場合，それぞれの観点に加算した。

※※授業経過とともに荒れる生徒 2 名の授業妨害は減り，学級全員の中に相互に理解し合い認め合う雰囲気が形成された。しかし，荒れる生徒 2 名は，感想文には真面目に取り組まなかった。

28　奈良の体育授業研究
—運動有能感を高める走り幅跳びの授業づくり—

1 はじめに

奈良体育授業研究会は体育授業のあり方や自らが行った体育授業実践を持ち寄り，研究会を月に1回の割合で開いている。メンバーは高等学校，中学校，小学校の教諭と奈良教育大学の保健体育科教育の担当教官，体育科教育研究室の院生，学生で構成されている。最近の10年間は生涯体育スポーツの実践者の育成をめざしたすべての児童・生徒の運動有能感を高める体育授業のあり方を中心に検討してきた。基礎的な研究として，運動有能感の測定尺度の作成，運動に対する積極的な参加態度に及ぼす運動有能感の影響に検討を加えることによって，運動有能感の重要性を証明するとともに，運動有能感を高める授業づくりを行ってきた。

授業づくりは運動有能感の低い児童・生徒の運動有能感を高めるために，教材の工夫，教師行動の工夫，評価の工夫の3つの視点から行っている。スモールステップを用い，伸びが実感できるように工夫したマット運動，バスケットへの移行教材としてのセストボール，リズムダンス，賞賛の場づくりを中心としたマット運動など多くの実践を行ってきた。本節ではその中でも，とくに効果が顕著であった，生駒市立あすか野小学校の水谷雅美先生（現生駒市立生駒南第二小学校）によって実践された運動有能感を高める走り幅跳びの授業実践を紹介することにする。

2 運動有能感を高める走り幅跳びの実践

[1] なぜ個人スポーツを集団ゲーム化するのか

走り幅跳びは，「走って跳ぶ」という運動自体のもつ楽しさや，「より遠くへ」という自己の記録への挑戦，友だちとの競争の楽しさを味わうことができ，自己の記録の伸びと学習の工夫（課題解決）との関係を体験的に理解しやすい教材である。しかし，走り幅跳びは個人種目であり，記録という明確な基準があるので，能力差がはっきりわかる種目でもある。しかも，われわれは人と比べて自分がどの位置にあるのかを評価する相対的評価に慣れており，努力して記録が伸びてもクラスでの相対的な位置はほとんど変わらないことが多いからである。それゆえ，運動能力の低い児童にとっては，運動有能感を低下させてしまう可能性のある種目であると考えられる。

この運動有能感の低い児童・生徒の運動有能感を高めるためには，相対評価から記録がどれだけ伸びたのかという個人内評価に児童の意識を変える必要がある。また，評価を個人内評価にしても，仲間がその伸びを認めてくれなければ，運動有能感を高めることは困難であると思われる。そこで，走り幅跳びという個人種目を個人の記録の伸びをグループ間で競うという集団ゲーム化するという工夫を行った。すなわち，個人の記録の伸びをグループ平均で競争するという方法を採用した。このような工夫をすることで，努力すれば記録が伸びるんだということを実感するとともに，その伸びを同じグループの仲間が認めてくれるという楽しさを感じることができると考えたからである。

[2] 実際の取り組み

小学校5年生の1クラス（男子19名・女子19名，計38名）で走り幅跳び（全10時間）を実施した。単元計画は，表1に示されたとおりである。

伸びによる集団ゲーム化以外に工夫したことは，以下のとおりである。

①目標の設定

50メートル走をもとに走り幅跳びのめやす表（水谷・岡澤，1999）から，基準値を求め，個人に

表1　走り幅跳びの単元計画（全10時間）

時間		1	2	3	4・5	6	7・8	9	10
1時間の流れ↓分	0	オリエンテーション	遠くへ跳ぶ秘密を探ろう	グループ競争	遠くへ跳ぶ秘密を探ろう	グループ競争	遠くへ跳ぶ秘密を探ろう	グループ競争	
	10	VTRを視聴する							5年1組
	20	測定方法を知る	自分の助走距離を見つける	1. グループで練習を工夫する	踏み切りの仕方を工夫する		着地の仕方を工夫する		記録会
	30	最初の記録を測る	記録に挑戦する	2. グループ対抗ゲームを行う	記録に挑戦する		記録に挑戦する		
	40	めあてを決める		3. 今日のがんばりを発表する					

応じた目標記録を設定する。これによって伸びが少なくなることが予測される最初の記録のよい児童にも達成感を味わわせようとした。

②ビデオの活用

1991年世界陸上選手権大会において，パウエルが世界記録8 m 95を記録したときのＶＴＲを視聴させ，遠くへ跳ぶための秘訣を探らせた（世界最速のランナー，カールルイスとの対決のビデオ）。

③「発見ボード」の活用

「発見ボード」は，模造紙大の大きさである。視覚的に大切なポイントをとらえやすく，個人の学習カードのように手元においておくものではないので，個人やグループが見つけた遠くに跳ぶコツをクラス全員で共有することが可能である。

発見ボードに書かれた内容は以下のようものであった。

「助走のとき，トントントンとリズムよく走る」「音がするくらい強く踏み切る」「斜めの上のフェンスを見て跳ぶ」「着地のときに頭を入れて小さくなる」などである。

④学習カードの活用

個人のめあてや伸びが確認できる「個人カード」と「グラフ」，ゲームのめあてや結果が整理できる「グループカード」を作成し，子どもたちが主体的に学習できるように工夫した。

⑤役割の明確化

跳躍者，記録係，計時係，アドバイス係など役割を明確にすることにより，グループの一員としての意識を深める工夫を行った。

⑥見合い学習の活性化

見てほしいポイントを相手に具体的に知らせる。1人ひとりの活動が仲間から，肯定的に評価される機会が増えるよう工夫した。

［3］効果の検討

本実践の効果を運動有能感の視点から検討するために，岡澤ら（岡澤ほか，1996）の作成した運動有能感尺度を単元の前後で実施した。表2は，単元前における「運動有能感」の各因子と合計得点の高い順から，上位群・中位群・下位群の3群（33.3%）に分類し，単元前後の得点の変化について，分散分析（repeated measures ANOVA）を行った。その結果，単元前後の測定時期による主効果は「身体的有能さの認知」「統制感」「受容感」，その合計である「運動有能感」のすべてにおいて0.1%水準で有意であった。このことは，本実践の工夫が「運動有能感」のすべての因子に有効に機能したことを示している。

また，交互作用においてもすべての運動有能感の因子において0.1%水準で有意であった。表2に示されているように，「統制感」の上位群の得点は若干低下しているが，他はすべて単元前よりも高くなっている。また，得点の伸びは下位群が大きく，中位群，上位群になるにしたがって小さくなっている。このように本実践の工夫は，「運動有能感」が低い児童に大きな効果をもたらしたことが明らかであった。

表2 運動有能感の3群別にみた得点の変化

	群	n	単元前 MEAN (S. D)	単元後 MEAN (S. D)	二要因分散分析 群の主効果 F値	測定時期の主効果 F値	交互作用 F値
身体的有能さの認知	上位群	12	17. 67 (1. 30)	18. 25 (1. 71)	108. 52***	18. 29***	5. 31***
	中位群	14	13. 00 (1. 36)	14. 00 (2. 69)			
	下位群	12	7. 67 (1. 88)	11. 17 (1. 75)			
統制感	上位群	14	20. 00 (0. 00)	19. 36 (1. 91)	23. 91***	6. 84***	13. 08***
	中位群	13	18. 00 (0. 91)	18. 31 (2. 28)			
	下位群	11	14. 46 (1. 50)	17. 91 (2. 02)			
受容感	上位群	17	19. 47 (0. 51)	19. 64 (0. 70)	76. 12***	25. 06***	11. 35***
	中位群	10	17. 40 (0. 70)	19. 10 (1. 60)			
	下位群	11	11. 64 (2. 38)	15. 64 (3. 01)			
運動有能感合計	上位群	13	55. 85 (2. 41)	57. 61 (2. 14)	47. 67***	32. 75***	14. 54***
	中位群	12	48. 50 (2. 28)	49. 42 (5. 66)			
	下位群	13	37. 23 (6. 09)	46. 92 (5. 82)			

*** p<. 001

身体的有能さの認知（上位群＝16以上　中位群11以上15以下　下位群10以下）
統制感（上位群＝20　中位群＝17以上19以下　下位群＝16以下）
受容感（上位群＝19以上　中位群＝16以上18以下　下位群＝14以下）
全体（上位群＝53以上　中位群＝45以上52以下　下位群＝44以下）

以上のように能力評価を相対評価から個人内評価に変更することによって，今までスポーツや運動の場面で勝利に貢献したことが少なかったと思われる「運動有能感」の低い生徒が，勝利に貢献できる喜びを感じることができたことが，下位群の「運動有能感」を高めたと考えられる。また，グループ競争を行うことによって，運動技能が高い児童が，低い児童に積極的にアドバイスできるようになった。「着地のところを見てね」「強く踏み切りができているか見てね」というように，見てほしいポイントをグループの仲間に具体的に知らせることにより，的確なアドバイスをもらうことができ，グループの団結が強まったものと思われる。

グループ対抗ゲームにおいては，毎回優勝するチームが変わった。どのグループにも勝つチャンスが与えられたことにより，やればできるという「統制感」をもつことができたと思われる。練習方法についても，グループで相談し，段ボールや踏み切り板を利用するなど，自己決定できたことが自発的な学習意欲へつながったと思われる。

一般的な走り幅跳びの授業では，測定や砂場をならす役割以外の児童がスタート地点で待っており，地面に落書きをしている児童や，いたずらをしていなくても順番を待っているだけの活動を行っていることが多い。それに比べると，ほとんどの児童が砂場でアドバイスや応援をしており，スタートラインには各グループ2～3名が順番を待っているだけであった。また，スタート前には自分の見てほしい点を大声で叫んでいる児童や,「踏み切りのときのスピードをあげや」とアドバイスをしている児童がほとんどであった。また，跳躍した後に，発見ボードを見に行く児童がいたり，友だちの評価を聞きに行く児童がいるなど非常に活気のある授業になった。このように伸びによる集団ゲーム化は，走り幅跳びの授業を一変させた。また，50メートル走の記録をもとにした目標の設定や「発見ボード」，学習カード，役割分担の明確化，見合い学習の活性化の工夫はすべての児童の動機づけを高め，積極的な参加態度を高めたと考えられ，その結果,「運動有能感」が高まったと思われる。

走り幅跳びの跳躍記録に関しては，単元前は295.82cmであった平均が，単元終了後には342.47cmとクラス平均でも46.7cmも伸びており，80cm以上伸びた児童が5名もいた。このように今回の実践では記録を大きく伸ばすことができた。この記録の伸びは，練習してもどうせ伸びないんだとあきらめてしまう児童が少なかったこと，運動有能感を高める工夫によってすべての児童が積極的に参加した結果によるものであると考えられる。

3 おわりに

ここで紹介できなかったほとんどの実践も運動有能感の低い児童の運動有能感を高めることができた。しかし，われわれが効果の分析に用いている上位群と下位群というような分類で，同じ尺度で測定した場合に上位群も下位群も全体の平均値に近づくという回帰効果があることは，十分理解している。また，上位群には，満点に近ければ伸びが制限されるという天井効果があることも事実である。しかし，実際に上位群，下位群の児童・生徒がどのように変化したの検討するためには，このような方法を用いることが必要であると考えて用いている。実際，われわれが行った実践において，それでも上位群が高まったり，下位群の得点が高まらないという結果も得ている。

われわれが行っている運動有能感の低い児童・生徒も積極的に参加し，運動有能感を高める授業実践では，運動が上手な運動有能感が高い児童・生徒は満足できないのではないかという指摘を受けることがある。その心配がないということではない。しかし，運動有能感が低い児童・生徒にとって体育授業は最後の運動に参加するチャンスになるかもしれない。運動有能感が高い児童・生徒は運動部に参加したり，地域のスポーツ大会に参加する可能性は高い。体育授業という与えられたチャンスにすべての児童・生徒が生涯体育スポーツの実践者になれるような教育を行いたいと考えている。

運動能力に個人差がある以上すべての児童・生徒に同じ楽しさを感じさせることは不可能である。そこで，われわれは運動有能感の高い児童・生徒には教えたり支える楽しさを感じてもらえるようにしたいと考えている。このことが可能であることを実証するためにピアーサポートを用いた体育授業づくりを行った。結果はみごとに上位群の運動有能感も高めることができた。

すべての児童・生徒の運動有能感を高めることは簡単ではない，しかし，工夫を加えることによってそれが可能であることも実証されてきた。今後とも奈良からはすべての児童・生徒の運動有能感を高める授業実践を発信していきたい。

（岡澤祥訓）

■参考文献

水谷雅美・岡澤祥訓（1999）運動有能感を高める走り幅跳びの授業実践．体育科教育，47(9)：68-71.

岡沢祥訓・北真佐美・諏訪祐一郎（1996）運動有能感とその発達及び性差に関する研究．スポーツ教育学研究 16（2）：145-155.

29　佐久の体育授業研究

—ザ・シューター（ハンドボール型）の実践—

1 ザ・シューターへの願い

佐久体育同好会では，これまで「やさしく，深く，楽しい体育学習の創造」をテーマに，研究を深めてきた。このテーマには，①むずかしいことをやさしく，②やさしいことを深く，③深いことを楽しくという意味がこめられている。このテーマ実現のため，どのようにむずかしい運動をやさしくするか検討を重ねてきた。一般に既存のスポーツは大人が大人のためにつくったものであり，決して教育的にはつくられてはいない。とくに球技は子どもたちが最も好む運動であるが，工夫のないゲームでは，上手な者しか楽しむことができず，苦手な者はボールに触れることもできない状況がある。そこで，「すべての子どもたちが，作戦や戦術を駆使してシュートする喜びを味わえるボールゲームを創りたい」そんな素朴な願いから，ハンドボール型ゲームを取り上げ，以下のような具体的な方策を工夫し授業を行った。

「やさしく」：思わず触ってみたくなるボールで，得点に結びつくシュートが簡単なゲーム。
「深く」：シューターがノーマークになるような作戦が，子どもたちの力で数多く考え出せるようなゲーム。
「楽しく」：自分たちの作戦が得点に結びつき，みんながシュートを体験できるゲーム。そして見ている人にも感動を与えるようなゲーム。

2 作りたいゲームと学習内容

［1］教材づくりの具体

①ボール

フリース地あるいはタオル地の布を8（6）枚縫い合わせて作成。中に心材として切れ端の布を丸め輪ゴムで止めていれ，周りに綿を詰めてある。

②ゴール

幅1.8 m，高さ1.5 m，塩ビ管のパイプをつないで作製。2 m×1 mのゴールをイメージしたが，学校にあった材料をそのまま流用し作り替えた。

ボールが通過したことをわかりやすくするために，ビニールテープを垂らしてある。ゴールの向きを横にしたことにより，正面からのロングシュートができなくなり，サイドからの攻撃が自然に生まれることを可能にした。

③コート

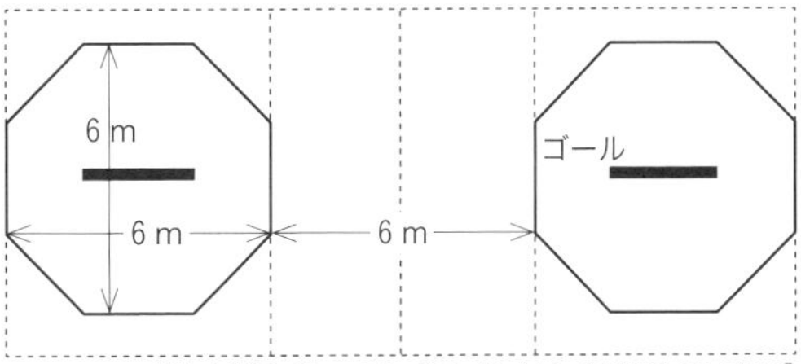

［サイドライン，エンドラインはとくに定めていない］

④ルール

【人数】ゲーム参加4名（うちキーパーができる者1名）

【得点】ゴール（ゲート）を通過すれば1点

[2] ねらう技術・戦術

○技術　・片手で投げる（オーバースロー）。

・力強くシュートする。

・両手でパスする。

・両手でキャッチする。

・ボールを追いかける。

・スペースに走る。

○戦術

【オフェンス】

・相手をかわして投げる。

・パスでボールを運ぶ。

・フェイント。

【ディフェンス】

・ゴールとボールの間に立って守る。

・シューターをマークする。

・パスを読んでカットする。

・ゴール近くのアウトナンバーにパスを出す。

[3] 学び方

○チームの課題を持ち，簡単なゲームを工夫する。

・友だちとルールの工夫をする。

・協力的学習ができる。

・ルールに従い，勝敗を素直に認める態度。

【チームの課題例】ゴールのアウトナンバーにパスをつなげる。

○○さんが，シュートできるような作戦をゲームでする。

3 学習計画の概要

ボール投げゲーム（3時間）
球入れの球を高く・遠くへ投げる
※鉄棒と組み合わせて

=

キャッチ&パスゲーム（2時間）
投げる・受ける・たたきつける
2人で走りながらのパス・シュート

1	2	3	4	5	6	7	8
1. オリエンテーション チーム決め ルールの確認 2. ボールなれ ドリル 3. 試しのゲーム 話し合い	【ルールになれ，たくさんシュートしてゲームを楽しもう】 1. 準備・集合・挨拶 めあての確認 2. チーム練習（話し合い） 3. リーグ戦Ⅰ・Ⅱ 4. 学習のまとめ				【作戦を工夫してシュートに結びつけよう】 1. 準備 2. チーム練習・作戦 ペアによるアドバイス 3. リーグ戦Ⅲ 4. 学習のまとめ		

4 本時の授業分析

今回の授業実践者は野岸小の澤田浩教諭の4年生の授業であった。分析を実施したのは，単元の第5時間目であった。分析方法は，①子どもによる形成的授業評価，②期間記録，③教師の相互作用の記録，④抽出生の試行回数記録の4種類を集団で記録し，それに解釈を加えるという方法をとった。

[1] 子どもによる形成的授業評価より

本時は，総合評価が5で子どもたちが非常に満足した授業であったということができる（表1）。なかでも「意欲・関心」の次元が2.96と最も高く，ついで「協力」の次元が2.88と非常に高い評価になっている。また，「成果」の次元は，とくにボール運動の場合，上がりにくい傾向にあるが，本時では「感動」が5，「新しい発見」が4，「技能向上」が3，平均すると4の評価であった。とくに「感動」が高かったのは，勝ち負けよりもゲームの内容に満足したからだと予想できる。このことを裏づけるように，本時負けてしまった黄色1チームのA児は，「赤チームと対戦して，赤チームのよい作戦を使おうと思った。負けて悔しかった。今度のときはもっとよい作戦でやりたい。でも負けても楽しかったし，いい経験になった。次にやるときの気合いがついた」と，また，同じく青チームのH児も「今日も負けてしまったけれど，黄色2のチームに4点取れたし，T君のキーパーのとき，点数を取れてうれしかった」と感想を書いた。

[2] 期間記録より

次に期間記録（表2）から本時の授業を見てみよう。本時の授業では，インストラクションは540秒で全体の19%，認知場面が75秒で2.6%，運動場面が1,545秒で54.3%，マネジメントが685秒で24.1%であった。インストラクションの内わけは，授業の始めが420秒まとめが120秒であった。始めの時間のインストラクションが多かったのは，

表1 形成的授業評価表

次元	項　目	評価	段階
成果	1 感動の体験	2. 65	5
	2 技能の伸び	2. 50	3
	3 新しい発見	2. 73	4
	平　均	2. 63	4
意欲・関心	4 精一杯の運動	3. 00	5
	5 楽しさの体験	2. 92	4
	平　均	2. 96	4
学び方	6 自主的学習	2. 65	4
	7 めあてをもった学習	2. 69	4
	平　均	2. 67	4
協力	8 教え合い助け合い	2. 88	4
	9 協力的学習	2. 88	5
	平　均	2. 88	5
総　合　評　価		2. 78	5

本時の課題追求についてていねいに説明したためである。澤田先生は，学習課題にかかわって前時の写真を提示し，イメージ化を図り，本時の課題を明確に持たせようとしていた。

欲をいえば，先生と子どもの「発問－応答」を通して学習課題が子どもたちに自覚されるようにすると，さらにめあてが意識されたと思われる。

認知場面，つまり話し合い活動は75秒であり，一般の授業と比較すると少なめであった。これは，現在の子どもたちの状況から，話し合いを長くもつよりも，ゲーム場面でのコミュニケーションを重視したほうがよいと考えたからである。

次に，運動場面の54.3%は多くもなく短くもなく，ほぼ平均である。決して多いとはいえない運動量であったが，学習密度の視点からみると，どの子どもも激しく運動学習を行っており，汗をかき息づかいも荒く，非常に密度の高い授業であった。課題としては，ゲーム前の練習場面のもち方をさらに工夫したい。練習を子どもたちに任せたのはよかったが，活動がやや停滞し，内容的にもゲームとの結びつきは薄いという印象であった。4年生という発達段階を考えると，内容を選択させるか，あるいは子どもたちがくいつくミニゲームなどを工夫する必要はあるだろう。

最後に，マネジメントの24.1%はやや多い。これは，場面転換およびゲーム前の円陣を組むなどに時間がかかったためである。学習の進め方に慣れてくると，この時間は減り，相対的に運動学習の時間が増えてくると思われる。

表2 期間記録

	インストラクション	認知場面	運動場面	マネジメント
合計	540秒	75秒	1545秒	685秒
割合	19. 0%	2. 6%	54. 3%	24. 1%

［3］教師の相互作用より

本時，澤田先生は合計105回の相互作用をもった（表3）。そのうち，最も多かったのは肯定的フィードバックの74回であり，しかも一般的な内容が多かった。一方，矯正的フィードバックは合計17回であった。また，これらの関わりは集団より個人に向けられたものがほとんどであった。このことから，本時の澤田先生の教師行動の特徴は，子どもたちの応援団長に徹していたということができる。この学級を受け持ってまもない澤田先生は，お互いの文句をいい合う学級のすさんだ人間関係をなんとか体育の授業で改善したいと考えていた。そのために「体ほぐしの運動」を意図的に仕組み，また「陸上運動」や「水泳」の学習では，温かな関わりを学習のめあてとし，また先生はとくに運動が苦手な子どもを支え自信をもたせようとしてきた。本時の澤田先生の教師行動は，こうした一連の学習の延長線上にあるといってよい。こうした「体育の授業で学級をつくる」という先生の思い入れが，本時の声がけに表れ，子ど

表3 教師行動の記録

		個人	集団	合計
発　問		1	1	2
肯定	一般	59	4	63
	具体	6	5	11
矯正	一般	13	0	13
	具体	1	3	4
否定	一般	0	0	0
	具体	0	0	0
励まし		5	7	12
合計		85	20	105

表4　抽出生の試行回数記録

		成功数（回）	失敗（回）	練習（回）	成功率
上位生	練習	20	0	20	100
	ゲーム	49	10	59	83
下位生	練習	43	12	55	78
	ゲーム	17	11	28	61

もの授業評価にも結びついたと考えられる。

［4］抽出生の試行回数記録より

抽出児の上位生と下位生の試行回数の特徴を見てみよう。表4のように，練習では下位生の試行回数のほうが上位生を上回っているが，ゲームではそれが逆転している。また，成功率では，上位生のほうがやや高くなっている。練習で下位生のほうが試行回数が多いのは，協力関係がうまくいっている証拠である。また，ゲームでそれが逆転するのも当然の結果である。

それにしても，技能が低い児童でもゲーム中にこれほど関われていたということは，子どもにとってやさしい教材であったからであろう。工夫のない教材ならば，ゲーム中における上位生と下位生の試行回数の差は，もっと開くのが通例である。みんながやさしく深く追求できるための今回の教材づくりの成果が，この試行回数に表れていると見ることができよう。

5 形成的授業評価の変化から

単元全体を通して，子どもの形成的授業評価は図1のグラフのように変化していった。単元の5時間目（本時）までは評価が上昇していき，6・7時間目でやや下がり，そして最後の8時間目で最も高い評価を得て終了している。6・7時間目に評価が下がったのは，「協力」と「学び方」の次元が低かったことが影響している。授業者に聞いてみると，戦術のレベルが上がり，全体的にゲーム展開がスピーディーになったため，そのスピードについていくことができず，どう動いたらわからず棒立ちになってしまう子が出ていたことが原因であったようだ。8時間目は，姉妹チーム同士のゲームであったので，勝敗にこだわらずにできたことが高い評価につながったと考えられる。

6 分析結果のまとめ

「ゴールを横向きにする」という発想から生まれた今回のザ・シューターは，間違いなく，子どもたちの戦術行動を可能にした。また手製のふわふわボールは，ボール操作のむずかしさから子どもたちを解放し，知恵を出し合う豊かなゲームを創出した。今回の分析結果から，先生の願いであった「すべての子どもたちが作戦を駆使してシュートする喜びを味わえるボールゲーム」が十分に保障されたといえよう。さらに，先生の意図的な教師行動は，体育授業と学級づくりの接点を探るうえで重要な示唆を与えてくれた。

一方，ゲームをする以上避けられない勝敗へのこだわりと，課題達成の満足感をどう融合させていくかについては課題として残された。

（赤羽根直樹・澤田浩）

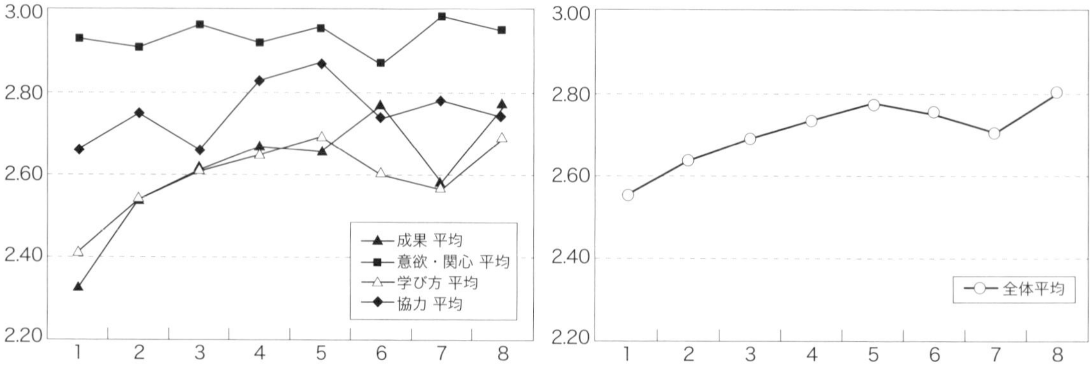

図1　形成的授業評価の変化

30　松戸の体育授業研究
―触球数からボール運動の評価を考える―

1 触球数からボール運動の評価を考える

絶対評価により集団的スポーツであるボール運動の評価はむずかしくなった。相対評価では学習集団の中での歴然とした技能差や関心・意欲の高まりの度合いを教師が感覚的につかみランクづけすることが比較的容易であったが，個々の伸びを最大限尊重し評価する絶対評価では，数時間の単元で技能の伸びや関心・意欲の変容を的確に評価することはむずかしい。さらに，絶対評価への移行は，明確に学習内容や評価の観点を学習者のみならず保護者にも説明することが求められる。「よくできる」と「できる」の明確な差異や「もう少し」などの抽象的な文言をより客観的に説明できる資料が必要になる。教師の感覚的な印象だけでは評価の信憑性が維持できないのである。

ここでは，筑波大学の高橋らが標準化した形成的授業評価票をもとに，ゲーム中の触球数と形成的授業評価との関係を調査研究するための「体育学習ふりかえりカード」（次頁）を活用して，ボール運動の評価に関わった実践研究を報告したい。

ボール運動の学習においては触球数からゲーム様相の変化を分析し，評価に役立てる取り組みは20年以上も前から行われてきたが，これは，個々の技能の伸びを評価するよりもチームのゲーム中の作戦行動的な様態を客観的に分析し，次の作戦に役立てるという意図が強かったと思われる。しかし，ゲームにおける触球数の変化は，個々の子どもの技能や関心・意欲の高まりと密接に関係していることは明らかで，形成的授業評価との関係を分析することがボール運動の授業および評価の質的改善につながるのではないかという推論のもとに調査研究を試みた。

この「体育学習ふりかえりカード」は次のような願いにもとづいて作成された。

- 集団的スポーツ，とくにボール運動の個々の技能の伸びや情意面の変化に対する評価の曖昧さを打破したい。
- 触球数からボール運動の評価を考えることで教師の印象としての上手い，下手で評価をすることをさけ，より客観的なデータで評価を裏づけたい。
- ゲームにおける触球数の変化と形成的授業評価の数値を比較検討することで，個々へのアプローチや授業の質的改善を図りたい。

2 研究実践の概要

この実践に携わった先生方は，松戸市内の公立小学校に勤務する40代，30代，20代，つまりベテラン・中堅・若手の3教論である。調査学年も4年生, 5年生, 6年生, 調査教材もバスケットボール, サッカー（フットサル), タグラグビー（タクビーボール）と三者三様である。

方法は，「ボール運動のゲーム中（5分間）の触球数の変化を記録し，毎時間の形成的授業評価の推移と比較分析する」ものである。

ただし，本研究はあくまでも授業や評価改善の一方策として実践したものにすぎず，調査対象数や継続時間からみて，結果の数値は信憑性に乏しいものであることをご容赦いただきたい。

体 育 学 習（ボール運動）

ふりかえりカード

年　　組　氏名＿＿＿＿＿＿＿＿

学習内容	月　　日

今日の学習は 楽しかったですか？	楽しかった	どちらでもない	楽しくなかった		今日のゲーム
今日の学習で 上手になりましたか？	上手になった	どちらでもない	上手にならなかった		触球数
今日の学習で 仲間と協力できましたか？	協力できた	どちらでもない	協力できなかった		回
今日の学習で 活躍（グループのためになるような）ができましたか？	活躍できた	どちらでもない	活躍できなかった		勝○負×
今日の学習で 練習方法や作戦を考えることが出来ましたか？	考えた	どちらでもない	考えなかった		

一言感想	

バスケットボール　辻　実践

1. 学習対象者　松戸市立北部小学校　5年2組　29名

2. 調査期間　平成15年5月27日・28日・30日・6月3日・4日・6日・10日　計7回

3. 授業の実際と考察

(1) 形成的授業評価について

子どもたちは3，4年生でポートボールを学習してきている。本単元においては，ボールハンドリングに慣れる運動やシュートゲーム，ドリブルポイントゲームなどを毎時間，授業の前半に行った。その後で，学習課題を確認して，それに沿った練習をチームごとに行った。そして授業後，形成的授業評価を実施した。

1から3時間目までは総合評価の得点に向上がみられた。しかし，公式戦が始まった4時間目，5時間目は低下が目立った。とくに，5時間目は公式戦を2～3試合終え，連敗したチームの子どもたちの評価が低かった。ただ，授業の中では，これまで以上に意欲的に動き，試合に対する強い気持ちが多くの子にみられた。試合に負けた子が授業をふりかえったとき，試合の敗因として自分自身が活躍できなかったことにある，と考えるのも理解できる。6時間目には，勝敗にこだわることも大切だが，チームの仲間と協力してプレーする価値は勝敗の結果以上に，高いことを話した。また，自分の役割とチームの作戦を明確にさせ，それにもとづいたプレーをすることをめあてに授業を展開した。その結果，成果が表れた。

(2) チーム（班）の触球数について

毎時間，おおむねね20～50回の触球数がみられた。授業を重ねるごとに触球数は増えるだろうと予想したが，1班・3班・5班にその傾向がみられた。しかし，他のチームはそうはならなかった。これは，チームの1人ひとりの技能，対戦相手とのチーム差があるため一定にはならなかったと思われる。ただ，時間ごとの総触球数の合計をみると6時間目までの毎時間，少しずつ回数が増えたことがわかった。これは技能の向上と関係しているものと思われるが，形成的授業評価の技能の項目の得点にははっきり表れていない。ただ，方法・作戦の項目の得点の向上と触球数の増加は特に6・7時間目において重なる。よって，試合に勝つための戦術の学習が高まれば，触球数は増えるといえるのではないだろうか（図1，2）。

(3) 触球数と形成的授業評価のつながりについて
－個々の児童の事例から－

同じチームの触球数が多いリーダー的な子と触球数が少ない子を比較して考察した。その結果，触球数が多いリーダー的な子のほうが触球数が少ない子より形成的授業評価の平均点が高いことがほとんどであった。ボールをたくさん触れている子のほうが授業に対する満足度や学習効果が高いことがわかる。しかし，その一方で触球数が少ない子のほうが触球数が多いリーダー的な子より形成的授業評価の平均点が高いことが何度か記録されている。

①1班　A女児　6時間目

触球数11回。自己最多回数である。試合中，長身を生かしてパスカットを3・4回し，外れはしたがシュートもできた。授業の回を追うごとに動きがとてもよくなってきている。だから，本人の心に活躍できたという思いが強く残ったと思われる。

②4班　B女児　2時間目

触球数1回。その1回のパスを受けてゴール下からシュートをして，それがみごとに決まった。たった一度のチャンスしか訪れなかったのだが，それを逃さなかった。授業に対する大きな満足感につながったと想像するにかたくない。

③5班　C女児　4時間目

触球数2回。ふりかえりカードの一言感想に「マークはできたけど，パスがあまりできなかった」と書いている。ディフェンスでは役割を果たせたという気持ちが形成的授業評価の平均点に表れたと思われる。また，触球数をもっと増やして仲間にパスしたいという気持ちも察することができる。

以上の事例から，単に触球数が多ければ授業やゲームに満足できるというものではなく，たとえ1回でもそれが得点につながったり，自分自身の中で活躍できた，チームのためになったという思いが残ったりしたならば，授業やゲームに満足できたという体育授業の目標のひとつである，運動を通しての充足感を味わうことができることがわかる。

（文責・辻　雅雄）

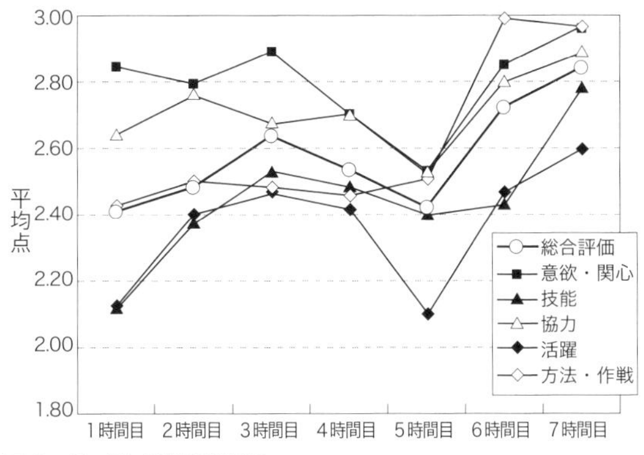

図1　新・形成的授業評価

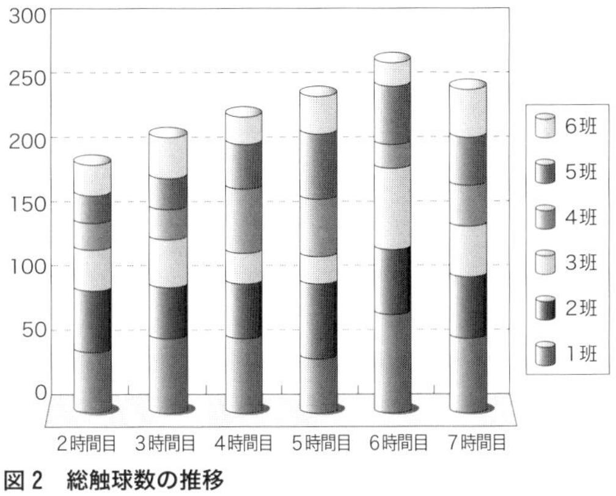

図2　総触球数の推移

タグビーボール　　黒川実践

1. **学習対象者**　松戸市立古ヶ崎南小学校　4年1組　22名
2. **調査期間**　平成15年6月10日,12日,17日,26日，7月3日，11日　計6回
3. **授業の実際と考察**

(1) 指導観と児童の実態

『タグビーボール』は，攻守入り乱れ系のラグビー型に分類され，安全面を考えタックルの代わりにタグをとる動きで行うゲームである。本学級の児童は初めて経験する運動であったため，フェイントの動きを取り入れたドリルゲームやタグに慣れさせるための運動をゲーム化して毎時間経験させた。また，ゲームに対して夢中になることが少ない傾向にあったので，勝ち負けにこだわりながら進めることにし，その中で作戦の重要さを折に触れながら話したいと考えた。

(2) 考察

学級全体の触球数の変化を毎時間比較すると，学習を重ね技能が高まるにつれて触球数が増していくことが明らかになった。そこで，触球数と形成的授業評価の平均点をチーム別に比較してみた。その結果，4チーム中2チームに，触球数と形成的授業評価の平均点の変化が一致する現象が見られた。とくに，触球数と「上手くなりましたか」という評価項目との連動がみられたチームがあり特徴的であった(下の図表)。

①「ぴんくチーム」

触球数と形成的授業評価の平均点の変化が一致したピンクチームについて考察した。1時間目は，初めて経験する運動ということもあり，ボールを1回しか持てなかった児童が2名いた。2時間目には，いずれの児童も触球数が5回まで増えたことにより「上手になった」と感じ，たとえ得点できなくてもチームプレーに貢献したことで「活躍できました」という気持ちにつながったと考えられる。そのため授業評価の平均点が上昇したと思われる。3時間目には，新しい作戦を取り入れたが，動きがむずかしくパスがつながらないために触球数が減少した。そ

学級	触球数						楽しい						上手					
時数	1	2	3	4	5	6	1	2	3	4	5	6	1	2	3	4	5	6
きみどり	3.5	3.5	5.8	6.4	5.2	7.2	3.0	3.0	3.0	3.0	1.8	3.0	2.2	2.3	2.8	2.8	2.3	3.0
ぴんく	4.3	4.7	4.5	4.8	5.0	4.8	3.0	3.0	2.8	3.0	3.0	3.0	2.2	2.8	2.8	2.8	2.8	2.5
きいろ	6.6	6.4	6.0	7.8	9.4	11.4	3.0	2.6	2.6	2.8	3.0	3.0	2.4	2.2	1.6	2.4	2.8	3.0
むらさき	4.0	4.4	4.8	5.6	6.8	8.4	3.0	3.0	3.0	2.6	1.8	3.0	2.2	2.8	2.6	2.0	2.2	2.6
合　計	100	103	116	128	142	171	66	64	63	60	53	66	49	56	55	53	56	61
平　均	4.5	4.7	5.3	6.1	6.5	7.8	3.0	2.9	2.9	2.9	2.4	3.0	2.2	2.5	2.5	2.5	2.5	2.8

学級	協力						活躍						作戦						評価平均					
時数	1	2	3	4	5	6	1	2	3	4	5	6	1	2	3	4	5	6	1	2	3	4	5	6
きみどり	2.8	2.3	2.7	1.0	2.2	3.0	2.2	2.0	2.7	2.8	2.3	2.7	2.3	2.2	2.3	2.2	2.3	2.8	2.5	2.4	2.7	2.4	2.2	2.9
ぴんく	2.8	2.8	2.3	2.7	2.8	2.8	2.2	2.2	2.3	2.3	2.7	2.7	2.3	2.7	2.2	2.5	2.8	2.7	2.5	2.7	2.5	2.7	2.8	2.7
きいろ	3.0	2.2	1.6	2.6	3.0	3.0	2.4	1.8	1.6	2.6	3.0	3.0	2.6	2.6	2.2	2.8	3.0	3.0	2.7	2.3	1.9	2.6	3.0	3.0
むらさき	3.0	2.4	2.8	2.4	2.8	2.8	2.4	2.6	2.0	1.8	2.4	2.8	2.4	2.2	2.4	2.2	2.6	2.8	2.6	2.6	2.6	2.2	2.4	2.8
合　計	64	54	52	46	59	64	50	47	48	50	57	61	53	53	50	51	59	62						
平　均	2.9	2.5	2.4	2.2	2.7	2.9	2.3	2.1	2.2	2.4	2.6	2.8	2.4	2.4	2.3	2.4	2.7	2.8	2.6	2.5	2.4	2.5	2.6	2.9

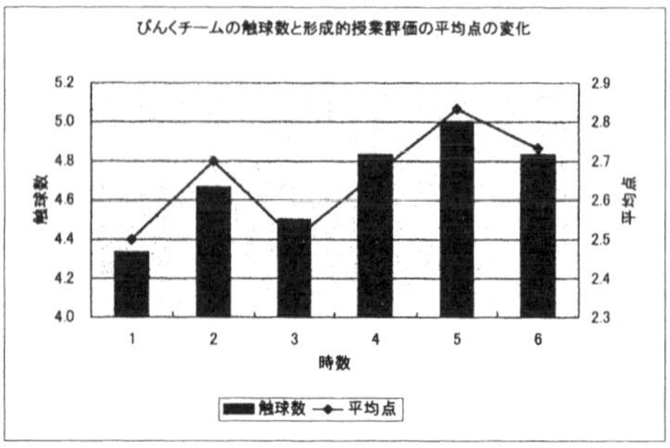

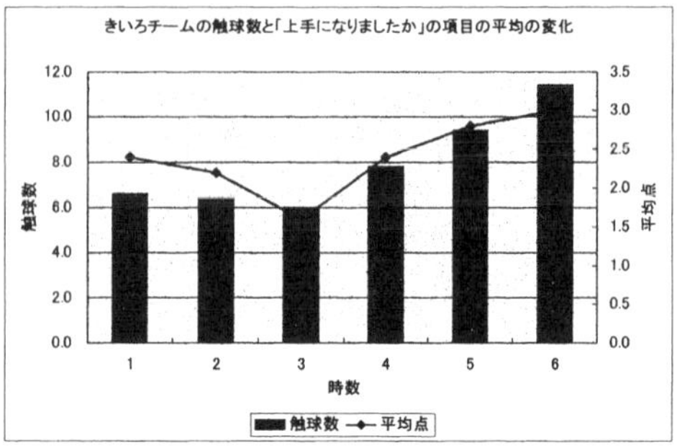

の結果,「仲間ととても協力でた」「とても活躍ができた」と感じる児童が少なく，平均点が減少したと考えられる。
4・5時間目は，今までの反省を生かし，簡単な動きでパスをつなげる作戦に変更した。その結果,「もっと作戦を考え，仲間ともっと協力して勝ちにつなげたい」という気持ちがもてるようになり，もっと技能を向上させようとしたり，作戦を考えようとしたりする行動につながった。それが勝つことにも結びつき，評価全体の上昇につながったと考えられる。このようなことから，触球数の変化と形成的授業評価の関係は密接であることが理解できる。

②「きいろチーム」

触球数と「上手になりましたか」の項目の変化が一致したチームについて考察した。きいろは，3時間目を終了した段階で，1回も勝利することができなかった。その日の反省で,「短いパスをもっと使って皆にパスを回したしたほうがよい」という意見が出た。そこで，4時間目には，タグを取られまで走りパスをつなげる作戦に変更した。結果はすぐに出なかったが，A君を中心にパスをつないでいく作戦行動が見られた。そして，5時間目には，タグを取られた後のパスがつながるようになり得点に結びき，初勝利を手にすることができた。反省の中で,「パスがつながるようになったからみんなでボールを運ぶことができた」と技能の高まりと触球数の関係に目を向けるようになった。つまり，パスがつながり触球数が増えることにより，技能も高まってきたという意識を持てるようになったと推測できる。このようなことから，パスがつながり触球数が増えていくと「上手くなった」と自己評価する傾向があることがわかった。

以上の事例から,「触球数が増加しない原因はどこにあるのだろうか」「チームの人間関係が触球数の停滞に表れているのだろうか」などと触球数の変化に目を向けながら，今後もボール運動の授業の改善について研究を深めていきたい。

(文責・黒川正紀)

フットサル　　生島実践

1. 学習対象者　松戸市立矢切小学校　6年2組　37名

2. 調査期間　平成15年6月24日・25日・26日・27日　計4回

3. 授業の実際と考察

(1) 教材について

フットサルは，サッカーのミニゲームバージョンであり，コートが狭いので攻守の切り替えが速く，スピーディーなゲーム展開である。また，5対5という少人数なのでボールに触れる機会も多くなる。ボールの空気圧を下げているために，あまり弾むことはなく技能が身についていない場合でもボールコントロールしやすい。以上の特性を最大限に生かし，さらにいくつかの工夫を加えて教材化を図った。

①体育館の壁に当たってもインプレーであり，オウトオブプレーとしない。

ボールが壁に当たってはね返るという不規則な動きがある。そんな状況でも最後までボールを追いかける姿勢やボールの動きを予想した動きが期待できる。

②ゴールキーパーをつけずに，ねらえるゴールを左右2か所設定した。

ゴールの喜びをたくさんの児童に感じさせることや，作戦を立てる段階で，ボールに集中するのではなく，サイドを使った攻撃やスペースを上手に使った攻撃を考えさせることが期待できる。

③男女別にゲームを行う。

サッカー系の学習は，高学年になればなるほど男女の技能差が歴然としてくるため，恐怖心から女子の意欲が停滞してしまう現状にある。ここではあえて男女別のゲームを仕組むことですべての児童にこの教材の醍醐味を味わわせたい。

(2) 考察

・総触球数が毎回増えた。

触球数の平均を見ると，1回目が1人あたり12. 6回，2回目12. 7回，3回目13. 3回，4回目が14. 4回と徐々にではあるが確実に増えていることがわかる。とく特に女子の増加は著しく，教材の工夫によりサッカーの特性に触れ，日に日に意欲的になってきたことがわかる。

・形成的授業評価の「練習方法や作戦を考えることができましたか」と触球数の増加が連動する。

総触球数の右肩上がりの曲線と形成的授業評価の「練習方法や作戦を考えることができましたか」の平均が1回目2.65，2回目2.72，3回目2.82，4回目が2.84と連動して上昇していることがわかる。つまり，児童は回を重ねるにつれてフットサルというゲームの中で自分がどのように動けばよいかがわかり，それを作戦として考え，実践できたのではないかと考えられる。次に，特徴的だった個々の児童についてみると，

①4班　A男児

触球数の平均が25. 7回と，クラスで一番であった。しかも毎回，数が伸びている。控え目な性格だがサッカー部に所属し，回を追うごとに積極的になったためである。形成的授業評価の「仲間との協力」「活躍できた」の項目は毎回3点と結果にも表れている。

②3班　B女児

触球数20回を最後の4回目の授業で記録した。毎回の触球数はつねに高い数字を示している。チームの中心として動ける児童で，初めての負けを経験した4回目は悔し涙を見せるほどであった。フットサルによって勝敗にこだわることや仲間の大切さを知り，ひとまわり大きく成長したようである。

③2班　C男児

触球数平均5. 2回，極端に少ない児童である。形成的授業評価の「仲間と協力できたか」の項目では4回中3回が最低の1点で，平均も1.25であった。ボールに触れないことは技能面だけではなく集団の中での立場であることをシビアに分析したようである。

今まで私は，日々の授業実践の成否を子どもたちの表情などから感覚的にとらえていたのかもしれない。今回の研究実践で「体育学習ふりかえりカード」を使い，触球数や形成的授業評価の数値を客観的に分析することにより，個々の児童の意外な一面や真の思いをつかむことができたと思う。

(文責・生島　剛)

4 考　察

辻実践では，ベテランでしかも研究熱心である辻先生の人柄も影響したのか，学習終盤期に形成的授業評価の数値が急上昇していることが特筆できる。毎時間の触球数の合計も回を重ねる毎に確実に増加した。技能面も関心・意欲の面も上昇のピークをむかえた6時間目から7時間目にかけては若干の減少をみたが，これはバスケットボールに対する習熟度を加味すれば当然の結果であるといえる。さらに触球数と形成的授業評価の関連では，触球数の多い児童のほうが少ない児童よりも形成的授業評価の平均点が高くなるという結果につながり，学習の満足度は触球数と連動することが推測できる。

黒川実践では，タクビーボールという教材を自らが開発し，数年間かけて研究実践を重ねてきたため，児童の意欲を高めるポイントがしっかりと

整理されていることがうかがえた。合計触球数は確実に上昇し，1時間目の1人あたり平均4.5回から最終6時間目には7.8回と約1.8倍に増加していることは特筆できる。ラグビーという特性から考えても，技能の高い児童のランによるワンマンプレーから，作戦を重視した組織プレーに変化していったことが数値からもうかがえる。触球数と形成的授業評価の関連では，4年生という発達段階から，形成的授業評価の得点はその日の勝敗によって大きく影響しているようで，触球数との関係を導き出すことはむずかしかった。しかし，勝敗や作戦の成否を共有しているグループ単位で考察してみると，それらの上昇・下降曲線が連動している項目もあり，今後さらに研究する必要がある。

生島実践では，若手の先生とはいえサッカーに対する専門性が高く，「男子も女子もサッカーの楽しさに触れさせたい」との願いから，インドアサッカーのフットサルに数々の工夫を加えて取り組んでいる。技能差を考慮し男女別のチーム編成でゲームを仕組んだことで，男子よりも女子の触球数が多い結果につながったことは特筆できる。触球数の総数も学習を重ねるたびに増加し，教材の有効性がうかがえる。辻実践同様，触球数が著しく少ない児童は形成的授業評価の得点も低いことが実証された。さらに触球数の増加の曲線と形成的授業評価の「練習方法や作戦を考えることができましたか?」の平均点の上昇曲線が一致していることは今後の研究の示唆を与えてくれる結果となった。

三氏の実践で共通した傾向は，

①ボール運動のゲームにおける総触球数は，提示する教材が適切であれば，技能の習熟のピークをむかえるまでは右肩上がりの増加傾向を示す。

②触球数の多い児童は形成的授業評価の得点が高く，反面著しく少ない児童は極端に得点が低くなる傾向がみられた。

③総触球数の増減と形成的授業評価の得点の平均値はかなずしも連動するわけではないが，特定の項目やグループ単位で比較すると上昇下降曲線が連動するものがいくつもみられた。

本研究は，絶対評価への移行にあたり「体育科の評価がより客観的で信憑性のあるものにしたい」という現場の教師の熱い思いから実践したものである。教育実践は時を待たず，すぐにでも役立てたいと焦るあまり短期間で駆足の研究になったが，今後に示唆を与える一定の結論を導き出せた。触球数や勝敗結果と形成的授業評価の関連などボール運動の評価については課題が山積している。読者の皆様からのご助言やご批正を糧にし，今後も継続して研究に邁進したい。

（小谷川元一・辻雅雄・黒川正紀・生島剛）

コラム

□ボール運動の授業は最高の情意体験を生み出す

子どもが高く評価する「よいボール運動の授業」では，決まって豊かな情意体験が生み出されている。勝敗へのこだわりがすこぶる強い。勝敗へのこだわりがあるからチームの結束が強くなる。作戦づくりや練習がさらに真剣に行われるようになる。とても体育授業とは思えないほどの迫力のあるゲームが展開される。ゲームではガッツポーズ，ハイタッチ，抱擁などの喜びが頻繁に表現され，仲間への賞賛や励ましが行われる。勝敗が決した後には，勝ったチームが喜びに涙し，負けたチームも悔しさに涙する。しかし，ゲームではルールが厳然と守られ，マナーが確立していて，トラブルはほとんど生じない。暖かい肯定的人間関係に包まれていて，失敗した者や負けたチームへの仲間や教師からのフォローアップがみごとで，観るものを感動させる。そのような典型例をかつて小谷川先生（本節の筆者）のボール運動の授業に見い出した。

（高橋）

31　体育授業の勢いと雰囲気をつくる
—小学校サッカーの介入授業を通して—

1 はじめに

高橋（1994；2003）は，これまで進めてきた体育授業研究の成果をふまえて，子どもが評価するよい体育授業には「授業の勢い」があり，「授業の雰囲気」が肯定的であると指摘した。勢いのある授業には，次のような具体的特徴がみられるという。

○運動学習場面に多くの時間が配当されている。
○マネジメントや学習指導場面の時間量や頻度が少ない。
○運動学習場面で学習に従事している割合が高い。
○課題から外れた行動をとる者が少ない。
○成功裡な学習の頻度が多く，大きな失敗や困難を経験している者が少ない。

また，学習の雰囲気がよい授業では，次のような具体的行動がより多く出現するという。

○集団での肯定的な人間関係行動（協同的活動，補助，賞賛，助言など）が多く現れ，否定的な行動（非難，非協力的行動など）はほとんどみられない。
○個人的・集団的な肯定的情意行動（拍手やハイタッチなど）が数多くみられ，否定的な情意行動（緊張を示す，泣く，怒りの表情など）はほとんど観察されない。

さらに，これらの肯定的な行動的特徴が生み出される背後には，次のような教師の取り組みや教師行動がみられると報告している。

◇明確で具体的な学習目標が設定されている。具体的な行動目標は学習に意欲を与えるだけでなく，わずかな伸びでも自己評価できるため，子どもはより多く達成感を味わっている。
◇子どもたちの興味を喚起し，また学習目標の実現に効果的な教材や場が提供されている。
◇指導計画作成の段階から，潤沢な運動学習の確保に向けた配慮がある。
◇教師が，個々の子どもの運動学習に関わって積極的な相互作用を営んでおり，学習成果の実現に向けて支援している。
◇人間関係に関わったマナーやコミュニケーションスキルを重視した指導が行われている。
◇ペアやグループなど，子ども同士が積極的に関われる学習形態が適用されている。
◇学習の規律を確立し，学び方の指導を周到に行っている。

そこで筆者らは，これらのよい体育授業実現に向けた知見をふまえて，授業の勢いと肯定的な授業の雰囲気を生み出す授業計画や指導方略を立案・適用して実践すれば，どのような行動的特徴が現れるのか，また期待どおりに学習成果が高まるかどうか，事例的に検証することにした。一種の「介入実験授業」である。以下では，その研究結果の概要について報告する。

2 対　象

千葉県下の小学校5年生（男子15名，女子15名，計30名）のサッカー単元を対象にした。授業者は教職経験12年目の男性教師で，長年クラブでサッカーをプレイした経験をもっていた。なお，授業者は当時，筑波大学体育科教育学研究室の長期研修生であったため，本単元は，他の教師が担任する体育の授業時間を借りて行われた。

3 単元計画

図1は単元計画である。授業の勢いと雰囲気を高め，より大きな学習成果を生み出すために，単元計画は実践者と研究者の討議で作成された。そこで特に配慮された点は以下のようであった。

①中心的な単元目標は「サイドからの攻め方を身

につけ，工夫して攻めることができる」こととした。このような具体的目標を設定することによって，学習内容が明確になり，学習意欲を喚起するとともに，学習成果もはっきり評価できると考えた。(単元目標)

②この目標を達成させるための教材として，図2・3のようなタスクゲーム（人数や場に制限を加え，学習課題を明確にしたミニゲーム）を採用した。また，ゲームを楽しむには最低限の技能が必要であると考えたことから，各授業時間のはじめに技能習熟のための楽しいドリル教材を位置づけた。(教材づくり)

③学習過程のモデルには，子どもたちが段階をおって戦術的学習を深めていくように「ステップ型」のモデルを適用した。これは単元の数時間のまとまりをひとつのステップとしてとらえ，次のステップの発展に向けて学習内容および教材を教師が設定するものである。教師の提案する内容や教材の枠組みの中で，子どもたちに創意工夫させようとした。(学習過程)

④授業場面の時間量の配分は，運動学習時間を最大限確保するように計画した。

⑤基本となる戦術的な学習内容は教師から提示した（学習資料も配付)。これにもとづいて，子どもたちは新たな戦術を創意工夫したり，作戦を立てたりした。(学習内容に対する指導性)

⑥チームの関わりを重視して「グループ学習」を採用した。グループでのリーダーを中心とした役割行動，協力的な練習，積極的な関わり，ゲームに関わった「作戦づくり」や「反省」を重視することにした。(学習形態)

4 授業場面の教師行動

勢いと肯定的な雰囲気を生み出すために，授業過程での教師行動に関わっては，以下の諸点について介入した（研究者サイドから授業実践者に要求した)。

①学習従事量を確保するために，授業の約束ごとや役割行動を定め，子どもたちに励行させ，マネジメントの時間を削減させること。(マネジメント)

②授業の雰囲気を盛り上げ，技能的・戦術的学習を効果的に行うために，教師が個々人あるいはグループの運動学習に対して積極的に相互作用を営むこと。(相互作用)

③個々のグループの目標を尊重しながらも，教師が学習課題を毎時間明確に提示すること。とくにクラス全体を対象にした「学習指導場面（はじめの説明やまとめの説明場面)」では，教師が基本的な戦術的課題を提示したり評価したりし

<table>
<tr><td></td><td colspan="2">ステップ1</td><td colspan="4">ステップ2</td><td colspan="4">ステップ3</td><td colspan="2">ステップ4</td></tr>
<tr><td>時数</td><td>1</td><td>2</td><td>3</td><td>4</td><td>5</td><td>6</td><td>7</td><td>8</td><td>9</td><td>10</td><td>11</td><td>12</td></tr>
<tr><td rowspan="4">内
容</td><td rowspan="4">オリエンテーション
グルーピング
ゲームの内容を知る</td><td colspan="11">準備運動・集合・挨拶・健康観察</td></tr>
<tr><td rowspan="2">試しのゲーム
反省
試しのゲーム</td><td colspan="8">ドリルゲーム
・コーン当てゲーム　・ドリブルリレー　・パスアンドムーブ</td><td colspan="2">課題解決のためのチーム練習</td></tr>
<tr><td colspan="3">課題解決のためのチーム練習
ロングフリーゾーンからの攻め方を身につけよう。
作戦タイム
タスクゲーム
（ロング・フリーゾーンゲーム）</td><td>タスクゲーム
作戦タイム
タスクゲーム</td><td colspan="3">課題解決のためのチーム練習
ショートフリーゾーンへのつなぎ方、そこからの攻め方を身につけよう。
作戦タイム
タスクゲーム
（ショート・フリーゾーンゲーム）</td><td>タスクゲーム
作戦タイム
タスクゲーム</td><td colspan="2">サッカー大会
ゲーム
作戦タイム
ゲーム</td></tr>
<tr><td colspan="10">反省・まとめ</td></tr>
</table>

図1　単元計画

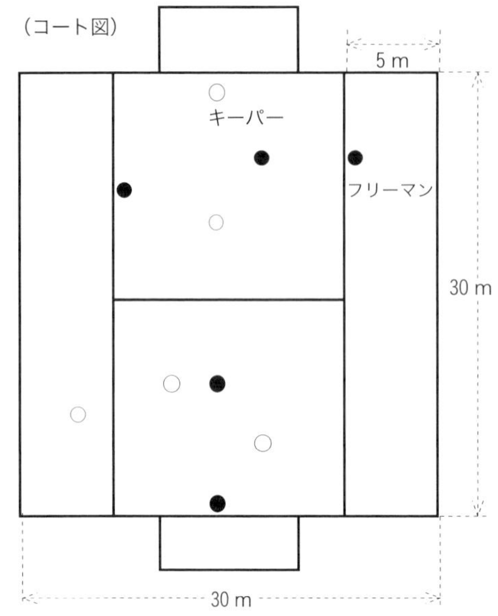

【ルール】
・人数は 5–5
・時間は前半 5 分，後半 5 分
・ボールはソフトサッカーボールを使う。
・右サイドのフリーゾーンにフリーマンを 1 人入れる。
・フリーマンは直接シュートしてもよい。
・コーナーキックはあり。
・ゴールキックは，キーパーのゴールスローとする。
・スローインの投げ方は自由．得点は男子 1 点、女子 2 点。
・ゲーム開始はセンターラインからとする．
・審判はおかず，みんなでセルフジャッジする。
・主な反則：ボールに手で触れる。足を引っかける。腕をつかむなど。

図 2　ロングフリーゾーン・ゲームのコートとルール

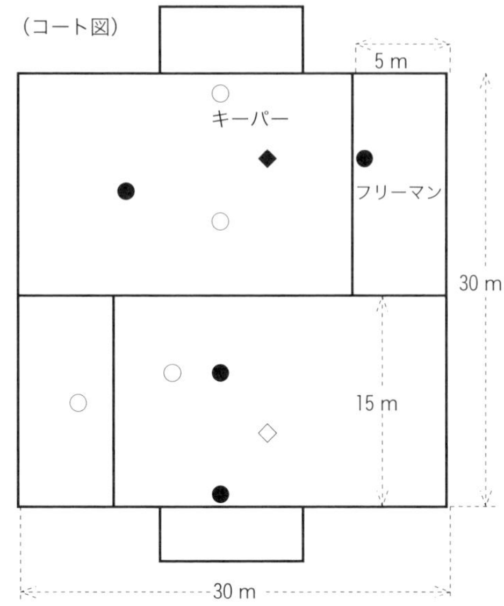

【ルール】
・主なルールはロングフリーゾーンゲームと同じ。
・ショートフリーゾーンは，攻撃側チームであれば，「いつでも，だれでも，何人でも」入ることができる。
　ただし，ボールにふれることができるのは 1 人だけとする。
・フォワードマン（◇◆）は攻撃ゾーン（相手陣内）のみ活動できる。守備ゾーン（自陣内）には出入りできない。

図 3　ショートフリーゾーン・ゲームのコートとルール

て，学級集団の課題意識をより鮮明にもたせるように働きかけること。（課題の明確化）

④チーム内やチーム間の肯定的な関わり行動（マナー）を重視し，ゲーム前後の挨拶，チームでのエール，シュートやナイスプレイの後の喜びの表現，応援，チーム内での肯定的な相互作用（賞賛，励まし，助言）などの儀式的行動に関心を向け指導すること。（コミュニケーション・スキルとマナーの指導）

なお，研究者からの介入は指導計画作成段階にとどめ，授業実践が始まった後は，すべて授業実践者に委ねることにした。

4 分析項目

＜授業場面の観察記録＞

各授業場面に費やされた時間量を知るために，授業場面の記録（36 頁）を観察分析した。

＜教師のフィードバックの観察記録＞

授業中の教師行動として，とくにフィードバック行動の頻度（49 頁）をカウントした。

＜教師の課題提示のしかたの分析＞

教師がどのような課題を提示し，学習を方向づけていたのかを知るために，授業始めと終わりの学習指導場面における教師のことばを逐語記録した。

＜学習行動の観察記録＞

授業中の学習者行動としては，課題非従事行動と集団的・情意的行動（45 頁）を観察分析した。

＜形成的授業評価＞

高橋らによって作成された形成的授業評価（12

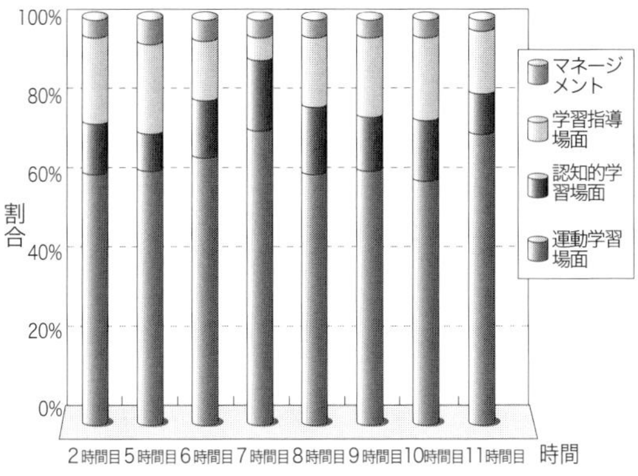

図4 授業場面の記録の分析結果

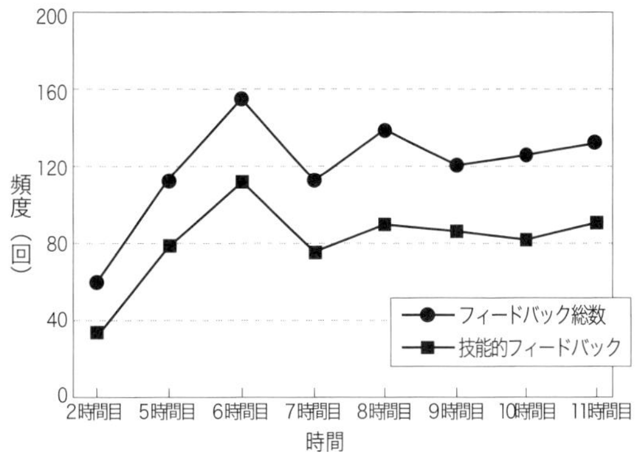

図5 教師のフィードバックの分析結果

頁）を行い，これによって学習成果を推定した。

5 結 果

授業者は，授業計画や介入意図をよく理解して，忠実に授業を展開した。以下には，授業過程の行動的事実と形成的授業評価の結果を示す。

［1］授業場面の分析結果

図4は，授業場面の分析結果である。図から明らかなように，「マネジメント場面」にあてられた時間量が非常に少なく，「運動学習場面」はすべての時間で60％前後確保されていた。このことから，授業の約束や学び方が確立され，無駄な時間のない勢いのある学習が展開されていたことがわかる。「学習指導場面」の時間量は，単元前半ではおよそ25％と比較的多かったが，これは教師が学習課題を提示したり，学習の進め方を説明したり，学習の方向づけを周到に行っていたことを教えている。

［2］教師行動の分析結果

図5は，教師のフィードバックの頻度を示している。単元前半では，その頻度が100回に満たない時間もあったが，単元の進行にともなって120回以上へ増加していった。内容的にも「技能に関連するフィードバック」が，単元の進行に伴って80回以上に増加するなど，学習内容に関連するフィードバックが増えていた。教師のフィードバックの頻度が，とびぬけて多かったわけではないが，平均以上の頻度で積極的にフィードバック行動を営み，肯定的な雰囲気を生み出すよう働きかけていた。また，技能的な内容に「焦点化されたフィードバック」を営み，技能的成果につながっていたと評価できる。

また，逐語記録の分析から，教師が多くの時間で授業の始めと終わりに具体的な課題提示や課題解決に向けた評価を行い，これによって子どもの学習を方向づけていたことも明白であった。ひとことで，ほどよい指導性が発揮されていた。

［3］学習者行動の分析結果

①課題非従事行動の分析

図6は，課題非従事行動の結果を示している。一見してわかるとおり，課題に関係のない行動をとる子どもの割合は，単元を通して0.2～0.3％と非常に少なく，子どもたちが課題に積極的に従事していたことが明らかであった。このことも授業の勢いを象徴しているといえよう。

②集団的・情意的行動の分析結果

図7は，集団的・情意的行動の分析結果である。「肯定的な人間関係」行動は，多くの時間で60回以上，少ない時間でも50回前後カウントされた。また，「肯定的な情意行動」は，ほぼ毎時間20回以上カウントされ，単元が進むにつれて漸増していった。「否定的な人間関係」「否定的な情意行動」は，ほとんど観察されなかった。これらは，本単元において子どもたちはきわめて肯定的な雰囲気の中で学習していたことを示唆している。

［4］学習成果（形成的授業評価）の分析結果

表1は，形成的授業評価の結果を示している。単元前半では「総合評価」は2.6～2.7点，「成果」

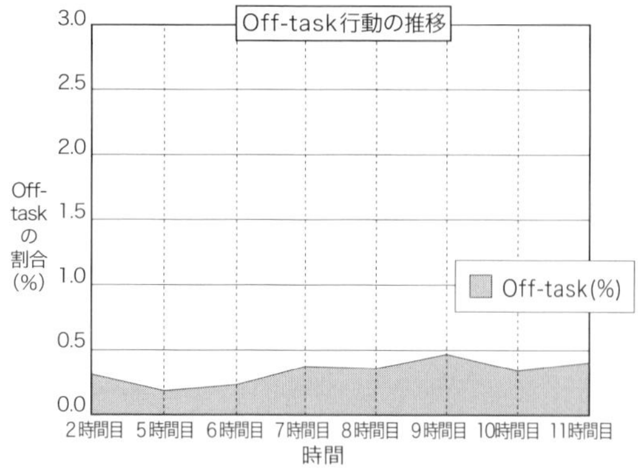

図6　課題非従事行動の分析結果

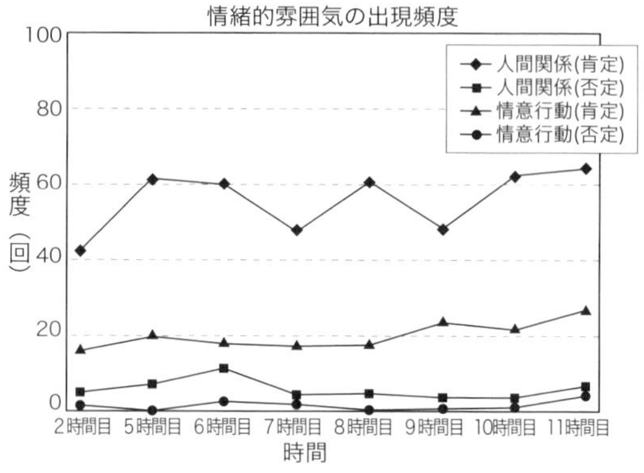

図7　集団的・情意的行動の分析結果

次元は2.5～2.6点で推移したが，単元の進行に伴ってそれぞれ2.8～2.9点，2.7～2.9点へと向上した。他の次元についても，時間とともに高い評価得点を得るようになった。5段階評価でみると，単元が進行するにつれて「4」から「5」へと評価が高まった。

このように，単元開始当初から比較的高い評価ではあったが，授業が進むにつれて，その評価がさらに高まった。子どもの目からみた場合，今回のサッカーの授業は最高に評価されたといえる。

6 まとめ

本研究では，高橋が提唱する「よい体育授業の条件」をふまえ，授業の勢いと肯定的な学習の雰囲気が生み出されるように授業計画を立て，また教師行動や学習者行動に関わって介入し，実験授業を行った。そして，それらがどのような授業過程の特徴となって現れ，どのような学習成果を生み出すのか検討した。その結果，授業過程では，教師の方向づけのもとに豊富な運動学習時間が確保され，子どもたちは意欲的に学習に取り組んだ。形成的授業評価も単元を通して4から5へと推移し，本単元は子どもから肯定的に受けとめられた。これらは，これまでに報告されているよい体育授業の行動的特徴と授業評価との一般的な関係に符合するものである。

以上のように，授業の勢いと学習の雰囲気に焦点をあてて授業計画を立案し，指導方略を活用して授業を展開すれば，授業の勢いが生まれ，授業の雰囲気も肯定的になり，授業評価も高まることが確かめられた。また，今回の実験授業を通して，教師が適度に指導性を発揮し，子どもたちの学習を誘導していくことが，学習成果を高めるうえで重要であることも示唆された。

（細越淳二・米村耕平・高橋健夫）

■**参考文献**

高橋健夫（1994）体育の授業を創る．大修館書店．

高橋健夫（2003）誰でも知っておきたい「よい体育授業」の特徴─授業分析のデータが示唆すること─．体育科教育51(9): 10-13.

細越淳二ほか（2000）体育授業におけるプログラム・プロセス・プロダクト研究の試み─教師の指導性の異なる2つのサッカーの授業分析を通して─．スポーツ教育学研究，20（1）: 41-58.

表1　形成的授業評価

	2時間目	3時間目	4時間目	5時間目	6時間目	7時間目	8時間目	9時間目	10時間目	11時間目	12時間目
総合評価	2.62（4）	2.68（4）	2.64（4）	2.69（4）	2.74（4）	2.79（5）	2.79（5）	2.81（5）	2.89（5）	2.88（5）	2.98（5）
成　果	2.47（4）	2.63（4）	2.49（4）	2.57（4）	2.60（4）	2.52（4）	2.72（5）	2.68（4）	2.86（5）	2.87（5）	2.94（5）
意欲・関心	2.95（4）	2.91（4）	2.93（4）	2.92（4）	2.98（4）	3.00（5）	2.90（4）	2.90（4）	2.93（4）	2.92（4）	3.00（5）
学び方	2.40（3）	2.40（3）	2.50（3）	2.57（3）	2.62（4）	2.86（5）	2.72（4）	2.82（5）	2.88（5）	2.78（4）	2.98（5）
協　力	2.72（4）	2.79（4）	2.73（4）	2.77（4）	2.84（4）	2.93（5）	2.86（5）	2.90（5）	2.91（5）	2.97（5）	3.00（5）

注）表中（　）内の数字は，各項目の平均得点を評価基準に照らし，5段階で評価した値を示している。

32　筑波大学の体育授業実習例

1 筑波大学体育専門学群の体育教師養成カリキュラム

筑波大学体育専門学群では，国内外の体育教師養成カリキュラムの動向をふまえ，平成 9(1997) 年度から職業領域を意識した主専攻コース制導入のカリキュラム改革が実行された。主専攻コースは，保健体育教師を志望する健康・スポーツ教育，社会体育指導者および経営を志望する健康・スポーツマネジメント，高度競技者およびコーチを志望するスポーツコーチングの 3 コースに分かれており，学生は 1 学年末にはコース選択を行い，2 学年からそれぞれの主専攻のカリキュラムを履修することになる。

健康・スポーツ教育コースでは，コース新設にあわせて，体育教師としての実践的指導力の養成を直接意図した授業として，体育授業理論･実習 I，II，III（各 1 単位）が開講された（以下では体育授業理論・実習は理論・実習と表記する）。このカリキュラム改革は平成 12(2000) 年度入学生から適用される新免許法に対応するもので，理論・実習は新免許法での「教職に関する科目」の各教科の指導法にあたる選択必修科目として位置づく。健康・スポーツ教育コースの学生には理論・実習の 3 授業をいずれも履修するように推奨している。

本節では，これらの理論・実習 I，II，III の授業において実践してきたマイクロティーチングや模擬授業の実際を事例として報告する（詳細は，長谷川ほか，2003 参照）。

2「体育授業理論・実習」の基本コンセプトと概要

筑波大学の体育教師教育カリキュラムにおける理論・実習は，その他の講義形式の授業科目で学習した専門的知識を，実際の授業の中で経験，確認し，体育教師としての実践的な指導力を育成するための授業科目として位置づけられる。そのため，3 つの授業には次のような基本コンセプトを設定し，これらにもとづいてそれぞれの授業展開が計画されている。

①体育授業を実施するために体育教師に必要な最低限の知識を提供する。
②マイクロティーチング，模擬授業などの実習形式で授業を経験する機会を提供する。
③教師，観察者，生徒の役割として授業を組織的観察法による分析・評価する機会を提供する。
④分析・評価のデータにもとづいて省察（リフレクション）を要求する。

図 1 には各理論・実習の概要と展開を示した。理論・実習 I は，主専攻コースを選択した 2 年生 3 学期に実施する。ここでは体育授業づくりのための基礎的知識，とくに教材づくりについて実習を通して学習することを学習目標とする。理論・実習 II は，つづく 3 年生 1 学期に実施する。学習目標は，指導計画や学習資料の作成を行い，模擬授業および授業分析の実践を通して体育授業の実

体育授業理論･実習 I	⇒	体育授業理論･実習 II	⇒	体育授業理論･実習 III	⇒	教育実習
(2 年生 3 学期)		(3 年生 1 学期)		(3 年生 2 学期)		(4 年生 1 学期)
教材づくり		模擬授業		学内授業参加･実習		附属学校・協力校
マイクロティーチング		授業観察・分析		共通体育		事前・事後指導

図 1　体育授業理論・実習の展開過程

践的能力を学習することである。そして，理論・実習Ⅲは3年生2学期に履修するもので，学内の一般学生（体育専門学生以外の学生）を対象に体育センターが開講している「共通体育」の授業に参加観察･実習するものである。なお，筑波大学は3学期制を採用しており，1学期の標準授業数は10授業で1授業は75分である。

このようにカリキュラムでは，健康・スポーツ教育主専攻の学生がこれらの授業を連続して履修できるように設計されている。とくに，理論・実習Ⅲについては理論・実習ⅠとⅡの単位取得者でなければ履修できない制限が設定してある。また，健康・スポーツ教育主専攻の学生数および「体育授業理論・実習」の履修者数は，開設以来，年度により若干の変動はあるが，1学年240名のうち50～60人前後が選択している。

3「体育授業理論・実習」の授業展開

理論・実習Ⅰ，Ⅱ，Ⅲについて授業展開と指導計画について述べる。

［1］理論・実習Ⅰ（教材づくり）

①授業計画

理論･実習Ⅰの授業計画では，10授業（各75分）のうち，前半の授業では教室において，オリエンテーション，体育授業づくりの基礎的知識，教材づくりについて講義が行われ，受講生は少人数のグループに分かれて15～20分程度で実施できる運動教材づくりの作業を行う。運動教材は，中学校で学習される体づくり運動（体操），器械運動，陸上運動，ダンス，球技のいずれかをグループで選択して，中学生の体育授業を想定した運動教材を作成することを課題とする。なお，水泳と柔道，剣道の武道の種目が施設・用具上の問題で実施できないため，ここに含まれない。後半は実演授業（マイクロティーチング）につづいて最終10回目の授業は，教材づくりについてのレポート提出と討論会である。

平成14(2002)年度を例として授業の展開を説明する。学生のグループ分けは，まず10～12人とした5つの種目グループに分かれ，さらに各グループが2～3人の4つの小グループに分かれる。教材案は各小グループ単位で作成し，1つの模擬授業のなかで1種目グループが4つの教材を実演する計画である。具体的には，生徒役の学生をA,Bの2クラスに分け，施設の半分を使ってAクラスでは前半15分で教材①，後半15分で教材②，Bクラスでは残りの施設半分で前半教材③，後半教材④を実演するように仕組まれる。授業のはじめ15分は準備とし，授業のおわり20分をかけて検討会の時間を設けている。

②受講生と授業者

受講生は例年60名ほどであるが，平成14(2002)年度には受講生が倍増し120名ほどが履修した。これは健康・スポーツ教育主専攻以外の主専攻で教員免許取得を希望する3年生の学生が，教育実習の準備として理論・実習Ⅰを履修したためであった。授業は理論・実習Ⅰと教員2名とTAの大学院生2名によって実施してきた。TAは教員とともに，評価用紙の配布・収集，VTR収録，および事後のデータ整理を行う。

③学習課題と学習資料

各グループは所定の用紙(B4)に運動教材案（教材名，学習課題，ルール，施設・用具）を記入して実習前に提出しなければならない。教材案作成にあたっては各グループで授業時間以外に数回にわたり会合を開き作業にあたらせている。また実習後に修正教材案を提出する。学習資料としては，「体育科教育」「学校体育」で紹介されている中学校体育授業の教材例のコピー，また中学校体育の副読本となっている実技書等を受講生にテキストとして使用させている。

④成績評価

受講生の成績評価は，出席回数と教材案の提出に加えて，実習後に提出する修正教材案，ならびに教材づくりについてのレポートから総合的に評価している。

［2］理論・実習Ⅱ（模擬授業）

①授業計画

平成13(2001)年度以降の理論・実習Ⅱの授業計画が図2に示してある。10時間のうち最初2時

第一段階 (2 時間)		第二段階 (7 時間)		第三段階 (1 時間)
授業ガイダンスとグループ分け 指導案の作成	⇒	模擬授業 (6 時間) の実施 (中間報告検討会 1 時間)	⇒	総　括

図 2　体育授業理論・実習 II の展開方法（10 時間）

15 分	45 分	15 分
授業の準備 観察法のガイダンス	模擬授業 観察記録	評価票の記入 記録の整理・発表 授業者コメント

図 3　体育授業理論・実習 II の 1 授業時間の展開（1 授業 75 分）

間をオリエンテーションとグループ分け，指導案作成にあて，つづく 6 時間で模擬授業（シミュレーション）を実施する。中間報告検討会は前半 3 時間の模擬授業についての観察・分析データの検討や模擬授業実施上の問題点が討議される。そして最後の 1 時間を総括の時間としている。

模擬授業の時間における 1 授業時間の展開は図 3 に示す。最初の 15 分で授業の準備と組織的観察法のガイダンスを実施する。模擬授業時間は 45 分として設定し，最後の 15 分で評価票の記入，観察記録の整理と発表，受講者 1 人ひとりと授業者のコメントを行う。

②受講生

理論・実習 II の受講生は原則として，2 年次に理論・実習 I を履修たものである。授業は理論・実習 I と同様に教員 2 名と TA の大学院生 2 名によって実施している。

③オリエンテーション

最初の授業では，授業目標，授業展開，グループ分けが行われる。理論・実習 II では，模擬授業を通して受講者の授業実施能力の養成と組織的観察法や授業評価法を用いて授業評価能力の養成をねらいとしていることを強調して解説する。また，前年度のデータを用いるなどして学習課題について一定の到達基準を提示している。

たとえば，平成 15(2003) 年度では，模擬授業中の教師の相互作用行動が前年度で平均 40 回であることを告げ，これを基準として示した。また授業展開では，教師の全体への指導場面は 20％程度，また移動や待機の時間であるマネジメント場面は 10％台とすることで，運動学習場面の割合を 50％以上確保することを目標とすることを提示した。さらに，授業での学習目標・内容・評価の一貫性や導入・展開・まとめの授業展開を意識するように解説した。これらの条件が生徒・児童から高く評価される授業であることを先行研究の知見として伝えた。

④授業グループの学習課題

授業グループは模擬授業実施日までに授業以外にも数度の話し合いをもち，所定の様式で指導案（単元計画，授業計画，学習資料）を作成し，授業の準備を整えなければならない。指導案は理論・実習 I と同様に中学校体育を想定するよう求めている。

模擬授業において授業グループのうち教師役以外のメンバーは，観察者として授業観察の役割を務める。彼らは 75 分の授業時間の最初 15 分を利用して組織的観察法のガイダンスを受け，それぞれを分担して記録する。模擬授業終了後ただちに観察グループは，観察記録を集計し，授業最後に記録の発表を行う。

実施している観察法は，授業期間記録，教師相互作用行動，学習者行動（下位児，上位児の抽出生徒を観察），授業展開である（高橋ほか，1994 ならびに資料編参照）。また，模擬授業の様子は，教師行動と授業全体について 2 台のカメラで，TA ならびに授業者らにより VTR 収録され，同一の観察基準により事後に研究室で分析を行っている。

⑤生徒グループの学習課題

生徒役のグループには模擬授業後の約 5 分間にいくつかの授業評価法に回答することを求めている。①形成的授業評価（9 項目 3 段階および自由記述）：これは小学校体育授業用に作成されたものであるが，本授業においても同一項目で実施している。また，各項目に自由記述欄を設けて意見を記述できるようにした（高橋ほか，1994：長谷川ほか，1995）。②教師行動評価（5段階14項目および自由記述）：教師行動評価は，授業を大きく「導入」「展開」「まとめ」と区分したとき，学生教師がどれだけ明確に学習の目標や教材，学習手順，助言，評価等をわかりやすく，しかも生徒を意欲づけながら説明することができたかを，生徒役の学生に評価を求めている。③教材評価（5段階22項目および自由記述）：理論・実習Ⅰから活用している評価項目である。

⑥成績評価とリフレクションシート

受講生の成績評価は，出席状況に加えて提出された指導案，組織的観察および評価法のデータにもとづいて省察（リフレクション）することを求めたレポート課題から総合的に評価している。

とくに，平成13(2001)年度からは受講生の体育授業についての省察能力を高めるために，省察する観点を印刷したリフレクションシートによる記述を求めている(表1)。このシートはA3用紙(横)で5×5の表の行には省察観点として「授業展開」，「教師行動」，「教材」，「教具」が，列には「事実」（模擬授業で実際に何が行われたか），「評価」（その事実をどのように評価するのか），「原因」（その事実は何が原因・理由で起こったのか），「改善策」（事実を改善するためにはどのような方策が考えられるか）のキーワードにもとづいて受講生は授業を省察することを学習する。

平成15(2003)年度は，受講生にリフレクションシートのファーマットをフロッピーディスクで渡し，模擬授業が終わるごとに電子メールで授業者に提出する方法をとっている。

［3］理論・実習Ⅲ（学内インターンシップ）

①授業の展開方法

3年生2学期の理論・実習Ⅲは，体育センターが開講している一般学生を対象とする「共通体育」の授業に参加観察・実習するものである。履修授業数は21～38授業，担当する教官は，12～25名にのぼる。

理論・実習Ⅲは，理論実習ⅠとⅡの履修を前提条件に履修可能となっている。そのねらいは，大学の体育実技の指導補助，観察記録などを通して，体育授業の実際を経験し，体育の授業を行う実践的な能力を培うことにある。とくに，一定期間継続的に担当教官の授業の展開方法や一般学生を観察できる機会が保証されることと直接指導体験がもてることが，Ⅰ，Ⅱの実習との大きな違いである。また，授業の申請に際しては，オリエンテーションと事前の授業観察を義務づけている。授業終了後には，レポート提出とともに，事後指導として担当教官を交えた情報交換会を設定している。この一連の手続きを示したものが図4である。

②実習担当教官に対する要請事項

実習に際しては，実習担当教官に対して次の要望事項を提示している。

①授業で履修させる学生の人数：1授業で履修させる学生数は，上限2名を原則とする。
②授業内での対応させる課題案：授業の観察，授業の一部補助（用具の準備，準備運動，グループや個人の指導，整理運動，観察結果の紹介など），1回の授業全体の実施（できれば評価）。
③観察ノートの記述内容のチェック並びに記述内容へのコメント。
④授業中に要求する課題に対応できるための事前指導，事後の対応。
⑤事前オリエンテーションならびに事後の反省会への参加，指導，助言

③受講生の単位認定条件と評価基準

また，受講生に対しては，単位認定の条件として次の諸点を明示している。

①事前のオリエンテーションに参加する。②参加した授業に3回欠席すると単位を認定しない。③提出物（レポートなど）の期限内の提出。

4 体育教師教育教育カリキュラムの成果と今後の課題

これら理論・実習の授業，そして筑波大学体育専門学群における体育教師教育教育カリキュラムおよび指導法について取り組んできた成果と今後さらに体育教師教育カリキュラムを発展させていくために検討しなければならない課題について述

表1　リフレクションシート記述例

模擬授業リフレクションシート

平成 15 年　6 月　10 日　　学籍番号：＊＊＊＊＊＊＊　　氏名：＊＊＊＊＊＊　　役割：生徒　　教師役氏名：＊＊＊＊＊＊

	事実	評価	原因	改善策
授業展開	集合→準備体操→説明（鬼ごっこの） 適当に立候補と，先生の指示により鬼を決めて，バスケの動きを取り入れた鬼ごっこを行う。 一度集合させ，もう一度鬼ごっこ さらにその動きを応用させて，今日行うバスケットの基本である 3 対 2 の説明をする。 適当にチームを区切って分け，5 分間でスタート 一度作戦タイムを設けて，そのときに新ルールである女の子のスリーポイント，さらに 5 分間のゲームをやらせる。集合して，次の時間には 5 対 5 のゲームを行うことを告げ，終了する。	鬼を決めるのは適当な感じがしたが，これもアップの一環だしいろんな人にやらせてもいいと思う。それに早くで捕まってコート外に出た人には運動量が乏しいだろうし，最後まで残った人は広く逃げ回らないといけなくて相当な運動量になると思う。アップとしての機能が全員に果たされているかは疑問が残る。また自分は鬼だったが，2 回やるとは知らず，鬼が変わらないのにも少し疲れていたので嫌だった。 作戦タイムはただどうすればいいかを話し合わせても，経験者もおらず話が進まなかったので，先生が輪の中に入ってくるのはよい行動だと思う あと女の子特別ルールはとても盛り上げるのに役立った。	アップとして行うには，運動量もあり，バスケの動きも埋め込まれていて問題ないと思うが，その早く捕まった人が動かないという点に気がつかなかったのかもしれない。 先生からの発問の場として生徒にああだこうだ言わせることもできるし，話し合いが平行線状態の時のきっかけにもなるからだろう。 やはり技能差を補うためだろう。	先に出た人が運動量のある鬼をしたり，2 回目は鬼がボールを回して，その他の人がボールをとるために動き回ってもいいかもしれない。 鬼だけがボールに慣れることができてしまう。やはり鬼はいろいろ変えてよかったのではないか。 話し合わせるにしても最初の攻撃 3 人と守り 2 人はわかっているので，そうした小ユニットたちから話し合わせてもよかったと思う。
教師行動	集合，挨拶，準備運動，今日行うことの説明 鬼ごっこの鬼の立候補を求めて，さらにそこから適当に 4 人を決める。鬼ごっこの説明。その際，トラベリングについての質問を生徒にする。鬼ごっこを実施させる。 一度集合し，どうやって追い詰めるかの話をして，もう一度やらせる。→集合 今日行う 3 対 2 の説明を行う。適当にチームを半分に区切ることで決め，実施させる。先生役はこのとき確か審判を務める→ゲームの時間がきたら，集合させてどうしたら勝てるかの基本的な戦術的説明をホワイトボードを用いて説明する。 その際に先生も輪の中に入り，こうしたほうが好いというアドバイスをいれたりしていた。 さらにもう 5 分のゲームを行い，時間がきた時点で終了。	質問は生徒にしており，そしてつねに『みなさんわかりましたか？』という感じで全員へと発問ができていたと思う。 チーム決めが適当だと思ったが，内容が全員参加タイプなので，人数に少し差があっても問題はなさそうだった。 ゲーム中の先生の存在感がなかった。 何もわからない中学生の女の子にとってはためになるだろうが，本番でしか試す場がないというのが残念である。 先生が輪に入るのはグッジョブでした。	一対多数という関係の中でみんなに発問というのはよくあると思う。どれだけ個人に対しても話しかけてやったかも課題にしたい 3 対 2 のシステムがよかった。みなが運動に参加できた たとえば，ボールがコートから出たときも生徒たちが勝手に再開していたし，始めの合図しかいってないような気がする。ただ生徒にひたすらやらせたかったからか。	先生の気遣いによるだろう。 別に先生にうるさくいってもらいたい場面ではなかったので改善策もないが，少し気になったので。 話し合いのときに軽く動きながらでもよいという形にしてもらえれば，より具体的な動き方がわかっていいのでは。
教材	バスケットの動きでの鬼ごっこ 3 対 2 を 5 分間× 2	はじめにいきなりゲームをやらせるのではなく，鬼ごっこという形でウォームアップができたのがよかった。 また 3 対 2 にしても，全員が必ずプレーに参加できるように工夫されており，運動量としても申し分なかったように感じる。	今までの模擬授業では準備運動をして，ワンステップとばしていきなり本題に入っていたので，反省で何か付随するような動きをしては，といわれていたのでその反省点がしっかり生かされていたのではないだろうか。ただ，授業展開の反省で書いたように，効果は人さまざまだろう。 専門にバスケをしている人が班にいたからその人のアイデアだろうか。	教材としてはよいと思うが，やはり鬼ごっこにしても 3 対 2 にしても事前の説明がもうチョットみんながわかりやすいようにしたほうがよかったと思う。あと反省のときにも出ていたが，鬼を変えたほうがより多くの人間がゲーム前にボールに触れることになりウォーミングアップとしてはよりよいものになったと思う。
教具	ホワイトボード ビブス ボール	ホワイトボード上には選手の動きをマグネットで指し示しわかりやすかった。鬼に着せるビブスも必要なものだと思う。	ペンでいちいち書き直していては時間のロスになるからだろう。というか，ふつう，こうした球技の説明のときはこのようにマグネットを使ったほうがよいのは自明である。	3 対 2 のルールを説明するときも，そのマグネットを使っていたが，いまいち人の入れ替わりのところの細かいところまで気がつかなかった。人間を使ってデモを行っても問題ないが，マネジメント時間がまた長くなってしまうので，やはり説明の仕方をもっと工夫すべきか。

平成 15(2003) 年度　理論・実習 II におけるバスケットボール模擬授業に対するリフレクションシート。この授業は 5 回目の模擬授業で，リフレクションの記述量は当初より増え，また記述内容も拡がりをみせている。また，単純に授業を批判したり肯定したりするだけでなく，問題の具体的な改善策の記述が述べられるようになってくる。

べたい。

(1) 理論・実習の成果を検証する

初心者教師である学群生に対して，体育授業における教授学習過程に関する概念，知識，研究成果を直接的経験から伝達することは，平成13(2001) 年度のデータ解析から一定の成果があったと考えられる（長谷川ほか，2002，2003 参照)。組織的観察法の実習や授業評価法の活用を今後とも併用していきたい。

しかしながら，短期間の授業で成果のあがりやすい教授能力とあがりにくい教授能力があるのも事実である。具体的には時間配分は比較的容易であるが，フィードバック行動は専門的技量を要求するため即座の顕著な伸びは認められなかった。この点についてはトレーニングマニュアルやガイダンスを充実させる必要がある。

また，反省的思考の促進と言語化をねらい，リフレクションシートの活用を昨年度から始めている。受講生の1人ひとりを縦断的にみると省察の内容や視点の変容が把握できるのではないかと期待している。このシートの分析を含め，理論・実習の成果を適切に評価できるアセスメントシステムを構築していく必要がある。

授業展開方法に関する共通理解 と実習担当教官への依頼 4月初旬まで	(1) 担当に際しての了解事項の検討，確認。 (2) 担当可否の問い合わせ（4/17〆切）
実習担当教官，実習運営教官打ち合わせ会議 4/10　センター会議終了後	(1) オリエンテーションならびに実習方法の確認。
オリエンテーション 4/24（水） 14:00–16:30 52B15 教室	(1) 参加希望申請用紙を配布。 (2) 参加者：理論・実習Ⅲ履修希望者ならびに実習担当教官。 (3) オリエンテーションの内容 ・共通体育の理念と内容，選択方法 ・理論実習Ⅲの目的、受講に際しての留意点 ・理論実習Ⅲの受講手続きならびに日程 ・実習担当教官の紹介，受け入れ条件の紹介
事前観察	(1) 受講希望授業を観察する。なお，観察に際しては，事前に実習担当教官に連絡し，許可を得る。
受講希望授業申請 6/05〆切（水曜）	17:00
受講授業決定 6/19（水）	(1) 受講授業を掲示する。 (2) 受講者の名簿，連絡先が実習担当教官に連絡される。 (3) 実習担当教官に事前に挨拶に行き，授業について打ち合わせを行う。 (4) 実習ノートを受け取る。B508　岡出。ノートの配布は6月19日（水）以降。
実習参加 9/1 レポート〆 11/20 成績提出〆 12/2	(1) 9月より開始。実習担当教官と打ち合わせた場所へ。 (2) レポート〆切 11月20日（水）B508　岡出。 (3) 実習担当教官へのレポート返却・回収，成績処理 (12/2)。
反省会 12/11 52B15 教室	(1) 参加者：体育授業理論・実習Ⅲ履修者，実習担当教官ならびに実習運営教官。 (2) 反省会の内容 ・実習での成果と問題点の交流（3～4人のグループ） ・実習担当教官との交流 ・グループでの交流結果の公表

図4　理論・実習Ⅲの参加者決定ならびに単位認定に向けての手続き（平成14（2002）年度）

(2) 理論・実習の授業内容を改善する

これまで授業者とTAの大学院生との討議や受講生のレポートやデータ解析から，年度ごとに授業展開の工夫・改善を繰り返してきた。

具体的には，平成14(2001)年度の理論・実習IIでは，1授業に1つの模擬授業で1人の教師であったのを，平成15(2002)年度以降では受講生を2クラスに分け2つの模擬授業を設定してそれぞれに教師役を配した。次年度以降も多くの受講生に教師役の経験を保証できるようさらに複数の授業（少人数）を設ける方針である。また，現在，データ解析の結果は10時間目にフィードバックしているが，できるだけ速やかに受講生に伝達するシステム（データ解析をグループで実施させ，HP上に結果を載せるなど）を構築したいと考えている。

(3) 授業者間のコミュニケーションの促進をはかる

授業では受講生間や授業者間とのコミュニケーションを促進するように務めてきた。とくに，理論・実習IIIは複数の授業と授業者が関与しているため，指導体制の意思統一をはかれるように周到な計画を準備する必要がある。また授業に関する重要事項は，シラバスに詳細に述べる，あるいはHPに掲載するなどのコミュニケーション手段をはかる必要がある。

また，理論・実習IIの授業内容を1授業75分の中に模擬授業45分で実施しようとすると，受講生間の討論時間がほとんど保証されないという問題が起こっている。このままの授業時間であれば，模擬授業時間を30分に短縮してその分を討議時間にあてるなどの方策をとることも必要である。

(4) 教師教育プログラムの整合性を高める

理論・実習の授業成果を高めるためには，その他のカリキュラム全体の位置づけを整合させる必要がある。たとえば，受講生は模擬授業で実習している組織的観察法や授業評価法については，その他の教職授業や専門授業において基礎的学習を終えておかねばならない。

また4年生での教育実習やその事前・事後指導の内容との連携についても考慮しなければならない。初心者教師である学生に対して教育実習の事前指導，実習，事後指導と一貫した学習内容を設定する必要がある。

平成14(2002)年度から，筑波大学附属中学校ならびに高校での教育実習生には，実習前半と後半での教師行動の組織的観察法を実習課題として組み込ませている。これは実習生が授業中に示した教師行動が実習前後でどのように改善されたかを省察する材料提供をねらいとして実施している。さらに，大学院の教師教育プログラムとの連携をはかっている。現在，大学院においても体育科教育学特講（1学期と2学期で2単位）の授業を開講しているが，いずれも模擬授業形式で授業を展開している。実習を経験している大学院生に対しては，初心者教師である学群生とは一段レベルアップした学習課題を必然的に要求することになる。

これらの課題を検討しながら，初心者から大学院生，さらには現職教師の研修教育にも適用可能な体育教師教育プログラムの開発につなげていく必要がある。

（長谷川悦示・岡出美則）

■参考文献

長谷川悦示・高橋健夫・浦井孝夫・松本富子（1995）小学校体育授業の形成的評価票及び診断基準作成の試み．スポーツ教育学研究 14 (2) : 91-101.

Hasegawa, E., Okade, Y., Takahashi, T. & Miki, H. (2002) Investigating physical education teacher education (PETE) programs in the University of Tsukuba: Improving teaching implementation and teaching assessment using simulation. International Sport Pedagogy Symposium, 1, 49-61.

長谷川悦示・岡出美則・高橋健夫・萩原武久・米村耕平・松本奈緒（2003）筑波大学における体育教師教育カリキュラム及び指導法の検討：「体育授業理論・実習I・II・III」の授業展開．筑波大学体育科学系紀要 26 : 69-85.

高橋健夫（2000）子どもが評価する体育授業過程の特徴．体育学研究 45(2) : 147-162.

高橋健夫・長谷川悦示・刈谷三郎（1994）体育授業の「形成的評価法」作成の試み 子どもの授業評価の構造に着目して．体育学研究 39 (1) : 29-37.

高橋健夫・日野克博・遠山典江・長谷川悦示・平野智之・鈴木由美（1994）授業観察バッテリーの開発の試み．高橋健夫研究代表「優れた体育授業を実現するための指導法に関する実証的研究」．平成4・5年度文部省科学研究費（一般研究B）研究成果報告書，pp.149-163.

33　愛媛大学での模擬授業の実践

—授業の勢いと雰囲気を高める—

1 はじめに

近年，教育実践に結びついた教員養成のあり方が問われており，よりよい体育教師を養成していくための今日的な課題のひとつとして，大学での授業をよりよく改善していくことがあげられる。そうしたなか，体育教師の実践的指導力の育成を意図した模擬授業やマイクロティーチングなどが各大学で実践されるようになってきた。しかし，こうした取り組みは各大学で実践されているものの，研究報告や実践事例はまだ少ない。

そこで，体育教師養成に向けた取り組みの一例として，愛媛大学での模擬授業の実践を取り上げ，その具体的内容について紹介する。

2 模擬授業のねらい

表1は，愛媛大学の体育に関する教職科目と実習を示したものである。このなかで，2年後期からの保健体育科教育法ⅠとⅡでは，教育実習の前段階として模擬授業を取り入れている。模擬授業では，よい体育授業を実現するための基礎的条件である「授業の勢い（運動学習時間を確保し，スムーズに授業を展開できること）」や「授業の肯定的雰囲気（子どもたちに積極的に関わり，授業の肯定的な雰囲気を生み出すこと）」をねらいにしている。これらは，どの教材，どの学年，どの段階においても求められるもので，教育実習までにこれらを意識し，実践できる力を身につけさせたいと考えている。

表1　体育に関する教職科目と実習

学年	学期	学校教育教員養成課程 保健体育専修	生活健康課程 健康スポーツコース
1年	前期	観察実習（基礎セミナー）	
2年	前期	小学校体育科教育法 小学校教科・体育	
	後期	保健体育科教育法Ⅰ	
3年	前期	保健体育科教育法Ⅱ	
	後期	教育実習	
		保健体育科教育法Ⅳ	
4年	前期	（応用実習）	教育実習

3 模擬授業中心の授業展開

表2は，「保健体育科教育法Ⅰ」の展開（内容）を示したものである。

1～4回の授業では，模擬授業を実施するにあたっての基礎的知識や授業構想の視点について学習する。この段階では，授業づくりに必要な情報を提供するとともに模擬授業への動機づけを図っている。

次に，5～15回の授業では，実際に模擬授業に取り組み，模擬授業の後には必ず反省・検討会のための授業を位置づけている。ここでは，各グループが作成した学習指導案にもとづきながら実際に模擬授業を実践すること，そして，実施した模擬授業について反省・検討することを目的とし，それらを繰り返しながら授業を展開する。なお，

表2　「保健体育科教育法Ⅰ」の展開

回	内容	回	内容
1	オリエンテーション	9	模擬授業③
2	体育では何ができるの －保健体育科の目標・内容	10	模擬授業④
3	教育実習はすごく大変 －実習生の生の声を聞く	11	体育の授業は準備が命 －学習資料，学習カード
4	体育の準備は結構大変 －授業計画の作成の仕方	12	模擬授業⑤
5	模擬授業①	13	模擬授業⑥
6	ほめることは簡単？ －教師の相互作用	14	なぜ体育が嫌いになる？ －できない子への指導
7	模擬授業②	15	模擬授業⑦
8	教師はよいマネージャー －授業のマネジメント	16	総括 －よい体育授業の条件

表3 「保健体育科教育法Ⅱ」の展開

回	内容	回	内容
1	オリエンテーション	9	現場の声を聞く① (実地指導講師の講義)
2	すぐれた実践から学ぶ (VTR)	10	模擬授業④ (単元1時間目)
3	体育授業を構想する	11	模擬授業⑤ (単元2時間目)
4	学習指導案を検討する	12	模擬授業⑥ (単元3時間目)
5	模擬授業① (単元1時間目)	13	授業反省・検討会Ⅱ
6	模擬授業② (単元2時間目)	14	現場の声を聞く① (実地指導講師の講義)
7	模擬授業③ (単元3時間目)	15	教育実習に向けて何を すべきか
8	授業反省・検討会Ⅰ	16	総括 よい体育授業の条件

表4 1時間の授業の進め方

	模擬授業	反省・検討会
授業の流れ ↓	①授業の説明	①資料配布 ・レポートのまとめ
	②模擬授業 ＊VTRで収録	②模擬授業のVTR (批評,助言,解説) 授業評価 (授業分析の結果)
	③授業の反省 ・授業評価 ・感想	③本時のテーマ ・教師の相互作用,授業のマネジメントなど ・教育実習生の実態 ・模擬授業との比較 ・VTRによる解説

表5 バスケットボールの授業評価

		生徒役	教師役
Q1	学習のねらいやめあてが明瞭だった	4.41	4.50
Q2	学習の進め方や学び方が明瞭だった	4.24	3.75
Q3	学習のまとめと評価が明確だった	3.38	3.25
Q4	生徒の様子を積極的に観察・巡視していた	4.17	3.00
Q5	発問や応答・受理を積極的に与えていた	3.66	2.25
Q6	賞賛や励ましを積極的に与えていた	3.72	2.75
Q7	助言やアドバイスを積極的に与えていた	3.79	2.75
Q8	生徒1人ひとりに積極的に関わっていた	3.28	1.75
Q9	準備や移動の場や時間が少なかった	4.00	3.00
Q10	運動学習時間が十分確保されていた	3.97	4.00
Q11	学習資料が有効に活用されていた	3.86	4.25
Q12	安全が十分配慮されていた	3.72	4.50
Q13	よい授業であった	4.17	3.25

注)5点満点で平均点を算出

受講生は6グループ(1グループ5〜6人)に分かれ,担当グループが授業を実践し,他の学生は生徒役になって模擬授業に参加する。

そして,最後の授業は,これまでの授業全体を振り返る総括の時間になっている。ここでは,各模擬授業において収集されたデータをまとめて提示し,反省点や改善点を整理する。

一方,表3のように「保健体育科教育法Ⅱ」でも模擬授業中心に授業を展開する。とくに「保健体育科教育法Ⅱ」では,各グループが3時間単元の模擬授業を実践することにしている。また,実際に教育実習で指導にあたる附属学校の先生にも授業を担当していただき,模擬授業で課題が残った点や教育実習にむけて留意すべき点について指導や助言をお願いしている。

4 模擬授業の実践

表4は,1時間の授業の流れを示している。模擬授業を実施するときは,①授業の説明,②模擬授業,②授業の反省(評価)で展開する。まず,担当グループから,学習指導案にもとづき,単元のねらい,本時の位置づけ,これまでの展開,授業の約束ごとなどが説明される。その後,模擬授業を実施し,模擬授業の様子はVTRに収録する。そして,模擬授業終了後ただちに授業評価を実施し,残りの時間で教師役,生徒役の学生からコメントを求める。各自の具体的な感想(よかった点,改善点)については,後日にレポートを提出することになっている。

また,反省・検討会の授業は,①資料配布,②模擬授業の反省,③テーマに関連した指導・助言で展開する。まず,資料として,授業評価の結果(表5)が示される。これは,よい体育授業の基礎的条件である「授業の勢い」や「授業の肯定的雰囲気」に関連した項目で構成されており,教師役と生徒役別にデータを集計している。また,各

表6　バスケットボールの感想・改善点（一例）

説明・練習	○簡単にわかりタスク専門的な戦術（ハーフコート・マンツーマン）を説明してくれた。 ○ボールにさわる時間が十分確保されていてよかった。 ●Vカットの説明のとき先生の背中のほうから観ていたので，逆だと見やすかった。 ●三角パスの目的を教える必要もあったと思う。
ゲーム	○ボーナス得点の制度はおもしろかった。 ○ルールが工夫されていて，本時の目標である「全員シュート」との兼ね合いも明確でよかった。 ●新しい戦術を教えてくれたけど，試合ではあまり活用できなかった。 ●全員シュートとVカットでフリーをつくることが強く結びついているとはいえない。
教師の言葉がけ	○教師の対応が明るかったのでとてもよかった。 ●シュートを入れるコツやパスの回し方とかもう一度確認する時間があってもよかった（技術の指導）。 ●もっとこうしたらよいとか，具体的なアドバイスもほしかった。

自が提出したレポート（よかった点，改善点）についても，各自の反省を共有化し，次のグループが授業改善に活用できるように場面あるいは内容ごとに整理したものを資料として配付する（表6）。そして，それらの資料と収録した模擬授業の映像を用いて模擬授業を反省する。VTRは授業の特徴的な場面を約15分に編集しておき，ところどころで映像を止めながら具体的な場面にそってコメントしたり，実践者に解説してもらう。また，配布した資料と関連させながら，その結果や原因についても検討する。たとえば，教師役と生徒役でどうして評価に差が生じたのか，評価を下げた要因は何だったのかなどについて意見交換する。その後，各時間のテーマに関連して，模擬授業の授業分析（マネジメントや相互作用）の結果や教育実習生，一般教師を対象にした先行研究，優れた授業実践のVTRなどを用いて指導や助言を与えるようにしている。

5 模擬授業で得られるデータの活用

図1は，「保健体育科教育法Ⅰ」の総括の時間に提示するデータの一部である。教師の巡視や相互作用に関する評価はおおむねね右上がりに向上しており，模擬授業を重ねるごとに巡視や相互作用を意識するようになり，その技能を高めていったと推察できる。ただし，6回目の授業で評価が下がったが，これは学習指導計画が十分に練られていなかったためで，生徒役の学生たちもそのことを適切に評価していた。毎回提出する学生の反省レポートにも，「教師の言葉がけが少なかった」「教師はもっと子どもに関わるべきだ」といった教師行動に関する意見が頻繁にみられ，次の担当班はそれらの意見を参考にしながら授業改善を図っていった。なお，「教師の直接的指導」「マネジメント」「安全管理」などについても，学生たちは，自分たちの授業評価を活用しながら模擬授業の授業改善を積極的に取り組んでいた。

一方，「保健体育教育法Ⅱ」では，授業観察チ

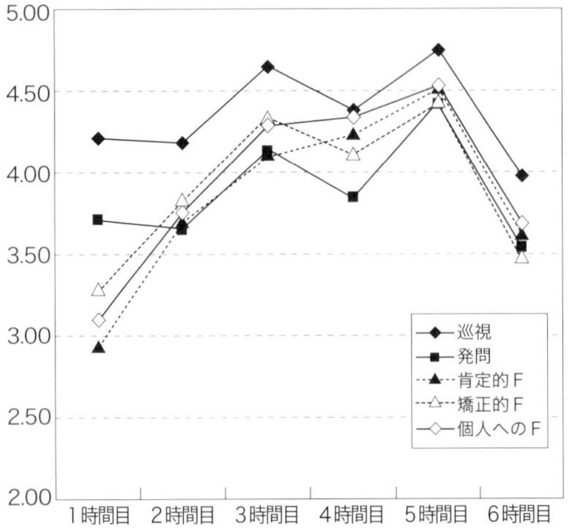

図1　教師の巡視と相互作用の授業評価の推移

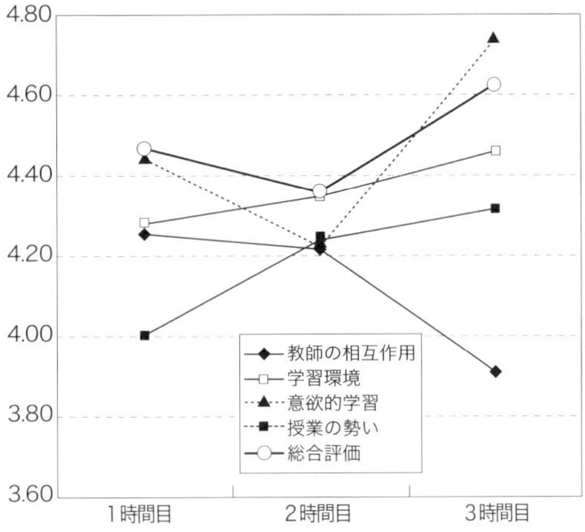

図2　模擬授業（バドミントン）の授業評価の推移

ェックリストを用いて授業評価を行っている。図2は，3時間単元のバドミントンの模擬授業の授業評価の結果である。ここでは，単元を通してなぜこのような推移になったのか，授業評価と授業計画，授業過程との因果関係について考察することを課題にしている。学生のレポートには，次のようなコメントがみられた。

○ 単元の2時間目に「意欲的学習」が下がったのは，技術練習にこだわりすぎていたからでもっとゲーム要素を取り入れればよかった。ゲーム中心の3時間目は，「意欲的学習」は最も高い得点になっていた。

○「相互作用」は単元が進むごとに評価が下がっていった。それは，授業が進むにつれて技術的な助言が求められたことや，3時間目は教師がゲームに集中しすぎて生徒との関わりが少なくなっていたからだろう。

このように，1時間の授業とともに単元を通して反省的に授業を振り返るようにしている。

6 学生の模擬授業の受けとめ方

全授業終了後に学生から授業全体に対する感想を求めた。その結果，最も多くみられたのは「実際に経験してわかったことが多い」に類する意見であった。これは，模擬授業だけでなく，反省・検討会を通してよりよい授業を実現していく取り組みが学生には新鮮かつ印象的な経験になっていたと思われる。そして，次に多かったのが，「次の時間にデータが整理されていてわかりやすかった」に類する意見であった。模擬授業をやっただけで終わらないで，客観的，主観的なデータを参考にしながら授業改善を図っていったことでよい授業づくりの一端に触れることができたのではないだろうか。実際，教育実習では，模擬授業で用いた授業評価法を実際に活用している学生もみられる。今後，模擬授業によって具体的にどのような指導力が身につき，どのような効果があったのかについては，教育実習などの実践を通して検証していく必要があるだろう。

7 今後の課題

模擬授業を取り入れた実践を通して次のような課題を確認している。今後，これらのことを参考にしながら，よりよい体育教師を養成するための授業改善を図っていく必要がある。

○実際に指導する場面を提供することで，教員を志望する学生の意欲を喚起でき，より具体的，実践的な理解や経験につながった。しかし，現実には，教師役の回数や反省・検討会の進め方など時間的な制約も多い，教師役の人数，授業時間，学習集団，指導内容などを限定したり，調整することで対応することもできる。今後，どういった実施の仕方が効果的か，創意工夫して実践していく必要がある。

○模擬授業の経験を重視するとともに，授業に対する反省や検討の機会を活性化していくことも重要である。今回の実践では，授業評価と学生のレポートにもとづいて反省的に授業改善を図っていった。授業改善の方法は多様であり，どういったデータをどのように収集すれば効果的か，また，そうしたデータ収集や授業改善の方法自体も指導していく必要がある。

○学生を相手に指導する模擬授業には限界がある。また，教員養成では，単なる教育方法のテクニックを習得することが目的ではなく，子どもの成長と発達に対する理解や教科に関する専門的な知識に基づいた指導が求められている。そのため，子どもたちと実際にふれあったり，子どもたちの様子を観察する機会が提供できれば，児童・生徒観，教育観を身につけたり，より実践的な指導力を身につけることができるだろう。今後，学校現場との連携を強化し，より実践的な教育の場を活用していくことも考えられる。

(日野克博)

■参考文献

日野克博（2003）より質の高い教員養成に向けた取り組み：模擬授業の実践から．体育科教育 51(4) : 26-29.

Ⅵ章
資料編

●診断的・総括的授業評価‥‥158
●形成的授業評価‥‥163
●運動有能感に関する調査票‥‥165
●仲間づくりの形成的評価票‥‥166
●ダンス（表現運動）の授業評価票‥‥167
●学級集団意識の調査票‥‥168
●体育授業観察者チェックリスト‥‥169
●体育授業場面の観察 -1‥‥170
●体育授業場面の観察 -2‥‥172
●学習従事の観察‥‥174
●運動学習場面における課題非従事の観察‥‥176
●人間関係行動・情意行動の観察‥‥178
●教師の相互作用行動の観察‥‥180
●教師のことばかけの記録票‥‥182
●教師のマネジメント技能の観察‥‥183
●ゲームパフォーマンスの記録カード‥‥184

体育授業についての調査（小学校高学年用）

（　　月　　日）

小学校　　　年　　　組　　男・女　　　番　名前［　　　　　　　　　　　　］

◎ この文章を読んで，自分の考えにあてはまる場合は「はい」に○をつけてください。あてはまらない場合には「いいえ」に○を，また，どちらともいえない場合には「どちらともいえない」に○をつけてください。

1 体育では，先生の話をきちんと聞いています。
（はい・どちらともいえない・いいえ）

2 体育で体を動かすと，とても気持ちがいいです。
（はい・どちらともいえない・いいえ）

3 体育をしているとき，どうしたら運動がうまくできるかを考えながら勉強しています。
（はい・どちらともいえない・いいえ）

4 体育では，いたずらや自分勝手なことをしません。
（はい・どちらともいえない・いいえ）

5 体育で運動するとき，自分のめあてを持って勉強します。
（はい・どちらともいえない・いいえ）

6 体育がはじまる前は，いつもはりきっています。
（はい・どちらともいえない・いいえ）

7 体育では，みんなが，楽しく勉強できます。
（はい・どちらともいえない・いいえ）

8 体育をしているとき，うまい子や強いチームを見てうまくできるやり方を考えることがあります。
（はい・どちらともいえない・いいえ）

9 私は，運動が，上手にできるほうだと思います。
（はい・どちらともいえない・いいえ）

10 体育では，自分から進んで運動します。
（はい・どちらともいえない・いいえ）

11 体育は，明るくてあたたかい感じがします。
（はい・どちらともいえない・いいえ）

12 体育で習った運動を休み時間や放課後に練習することがあります。
（はい・どちらともいえない・いいえ）

13 体育をすると体がじょうぶになります。
（はい・どちらともいえない・いいえ）

14 体育で，ゲームや競争で勝っても負けても素直に認めることができます。
（はい・どちらともいえない・いいえ）

15 体育では，いろいろな運動が上手にできるようになります。
（はい・どちらともいえない・いいえ）

16 体育では，友だちや先生がはげましてくれます。
（はい・どちらともいえない・いいえ）

17 体育では，せいいっぱい運動することができます。
（はい・どちらともいえない・いいえ）

18 体育では，クラスやグループの約束ごとを守ります。
（はい・どちらともいえない・いいえ）

19 私は，少しむずかしい運動でも練習するとできるようになる自信があります。
（はい・どちらともいえない・いいえ）

20 体育で，ゲームや競争をするときは，ルールを守ります。
（はい・どちらともいえない・いいえ）

注）診断基準は162頁を参照のこと

体育授業についての調査（中学校用）

（　月　日）

中学校　　年　　組　　男・女　　番　名前［　　　　　　　　　　］

◎ この調査用紙には，体育の授業に関する文章が20項目あげてあります。
この文章を読んで，自分の考えにあてはまる場合は「はい」に○をつけてください。あてはまらない場合には「いいえ」に○を，また，どちらともいえない場合には「どちらともいえない」に○をつけてください。

---

1 体育で，ゲームや競争をするとき，ずるいことや卑怯なことをして勝とうとは思いません。
（はい・どちらともいえない・いいえ）

2 体育では，いろいろな運動が上手にできるようになります。
（はい・どちらともいえない・いいえ）

3 体育では，みんなが，楽しく勉強できます。
（はい・どちらともいえない・いいえ）

4 体育では，ゲームや競争をするときは，ルールを守ります。
（はい・どちらともいえない・いいえ）

5 体育をすると体がじょうぶになります。
（はい・どちらともいえない・いいえ）

6 体育で，グループで作戦をたててゲームや競争をします。
（はい・どちらともいえない・いいえ）

7 私は，少しむずかしい運動でも練習するとできるようになる自信があります。
（はい・どちらともいえない・いいえ）

8 体育は，明るくてあたたかい感じがします。
（はい・どちらともいえない・いいえ）

9 体育で，他の人が運動しているとき，応援します。
（はい・どちらともいえない・いいえ）

10 体育をしているとき，うまい子や強いチームを見てうまくできるやり方を考えることがあります。
（はい・どちらともいえない・いいえ）

11 私は，運動が，上手にできるほうだと思います。
（はい・どちらともいえない・いいえ）

12 体育では，せいいっぱい運動することができます。
（はい・どちらともいえない・いいえ）

13 体育では，自分から進んで運動します。
（はい・どちらともいえない・いいえ）

14 体育で，ゲームや競争で勝っても負けても素直に認めることができます。
（はい・どちらともいえない・いいえ）

15 体育では，友だちや先生がはげましてくれます。
（はい・どちらともいえない・いいえ）

16 体育では，運動がうまくなるための練習をする時間がたくさんあります。
（はい・どちらともいえない・いいえ）

17 体育がはじまる前は，いつもはりきっています。
（はい・どちらともいえない・いいえ）

18 体育では，いたずらや自分勝手なことはしません。
（はい・どちらともいえない・いいえ）

19 体育では，クラスやグループの約束ごとを守ります。
（はい・どちらともいえない・いいえ）

20 体育のグループやチームで話し合うときは，自分から進んで意見をいいます。
（はい・どちらともいえない・いいえ）

注）診断基準は162頁参照のこと

体育授業についての調査（高等学校用）

（　月　日）

高等学校　　年　　組　　男・女　　番　名前［　　　　　　　　　　］

◎ この文章を読んで，自分の考えにあてはまる場合は「はい」に○をつけてください。あてはまらない場合には「いいえ」に○を，また，どちらともいえない場合には「どちらともいえない」に○をつけてください。

1 私は，少しむずかしい運動でも練習するとできるようになる自信があります。
（はい・どちらともいえない・いいえ）

2 体育で，ゲームや競争をするときは，ルールを守ります。
（はい・どちらともいえない・いいえ）

3 体育のグループやチームで話し合うときは，自分から進んで意見をいいます。
（はい・どちらともいえない・いいえ）

4 体育では，自分から進んで運動します。
（はい・どちらともいえない・いいえ）

5 体育で，ゲームや競争で勝っても負けても素直に認めることができます。
（はい・どちらともいえない・いいえ）

6 体育で，ゲームや競争をするとき，ずるいことや卑怯なことをして勝とうとは思いません。
（はい・どちらともいえない・いいえ）

7 体育は，友だちと仲よくなるチャンスだと思います。
（はい・どちらともいえない・いいえ）

8 体育をしているとき，どうしたら運動がうまくできるかを考えながら勉強しています。
（はい・どちらともいえない・いいえ）

9 体育では，いたずらや自分勝手なことをしません。
（はい・どちらともいえない・いいえ）

10 体育で，「あっ，わかった！」「ああ，そうか」と思うことがあります。
（はい・どちらともいえない・いいえ）

11 体育で体を動かすと，とても気持ちがいいです。
（はい・どちらともいえない・いいえ）

12 体育は，明るくて暖かい感じがします。
（はい・どちらともいえない・いいえ）

13 体育では，みんなが，楽しく勉強できます。
（はい・どちらともいえない・いいえ）

14 体育をするとすばやく動けるようになります。
（はい・どちらともいえない・いいえ）

15 体育で運動するとき，自分のめあてを持って勉強します。
（はい・どちらともいえない・いいえ）

16 私は，運動が，上手にできるほうだと思います。
（はい・どちらともいえない・いいえ）

17 体育では，精一杯運動することができます。
（はい・どちらともいえない・いいえ）

18 体育では，わかったと思うこと（知識）を実際に生かすことができます。
（はい・どちらともいえない・いいえ）

19 体育では，1つの運動がうまくできると，もう少しむずかしい運動に挑戦しようという気持ちになります。
（はい・どちらともいえない・いいえ）

20 体育では，クラスやグループの約束ごとを守ります。
（はい・どちらともいえない・いいえ）

注）診断基準は162頁参照のこと

体育授業についての調査（大学用）

（　　月　　日）

大学　　　年　　　組　　男・女　　　　番　名前［　　　　　　　　　　　　　　］

◎ この文章を読んで，自分の考えにあてはまる場合は「はい」に○をつけてください。あてはまらない場合には「いいえ」に○を，また，どちらともいえない場合には「どちらともいえない」に○をつけてください。

1 私は，少しむずかしい運動でも，練習により自信があります。（はい・どちらともいえない・いいえ）

2 体育では，いろいろな運動が上手にできるようになります。（はい・どちらともいえない・いいえ）

3 体育では，みんなが，楽しく運動を行えます。（はい・どちらともいえない・いいえ）

4 体育で，ゲームを行うときは，ルールを守ります。（はい・どちらともいえない・いいえ）

5 体育で，「あっ，わかった！」「ああ，そうか」と思うことがあります。（はい・どちらともいえない・いいえ）

6 体育が始まる前は，いつもはりきっています。（はい・どちらともいえない・いいえ）

7 体育では，自分の能力に合った運動ができます。（はい・どちらともいえない・いいえ）

8 体育で，体がじょうぶになります。（はい・どちらともいえない・いいえ）

9 体育では，チームで立てた作戦がゲームで成功することがしばしばあります。（はい・どちらともいえない・いいえ）

10 体育では，グループで作戦を立ててゲームを行います。（はい・どちらともいえない・いいえ）

11 体育で，ゲームや競争を行うとき，ずるいことや卑怯なことをして勝とうとは思いません。（はい・どちらともいえない・いいえ）

12 体育をすると，機敏に動けるようになります。（はい・どちらともいえない・いいえ）

13 体育では，どのようにすれば運動が上手にできるかを考えています。（はい・どちらともいえない・いいえ）

14 体育は，友人と仲よくなるよい機会だと思います。（はい・どちらともいえない・いいえ）

15 体育では，自分から進んで運動します。（はい・どちらともいえない・いいえ）

16 体育では，精一杯運動することができます。（はい・どちらともいえない・いいえ）

17 体育では，上手な人や強いチームを参考に，上手にできる方法を考えることがあります。（はい・どちらともいえない・いいえ）

18 私は，運動が上手にできるほうだと思います。（はい・どちらともいえない・いいえ）

19 体育では，グループの約束ごとを守ります。（はい・どちらともいえない・いいえ）

20 体育では，ゲームの勝敗を素直に認めることができます。（はい・どちらともいえない・いいえ）

注）診断基準は162頁参照のこと

診断的・総括的授業評価の診断基準

●小学校高学年段階の各項目・次元の得点に関する診断基準

項目名	＋	0	－
たのしむ（情意目標）	15.00～13.64	13.64～11.40	11.40～ 5.00
できる（運動目標）	15.00～12.19	12.19～ 9.55	9.55～ 5.00
まなぶ（認識目標）	15.00～11.56	11.56～ 9.08	9.08～ 5.00
まもる（社会的行動目標）	15.00～13.53	13.53～11.46	11.46～ 5.00
総合評価	60.00～49.61	49.61～42.80	42.80～ 20.00

●中学校段階の各項目・次元の得点に関する診断基準

項目名	＋	0	－
たのしむ（情意目標）	15.00～12.11	12.11～ 9.86	9.85～ 5.00
できる（運動目標）	15.00～11.28	11.28～ 8.80	8.80～ 5.00
まなぶ（認識目標）	15.00～11.95	11.95～ 9.72	9.72～ 5.00
まもる（社会的行動目標）	15.00～13.48	13.48～11.48	11.48～ 5.00
総合評価	60.00～47.45	47.45～41.22	41.22～ 20.00

●高等学校段階の各項目・次元の得点に関する診断基準

項目名	＋	0	－
たのしむ（情意目標）	15.00～13.12	13.12～10.83	10.83～ 5.00
できる（運動目標）	15.00～11.72	11.72～ 9.20	9.20～ 5.00
まなぶ（認識目標）	15.00～11.22	11.22～ 8.86	8.86～ 5.00
まもる（社会的行動目標）	15.00～13.81	13.81～11.75	11.75～ 5.00
総合評価	60.00～48.55	48.55～41.96	41.96～20.00

●大学段階の各項目・次元の得点に関する診断基準

項目名	＋	0	－
たのしむ（情意目標）	15.00～12.01	12.01～ 9.64	9.64～ 5.00
できる（運動目標）	15.00～12.29	12.29～ 9.65	9.65～ 5.00
まなぶ（認識目標）	15.00～12.90	12.90～ 10.44	10.44～ 5.00
まもる（社会的行動目標）	15.00～14.53	14.53～12.55	12.55～ 5.00
総合評価	60.00～50.44	50.44～43.57	43.56～ 20.00

体育授業についての調査

（　月　日）

小・中学校　年　組　男・女　番　名前［　　　　　　　　］

◎今日(きょう)の体育の授業(じゅぎょう)について質問(しつもん)します。下の１～９について，あなたはどう思(おも)いましたか。
当てはまるものに○をつけてください。

1	ふかく心にのこることや，かんどうすることがありましたか。	（はい・どちらでもない・いいえ）
2	今までできなかったこと（運動(うんどう)や作戦(さくせん)）ができるようになりましたか。	（はい・どちらでもない・いいえ）
3	「あっ，わかった！」とか「あっ，そうか」と思ったことがありましたか。	（はい・どちらでもない・いいえ）
4	せいいっぱい，ぜんりょくをつくして運動することができましたか。	（はい・どちらでもない・いいえ）
5	楽(たの)しかったですか。	（はい・どちらでもない・いいえ）
6	自分から進(すす)んで学習(がくしゅう)することができましたか。	（はい・どちらでもない・いいえ）
7	自分のめあてにむかって何回も練習(れんしゅう)できましたか。	（はい・どちらでもない・いいえ）
8	友だちと協力(きょうりょく)して，なかよく学習できましたか。	（はい・どちらでもない・いいえ）
9	友だちとおたがいに教(おし)えたり，助(たす)けたりしましたか。	（はい・どちらでもない・いいえ）

◎下の質問について，「はい」か「いいえ」に○をつけ，「はい」に○をつけた人は，「それはどんなことだったか」こたえてください。

10　今日の体育の授業で，先生に声をかけてもらいましたか。　（はい　いいえ）

◆　それはどんなことでしたか。

（　　　　　　　　　　　　　　　　　　）

☆　それは役に立ちましたか。　（はい・どちらでもない・いいえ）

11　今日の体育の授業で，友だちに声をかけてもらいましたか。　（はい　いいえ）

◆それはどんなことでしたか。

（　　　　　　　　　　　　　　　　　　）

☆それは役に立ちましたか。　（はい・どちらでもない・いいえ）

注）診断基準は164頁参照のこと

形成的授業評価の診断基準

次元	項目＼評定	5	4	3	2	1
成果	1. 感動の体験	3.00～2.62	2.61～2.29	2.28～1.90	1.89～1.57	1.56～1.00
	2. 技能の伸び	3.00～2.82	2.81～2.54	2.53～2.21	2.20～1.93	1.92～1.00
	3. 新しい発見	3.00～2.85	2.84～2.59	2.58～2.28	2.27～2.02	2.01～1.00
	次元の評価	3.00～2.70	2.69～2.45	2.44～2.15	2.14～1.91	1.90～1.00
意欲関心	4. 精一杯の運動	3.00	2.99～2.80	2.79～2.56	2.55～2.37	2.36～1.00
	5. 楽しさの体験	3.00	2.99～2.85	2.84～2.60	2.59～2.39	2.38～1.00
	次元の評価	3.00	2.99～2.81	2.80～2.59	2.58～2.41	2.40～1.00
学び方	6. 自主的学習	3.00～2.77	2.76～2.52	2.51～2.23	2.22～1.99	1.98～1.00
	7. めあてをもった学習	3.00～2.94	2.93～2.65	2.64～2.31	2.30～2.03	2.02～1.00
	次元の評価	3.00～2.81	2.80～2.57	2.56～2.29	2.28～2.05	2.04～1.00
協力	8. なかよく学習	3.00～2.92	2.91～2.71	2.70～2.46	2.45～2.25	2.24～1.00
	9. 協力的学習	3.00～2.83	2.82～2.55	2.54～2.24	2.23～1.97	1.96～1.00
	次元の評価	3.00～2.85	2.84～2.62	2.61～2.36	2.35～2.13	2.12～1.00
総合評価（総平均）		3.00～2.77	2.76～2.58	2.57～2.34	2.33～2.15	2.14～1.00

運動有能感に関する調査

この調査用紙には，運動についての文章があげてあります。それぞれの質問について，自分にあてはまると思う番号に○をつけてください。この調査は，あなたの成績とは関係ありません。

(　　　)年　(　　　)組　(　　　)番　(男・女)

氏　名＿＿＿＿＿＿＿＿＿＿＿＿＿＿＿＿

「よくあてはまる」・・・・・・・5
「ややあてはまる」・・・・・・・4
「どちらともいえない」・・・・・3
「あまりあてはまらない」・・・・2
「まったくあてはまらない」・・・1

1.	運動能力がすぐれていると思います。	・・・・・5　4　3　2　1
2.	たいていの運動は上手にできます。	・・・・・5　4　3　2　1
3.	練習をすれば，必ず技術や記録は伸びると思います。	・・・・・5　4　3　2　1
4.	努力さえすれば，たいていの運動は上手にできると思います。	・・・・・5　4　3　2　1
5.	運動をしているとき，先生が励ましたり応援してくれます。	・・・・・5　4　3　2　1
6.	運動をしている時，友だちが励ましたり応援してくれます。	・・・・・5　4　3　2　1
7.	一緒に運動をしようと誘ってくれる友だちがいます。	・・・・・5　4　3　2　1
8.	運動の上手な見本として，よく選ばれます。	・・・・・5　4　3　2　1
9.	一緒に運動する友だちがいます。	・・・・・5　4　3　2　1
10.	運動について自信をもっているほうです。	・・・・・5　4　3　2　1
11.	少しむずかしい課題でも，努力すればできると思います。	・・・・・5　4　3　2　1
12.	できない運動でも，あきらめないで練習すればできるようになると思います。	・・・・・5　4　3　2　1

注）診断基準は162頁参照のこと

体育授業についての調査

月／日

小学校　　年　　組　　男・女　　　番　名前［　　　　　　　　　　　　　］

今日の体育授業について質問します。次の1から10の質問について，あなたはどのように思いましたか。

自分の気持ちに一番近い答えに○をつけてください。

1.	あなたのグループは，今日課題にしたことを解決することができましたか。	はい	どちらでもない	いいえ
2.	あなたは，グループのみんなで成しとげたという満足感を味わうことができましたか。	はい	どちらでもない	いいえ
3.	あなたのグループは，友だちの意見に耳を傾けて聞くことができましたか。	はい	どちらでもない	いいえ
4.	あなたのグループは，課題の解決に向けて積極的に意見を出しあうことができましたか。	はい	どちらでもない	いいえ
5.	あなたは，グループの友だちを補助したり，助言したりして助けることができましたか。	はい	どちらでもない	いいえ
6.	あなたは，グループの友だちをほめたり，励ましたりしましたか。	はい	どちらでもない	いいえ
7.	あなたは，グループがひとつになったように感じましたか。	はい	どちらでもない	いいえ
8.	あなたは，グループのみんなに支えられているように感じましたか。	はい	どちらでもない	いいえ
9.	あなたは，今日取り組んだ運動をグループ全員で楽しむことができましたか。	はい	どちらでもない	いいえ
10.	あなたは，今日取り組んだ運動をグループ全員でもっとやってみたいと思いますか。	はい	どちらでもない	いいえ

ダンス（表現運動）の授業についての調査

（　月　日）

小・中学校　年　組　男・女　番　名前［　　　　　　　］

◎今日のダンス(表現運動)の授業について質問します。下の1～17について，あなたはどう思いましたか。
当てはまるものに○をつけてください。

1	楽しかったですか。	(はい・どちらでもない・いいえ)
2	恥ずかしがらずに取り組めましたか。	(はい・どちらでもない・いいえ)
3	積極的に意見を出せましたか。	(はい・どちらでもない・いいえ)
4	めあてに向かって練習できましたか。	(はい・どちらでもない・いいえ)
5	自分から進んで学習できましたか。	(はい・どちらでもない・いいえ)
6	めりはりのある動き（作品）をつくれましたか。	(はい・どちらでもない・いいえ)
7	人にわかる表現（作品）をつくれましたか。	(はい・どちらでもない・いいえ)
8	めりはりをつけて踊れましたか。	(はい・どちらでもない・いいえ)
9	視線を生かして踊れましたか。	(はい・どちらでもない・いいえ)
10	動きやイメージを見つけられましたか。	(はい・どちらでもない・いいえ)
11	友だちの意見を取り入れられましたか。	(はい・どちらでもない・いいえ)
12	いろいろな表現ができると思うことがありましたか。	(はい・どちらでもない・いいえ)
13	表現のよい点（悪い点）がわかりましたか。	(はい・どちらでもない・いいえ)
14	友だちと気持ちを一つにして踊れましたか。	(はい・どちらでもない・いいえ)
15	みんなで表現（作品）をつくれましたか。	(はい・どちらでもない・いいえ)
16	教え合ったり助け合ったりできましたか。	(はい・どちらでもない・いいえ)
17	表現を認め合うことができましたか。	(はい・どちらでもない・いいえ)

学級（クラス）にかんする調査

（　　月　　日）

おねがい

あなたのクラスについておたずねします。あなたの考えにあてはまるものについては○，あてはまらないものについては×，どちらともいえないものについては△を（　　）の中に記入してください。成績にはいっさい関係ありません。ありのまますべての質問に答えてください。

小学校	年	組	番	男・女	氏名

1. あなたのクラスは明るく楽しいクラスだと思いますか。（　　）
2. あなたのクラスでは，誕生会やクラス会，班対抗ゲームなどをよくやりますか。（　　）
3. 学校の勉強は，知らないことがわかるようになるので，楽しく感じますか。（　　）
4. あなたのクラスは，男女がなかよく話し合っていますか。（　　）
5. あなたは学校に来るのが楽しみですか。（　　）
6. あなたのクラスでは，お楽しみ会や新聞づくりなど，他のクラスではやらないようなことをいろいろやりますか。（　　）
7. あなたは，このクラスになってから よく勉強するようになりましたか。（　　）
8. あなたのクラスは よくまとまっていると思いますか。（　　）
9. あなたはクラスの友だちといっしょに遊んだり，話したりするのが好きですか。（　　）
10. あなたのクラスでは，休み時間や放課後，クラス全員で遊んだり，話し合いをしたりすることがありますか。（　　）
11. あなたは，もっとたくさん勉強がしたいなあ，と思うことがありますか。（　　）
12. あなたのクラスには，自分勝手なことをする人が多いですか。（　　）
13. あなたのクラスには　なんでも打ち明けられる友だちがいますか。（　　）
14. あなたのクラスでは，何か目標を決めて班で競争したりしますか。（　　）
15. クラスのみんながんばっているので，自分も勉強しなくちゃ，と思うことがありますか。（　　）
16. あなたのクラスには，けんかやもめごとが多いと思いますか。（　　）

体育授業観察者チェックリスト

この調査は，授業の改善に役立てるために行うものです。今日，観察された授業について，先生がお感じになったままに評価してください。（各質問項目について１から５の尺度のなかであてはまる番号に○をつけてください。）

あなたが観察された授業はどの授業でしたか。

（　　　　）年（　　　　）組の
（　　　　　　　　　　　　）の授業

今日の授業に対する評価

	まったくあてはまらない	あまりあてはまらない	どちらともいえない	よくあてはまる	たいへんよくあてはまる
1. 先生は，ほめたり励ましたりする活動を積極的に行っていた。	1	2	3	4	5
2. 先生は，心をこめて児童に関わっていた。	1	2	3	4	5
3. 先生は，適切な助言を積極的に与えていた。	1	2	3	4	5
4. 学習成果を生み出すような運動（教材，場づくり，学習課題）が用意されていた。	1	2	3	4	5
5. 学習資料（学習ノート，カード）が有効に活用されていた。	1	2	3	4	5
6. 楽しく学習できるような運動（教材，場づくり，学習課題）が用意されていた。	1	2	3	4	5
7. 子どもが，意欲的に学習に取り組んでいた。	1	2	3	4	5
8. 子どもの笑顔や拍手，歓声などがみられた。	1	2	3	4	5
9. 子どもが，自ら進んで学習していた。	1	2	3	4	5
10. 授業の場面展開が，スムーズに行われていた。	1	2	3	4	5
11. 移動や待機の場面が少なかった。	1	2	3	4	5
12. 授業の約束ごとが，守られていた。	1	2	3	4	5
13. 子どもが何を学習し，何を身につけようとしているのかが，よくわかる授業であった。	1	2	3	4	5
14. 子ども同士が，積極的に教え合っていた。	1	2	3	4	5
15. 子どもの上達していく姿がみられた。	1	2	3	4	5
16. 今日の授業は「よい体育授業」であった。	1	2	3	4	5

体育授業場面の観察カテゴリーと定義

カテゴリー	定　　義
学習指導場面	○教師がクラス全体の子どもを対象にして説明，演示，指示を与える場面。 例　・教師が学習目標，学習内容，学習方法などを説明する。 ・教師が演示をしながら技術指導をする。 ・教師が活動内容や活動方法に関わって指示を行う。 ・教師の発問に対して子どもたちが考えたり，意見を述べている。 ・子どもが演示し，それを他の子どもたちが観察している場面を教師が設定している。 ・教師や学習者が，スコアや勝敗などを発表する。 ・教師や学習者が本時の目標やめあての評価を行う。
認知的学習場面	○学習者が認知的な学習活動を行う場面 例　・グループあるいはペアで学習に関する話し合いを行う。 ・ノートや記録用紙に学習のポイントや行い方，記録などを書き込む。
運動学習場面	○学習者が体操，練習，ゲームなど運動活動を行う場面 例　・ウォームアップや主教材との関連で行われる予備的・補足的な運動を行っている。 ・準備運動や体力づくりのための運動を行っている。 ・個人的な技能発達を主な目的としたドリルや練習をしている。 ・グループで練習している。 ・ゲーム，記録会，発表会を行っている。
マネジメント場面	○上記以外の活動で，学習成果に直接つながらない場面 例　・ある活動から他の活動へと移動する。 ・ある学習と次の学習の間の，何も学習活動が行われていないで待機している。 ・用具の準備や後片づけを行っている。 ・休憩している。 ・学習指導に直接関係しない管理的・補助的な活動をしている。 ・授業の焦点となっている課題とは関わりのない活動をしている。

体育授業場面のコーディングシート

観察者（　　　　　）

（　）年（　）月（　　）日（　　）曜日（　　）時限目　（　　　　　　　　　　）学校　（　）年（　）組

授業者（　　　　　）教諭　学習場所（　　　　　）　単元名（　　　　　　　　　／　　時間目）

	0	1	2	3	4	5	6	7
授業場面								
授業内容								

		8	9	10	11	12	13	14
授業場面								
授業内容								

		15	16	17	18	19	20	21
授業場面								
授業内容								

		22	23	24	25	26	27	28
授業場面								
授業内容								

		29	30	31	32	33	34	35
授業場面								
授業内容								

		36	37	38	39	40	41	42
授業場面								
授業内容								

		43	44	45	46	47	48	49
授業場面								
授業内容								

		50	51	52	53	54	55	56
授業場面								
授業内容								

授業全体	学習指導場面（I）	認知学習場面（A1）	運動学習場面（A2）	マネジメント（M）
分	分　　秒	分　　秒	分　　秒	分　　秒
秒	%	%	%	%
	回	回	回	回

運動学習場面における学習活動の観察評価

レベル 5	すべての子どもが熱心に学習に取り組み，情意的な解放行動（拍手，歓声，笑い）や感動場面が見られる。
レベル 4	すべての子どもが熱心に学習に取り組んでいる。
レベル 3	大部分の子どもが熱心に学習に取り組んでいるが，学習の勢いを感じるほどではない。2, 3 人の「課題から離れた行動」もみられる。
レベル 2	熱心に学習しているとはいえず，学習に勢いがない。かなり多くの子どもが「課題から離れた行動」をとっている。
レベル 1	大部分の子どもが学習に従事しておらず，授業が成立しているとはいえない。

運動学習場面の学習活動の観察評価例

時間（分）	7:00	22:30	23:00	25:00	27:00
授業場面	M	A2	M	I	M
内　容		めあて 1 開脚跳び，台上前転，かかえこみ跳び		めあて 2 の説明	
評　価		（3） あまり意欲を感じない			

時間（分）	40:00	41:00	44:00	45:00
授業場面	A2	M	I	M
内　容	めあて 2 台上前転，ステージはねおり，連結跳び箱でネックスプリング，よこの跳び箱でネックスプリング，たての跳び箱でネックスプリング，ヘッドスプリング		まとめ	後かたづけ
評　価	（4） みんな真剣に取り組んでいる			

[補足説明]

この図表では，運動学習場面に限定して学習活動を主観的に評価している。しかし，授業研究の目的に対応して，運動学習場面（A2）の他に認知的学習場面（A1），インストラクション場面（I），そしてマネジメント場面（M）も観察評価するとよい。その際には，それぞれの場面における学習活動の評価基準を作成しておく必要がある。

授業場面における学習活動の観察記録

年　　月　　日　　曜日　　　　観察者（　　　　　　　　　　）

授業者（　　　　　　　　　）学習場所（　　　　）単元名（　　　　　　／　　時間目）

0	1	2	3	4	5	6	7	8	9	10
授業場面										
授業内容										
評価										

	11	12	13	14	15	16	17	18	19	20
授業場面										
授業内容										
評価										

	21	22	23	24	25	26	27	28	29	30
授業場面										
授業内容										
評価										

	31	32	33	34	35	36	37	38	39	40
授業場面										
授業内容										
評価										

	41	42	43	44	45	46	47	48	49	50
授業場面										
授業内容										
評価										

	51	52	53	54	55	56	57	58	59	60
授業場面										
授業内容										
評価										

学習従事の観察カテゴリーと行動例

カテゴリー		定　義	行　動　例	
学習従事	直接的運動従事	●運動学習に直接従事している	器械運動	・技の練習をしている ・発表会で演技をしている
			ボール運動	・ペアでパスの練習をしている ・ゲーム中にドリブルをしている ・ゲーム中にスペースに走ってパスをもらおうとする
	間接的運動従事	●運動学習に間接的に従事している	ボール運動	・チーム対抗でローテーションパスの合計回数を競っているとき，直接的にはパスや捕球に関与せず，順番を待っている ・ゲーム中に直接攻防に関与せず，目でボールの行方を追っている ・ゲーム中に敵陣で味方が攻撃をしているとき，キーパーがゴール前に立っている
	支援的従事	●運動以外の支援的な役割行動に従事している	器械運動	・跳び箱やマットで，グループのメンバーの練習の補助をしている ・発表会で進行役を務めている
			ボール運動	・シュート練習でパス出しをしている ・ゲームを真剣に観察し，応援をしている ・ゲームの審判やスコアラーの役割を果たしている
	認知的従事	●運動に関連して考えたり，工夫したり，教えあったりしている	器械運動	・教師に技のポイントを教わっている ・学習カードに記入している ・チームメイトの技のできばえを評価している
			ボール運動	・チームメイトと作戦を考えている ・ゲームを反省し，学習カードに記入している ・試合中，ゲームを観察・記録している
学習非従事	学習外従事	●移動，待機，活動と活動との合間など，学習以外の活動に従事している	器械運動	・跳び箱を跳ぶ順番を待っている（待機） ・跳び箱を跳び終わった後，移動をしている（移動） ・跳び箱の段を上げている（マネジメント）
			ボール運動	・試合中, 審判や記録をせず, 漫然と試合を見ている（待機） ・個人的スキルの向上をめざしたチーム練習で，列に並んで待っている（待機） ・コートチェンジをしている（移動） ・ボールがラインアウトし，リスタートを待っている（待機）
	オフタスク	●課題から離れた行動を行っている	器械運動 ボール運動	・友だちとふざけあったり，むだ話をしている ・座って砂いじりをしている ・教師の許可なく水を飲みに行く

注

ボール運動において，ゲームに参加しているものは，インプレー中は必ず直接的，間接的従事またはオフタスクのいずれかにカウントされる。ボールデッドやアウトオブバウンズなどプレーが止まっている場合，直接的，間接的従事とはカウントされず，支援的，認知的従事，学習外活動，オフタスクのいずれかにカウントされる。

活動のユニットがチーム・グループでも，その活動の目標が個人技能の向上にある場合には，たとえばボールを投げる人と受けた人だけが直接的従事となり，その他の者は学習外活動（待機）としてカウントした。しかし，グループでの活動が競争的でゲーム的要素が含まれている場合には，たとえばボールを投げる人と受けた人は直接的従事となり，その他の者は間接的従事としてカウントした。

学習従事の観察コーディングシート

(　　)年(　　)月(　　)日(　　)曜日(　　)時限目　学校名(　　　　　学校)　(　　)年(　　)組

授業者(　　　　)教諭　単元名(　　　　　／　時間目)　形成評価(　　　)

0　1　2　3　4　5　6　7　8

授業場面																				
授業内容																				
カテゴリー	00″	24″	48″	12″	36″	00″	24″	48″	12″	36″	00″	24″	48″	12″	36″	00″	24″	48″	12″	36″
直接的従事																				
間接的従事																				
支援的従事																				
認知的従事																				
学習外従事																				
オフタスク																				

8　9　10　11　12　13　14　15　16

授業場面																				
授業内容																				
カテゴリー	00″	24″	48″	12″	36″	00″	24″	48″	12″	36″	00″	24″	48″	12″	36″	00″	24″	48″	12″	36″
直接的従事																				
間接的従事																				
支援的従事																				
認知的従事																				
学習外従事																				
オフタスク																				

16　17　18　19　20　21　22　23　24

授業場面																				
授業内容																				
カテゴリー	00″	24″	48″	12″	36″	00″	24″	48″	12″	36″	00″	24″	48″	12″	36″	00″	24″	48″	12″	36″
直接的従事																				
間接的従事																				
支援的従事																				
認知的従事																				
学習外従事																				
オフタスク																				

24　25　26　27　28　29　30　31　32

授業場面																				
授業内容																				
カテゴリー	00″	24″	48″	12″	36″	00″	24″	48″	12″	36″	00″	24″	48″	12″	36″	00″	24″	48″	12″	36″
直接的従事																				
間接的従事																				
支援的従事																				
認知的従事																				
学習外従事																				
オフタスク																				

32　33　34　35　36　37　38　39　40

授業場面																				
授業内容																				
カテゴリー	00″	24″	48″	12″	36″	00″	24″	48″	12″	36″	00″	24″	48″	12″	36″	00″	24″	48″	12″	36″
直接的従事																				
間接的従事																				
支援的従事																				
認知的従事																				
学習外従事																				
オフタスク																				

40　41　42　43　44　45　46　47　48

授業場面																				
授業内容																				
カテゴリー	00″	24″	48″	12″	36″	00″	24″	48″	12″	36″	00″	24″	48″	12″	36″	00″	24″	48″	12″	36″
直接的従事																				
間接的従事																				
支援的従事																				
認知的従事																				
学習外従事																				
オフタスク																				

【集計】

カテゴリー	人	%	%
直接的従事	人	%	%
間接的従事	人	%	
支援的従事	人	%	
認知的従事	人	%	
学習外従事	人	%	%
オフタスク	人	%	

授業参加人数	人
総コラム数	コラム
運動学習場面数	回

運動学習場面における課題従事・非従事行動の観察カテゴリーと定義

カテゴリー	定　　義
課題従事	○学習課題に従事している学習者 例　・ 鉄棒を行っている。 　　・ バスケットボールのゲームを行っている。
	○直接的な行為では参加していないが，学習活動に従事している学習者 例　・ 他の生徒の倒立の補助を行っている。 　　・ シュート数を数えている。 　　・ 走り幅跳びの記録の測定を行っている。 　　・ コートチェンジを行っている。 　　・ 並んで順番を待っている。 　　・ ゲームの応援をしている。 　　・ 教師の指示を待っている。
課題非従事	○学習課題に従事していない学習者 例　・ 教師の許可なしに水を飲みに行く。 　　・ 友だちとふざける。 　　・ 教師の説明を聞かずによそ見をしている。 　　・ ゲームに参加せず座り込んでいる。 　　・ 教師の指示とは別の活動を行っている。

課題非従事の観察コーディングシート

（　）年（　）月（　）日　（　）曜日　（　）時限目　　（　）年　（　）組

授業者（　　　　　）教諭　　単元名（　　　　　　　　　　　　／　　　時間目）学習場所（　　　　　　）

0′ 00″ ～	0′ 24″ ～	0′ 48″ ～	1′ 12～″	1′ 36″ ～	2′ 00″ ～	2′ 24″ ～	2′ 48″ ～	3′ 12″ ～	3′ 36″ ～

4′ 00″ ～	4′ 24″ ～	4′ 48″ ～	5′ 12″ ～	5′ 36″ ～	6′ 00″ ～	6′ 24″ ～	6′ 48″ ～	7′ 12″ ～	7′ 36″ ～

8′ 00″ ～	8′ 24″ ～	8′ 48″ ～	9′ 12″ ～	9′ 36″ ～	10′ 00″ ～	10′ 24″ ～	10′ 48″ ～	11′ 12″ ～	11′ 36″ ～

12′ 00″ ～	12′ 24″ ～	12′ 48″ ～	13′ 12″ ～	13′ 36″ ～	14′ 00″ ～	14′ 24″ ～	14′ 48″ ～	15′ 12″ ～	15′ 36″ ～

16′ 00″ ～	16′ 24″ ～	16′ 48″ ～	17′ 00″ ～	17′ 36″ ～	18′ 00″ ～	18′ 24″ ～	18′ 48″ ～	19′ 12″ ～	19′ 36″ ～

20′ 00″ ～	20′ 24″ ～	20′ 48″ ～	21′ 12″ ～	21′ 36″ ～	22′ 00″ ～	22′ 24″ ～	22′ 48″ ～	23′ 12″ ～	23′ 36″ ～

24′ 00″ ～	24′ 24″ ～	24′ 48″ ～	25′ 12″ ～	25′ 36″ ～	26′ 00″ ～	26′ 24″ ～	26′ 48″ ～	27′ 12″ ～	27′ 36″ ～

28′ 00″ ～	28′ 24″ ～	28′ 48″ ～	29′ 12″ ～	29′ 36″ ～	30′ 00″ ～	30′ 24″ ～	30′ 48″ ～	31′ 12″ ～	31′ 36″ ～

32′ 00″ ～	32′ 24″ ～	32′ 48″ ～	33′ 12″ ～	33′ 36″ ～	34′ 00″ ～	34′ 24″ ～	34′ 48″ ～	35′ 12″ ～	35′ 36″ ～

36′ 00″ ～	36′ 24″ ～	36′ 48″ ～	37′ 12″ ～	37′ 36″ ～	38′ 00″ ～	38′ 24″ ～	38′ 48″ ～	39′ 12″ ～	39′ 36″ ～

40′ 00″ ～	40′ 24″ ～	40′ 48″ ～	41′ 12″ ～	41′ 36″ ～	42′ 00″ ～	42′ 24″ ～	42′ 48″ ～	43′ 12″ ～	43′ 36″ ～

44′ 00″ ～	44′ 24″ ～	44′ 48″ ～	45′ 12″ ～	45′ 36″ ～	46′ 00″ ～	46′ 24″ ～	46′ 48″ ～	47′ 12″ ～	47′ 36″ ～

48′ 00″ ～	48′ 24″ ～	48′ 48″ ～	49′ 12″ ～	49′ 36″ ～	50′ 00″ ～	50′ 24″ ～	50′ 48″ ～	51′ 12″ ～	51′ 36″ ～

児童数（A）	全非従事者数（B）	全コラム数（C）	非従事者の割合（B／AC × 100）
名	名	回	%

人間関係行動・情意行動の観察カテゴリー

観察カテゴリー		運動学習場面における具体的行動例
人間関係行動	肯定的な人間関係行動	・仲間と協力して場づくりをする ・かけ声をかけたり，声援を送ったりする ・仲間と協力して練習する ・仲間の補助をする ・練習やゲーム中に仲間をほめる ・ゲーム場面でグループで作戦を確かめる ・練習やゲームに関わって仲間に助言を与える
	否定的な人間関係行動	・仲間の行動に文句を言う ・仲間の演技やプレイをけなす ・仲間を脅すしぐさをする ・仲間を押したり，たたいたりする
情意行動	学習内容に関わった肯定的な情意行動	・仲間の技の達成に拍手する ・応援で味方のプレイに歓声をあげる ・自分やチームのプレイが成功して喜ぶ ・ゲームに勝ち，感動して涙を流す
	否定的な情意行動	・運動課題へ挑戦を怖がる ・練習やゲームで身体的な痛みを訴える ・練習やゲームで失敗して，不満を表す行動や態度を示す ・審判や相手プレイヤーに対して怒りを表す ・ゲームに負けて悔し涙を流す

人間関係行動・情意行動の観察コーディングシート

(　　)年(　　)月(　　)日(　　)曜日(　　)時限目　学校名(　　　　　学校)(　　)年(　　)組
授業者(　　　　　　)教諭　単元名(　　　　　　　　　　／　時間目)　学習場所(　　　　)

カテゴリー		0' 00" ~	0' 24" ~	0' 48" ~	1' 12" ~	1' 36" ~	2' 00" ~	2' 24" ~	2' 48" ~	3' 12" ~	3' 36" ~	4' 00" ~	4' 24" ~	4' 48" ~	5' 12" ~
人間	肯定的														
関係	否定的														
情意	肯定的														
行動	否定的														

カテゴリー		5' 36" ~	6' 00" ~	6' 24" ~	6' 48" ~	7' 12" ~	7' 36" ~	8' 00" ~	8' 24" ~	8' 48" ~	9' 12" ~	9' 36" ~	10' 00" ~	10' 24" ~	10' 48" ~
人間	肯定的														
関係	否定的														
情意	肯定的														
行動	否定的														

カテゴリー		11' 12" ~	11' 36" ~	12' 00" ~	12' 24" ~	12' 48" ~	13' 12" ~	13' 36" ~	14' 00" ~	14' 24" ~	14' 48" ~	15' 12" ~	15' 36" ~	16' 00" ~	16' 24" ~
人間	肯定的														
関係	否定的														
情意	肯定的														
行動	否定的														

カテゴリー		16' 48" ~	17' 12" ~	17' 36" ~	18' 00" ~	18' 24" ~	18' 48" ~	19' 12" ~	19' 36" ~	20' 00" ~	20' 24" ~	20' 48" ~	21' 12" ~	21' 36" ~	22' 00" ~
人間	肯定的														
関係	否定的														
情意	肯定的														
行動	否定的														

カテゴリー		22' 24" ~	22' 48" ~	23' 12" ~	23' 36" ~	24' 00" ~	24' 24" ~	24' 48" ~	25' 12" ~	25' 36" ~	26' 00" ~	26' 24" ~	26' 48" ~	27' 12" ~	27' 36" ~
人間	肯定的														
関係	否定的														
情意	肯定的														
行動	否定的														

カテゴリー		28' 00" ~	28' 24" ~	28' 48" ~	29' 12" ~	29' 36" ~	30' 00" ~	30' 24" ~	30' 48" ~	31' 12" ~	31' 36" ~	32' 00" ~	32' 24" ~	32' 48" ~	33' 12" ~
人間	肯定的														
関係	否定的														
情意	肯定的														
行動	否定的														

カテゴリー		33' 36" ~	34' 00" ~	34' 24" ~	34' 48" ~	35' 12" ~	35' 36" ~	36' 00" ~	36' 24" ~	36' 48" ~	37' 12" ~	37' 36" ~	38' 00" ~	38' 24" ~	38' 48" ~
人間	肯定的														
関係	否定的														
情意	肯定的														
行動	否定的														

カテゴリー		39' 12" ~	39' 36" ~	40' 00" ~	40' 24" ~	40' 48" ~	41' 12" ~	41' 36" ~	42' 00" v	42' 24" ~	42' 48" ~	43' 12" ~	43' 36" ~	44' 00" ~	44' 24" ~
人間	肯定的														
関係	否定的														
情意	肯定的														
行動	否定的														

カテゴリー		44' 48" ~	45' 12" ~	45' 36" ~	46' 00" ~	46' 24" ~	46' 48" ~	47' 12" ~	47' 36" ~	48' 00" ~	48' 24" ~	48' 48" ~	49' 12" ~	49' 36" ~	50' 00" ~
人間	肯定的														
関係	否定的														
情意	肯定的														
行動	否定的														

カテゴリー		50' 24" ~	50' 48" ~	51' 12" ~	51' 36" ~	52' 00" ~	52' 24" ~	52' 48" ~	53' 12" ~	53' 36" ~	54' 00" ~	54' 24" ~	54' 48" ~	55' 12" ~	55' 36" ~
人間	肯定的														
関係	否定的														
情意	肯定的														
行動	否定的														

(／ペア・個人，g 小集団，G 大集団)

【合計】

カテゴリー		ペア・個人	小集団	大集団	総頻度
人間	肯定的	回	回	回	回
関係	否定的	回	回	回	回
情意	肯定的	回	回	回	回
行動	否定的	回	回	回	回

教師の相互作用行動の観察カテゴリーと定義

<table>
<tr><td rowspan="8">相互作用</td><td colspan="3">発　問</td><td>主体的な意見や問題解決を要求する言語的・非言語的行動。
例.「手の着き方はそれでいいかな？」
「この運動の大切なところはどこかな？」</td></tr>
<tr><td rowspan="6">フィードバック</td><td rowspan="2">肯定的</td><td>一般的</td><td>児童の技能のできばえや応答･意見に対する具体的情報を伴わない言語的・非言語的行動（賞賛)。
例.「うまい」,「よかったね」,「いいよ」, 拍手する</td></tr>
<tr><td>具体的</td><td>児童の技能のできばえや応答･意見に対する具体的情報を伴った言語的・非言語的行動（賞賛)。
例.「腕の上げ方がとてもよくなったね」</td></tr>
<tr><td rowspan="2">矯正的</td><td>一般的</td><td>児童の技能のできばえや応答･意見に対する具体的情報を伴わない矯正的・修正的な言語的・非言語的行動。
例.「まだ」,「もう少しだな」,「うーん, どうかな」, 首をかしげる</td></tr>
<tr><td>具体的</td><td>児童の技能のできばえや応答･意見に対する具体的情報を伴った矯正的・修正的な言語的・非言語的行動。
例.「まだ腕の振りが足りないね」,</td></tr>
<tr><td rowspan="2">否定的</td><td>一般的</td><td>児童の技能のできばえや応答･意見に対する具体的情報を伴わない否定的な言語的・非言語的行動。
例.「だめだ」,「何考えてるんだ」, 顔をしかめる</td></tr>
<tr><td>具体的</td><td>児童の技能のできばえや応答･意見に対する具体的情報を伴った否定的な言語的・非言語的行動。
例.「だめ, そんな腕の上げ方だとできないといってただろう」</td></tr>
<tr><td colspan="3">励 ま し</td><td>児童の技能達成や認知的行動を促進させるための言語的・非言語的行動。
例.「がんばれれ」,「いけ, いけ」,「さあしっかり考えよう」</td></tr>
</table>

教師の相互作用行動の観察コーディングシート

観察者（　　　）

（　）年　（　）月　（　）日　（　）曜日　（　）時限目　（　　　）学校　（　）年（　）組
授業者（　　　）教論　学習場所（　　　　　）　単元名（　　　　　／　時間目）

			0	1	2	3	4	5	6	7	8	9	10	11	12	13
発問																
フィードバック	肯	一般														
	定	具体														
	矯	一般														
	正	具体														
	否	一般														
	定	具体														
励まし																

				14	15	16	17	18	19	20	21	22	23	24	25	26
発問																
フィードバック	肯	一般														
	定	具体														
	矯	一般														
	正	具体														
	否	一般														
	定	具体														
励まし																

			26	27	28	29	30	31	32	33	34	35	36	37	38	39
発問																
フィードバック	肯	一般														
	定	具体														
	矯	一般														
	正	具体														
	否	一般														
	定	具体														
励まし																

				40	41	42	43	44	45	46	47	48	49	50	51	52
発問																
フィードバック	肯	一般														
	定	具体														
	矯	一般														
	正	具体														
	否	一般														
	定	具体														
励まし																

			個人	集団	合計
発問					
	肯	一般			
	定	具体			
	矯	一般			
	正	具体			
	否	一般			
	定	具体			
励まし					
合計					

【備考】

観察者（　　　　　）

教師のことばかけの記録カード

（　　　　）小学校　（　）年（　）組　　男子（　）名，女子（　）名，計（　）名　授業者（　　　　）教諭

単元名（　　　　　　　　　　　　）（　）時間目／全（　）時間　学習場所（　　　　　　　）

No.	名　前	実際の授業場面における教師の言葉かけ	運動学習行動に関する観察項目（○・△・×）				
			挑戦性	つまずき	具体性	適切さ	技能成果
1							
2							
3							
4							
5							
6							
7							
8							
9							
10							
11							
12							
13							
14							
15							
16							
17							
18							
19							
20							
21							
22							
23							
24							
25							
26							
27							
28							
29							

注）記載例は 87 ページを参照のこと

教師のマネジメント技能の観察記録

			1	2	3	4	5	6	7	8	9	10
マネジメント場面	長さ（秒）											
	マネジメント行動	言語										
		非言語										
集団時間標本法（GTS）による適切な行動（人数）			／	／	／	／	／	／	／	／	／	／
内　容												

クラス：　担当：　月　日　開始時間　：　終了時間　：

マネジメントの全体時間との割合　分　秒

各場面の平均時間　分　秒

1場面あたりのマネジメント行動の平均回数　言語的　非言語的

適切な行動の割合

コメント：○

○

○

○

○

○

教師のマネジメント技能の観察記録例

			1	2	3	4	5	6	7	8	9	10
マネジメント場面	長さ（秒）		167	58	196	30	96	150	40	180		
	マネジメント行動	言語	卌	///	卌 //	///	卌	////	//	///	(32)	
		非言語	//		卌			////		////	(15)	
集団時間標本法（GTS）による適切な行動（人数）			20/30	28/30	15/30	28/30	25/30	20/30	25/30	20/30	／	／
内　容			集合	移動	用具の準備	移動	移動	場づくり	移動	後片づけ		

クラス：中1　担当：米村　10月3日　開始時間 9：30　終了時間 10：20

マネジメントの全体時間と割合　917秒　(15分17秒)　15.28/50 ≒ (30.6%)

各場面の平均時間　(1分55秒)　8)917 = 114.6

1場面あたりのマネジメント行動の平均回数
言語的　32/8 ≒ (4(回))　合計 47/8 = (5.88)
非言語的　15/8 ≒ (1.88(回))

適切な行動の割合　181/240 ≒ (75.4%)

コメント：○ ベースラインを決定するための最初の観察

○開始時と終了時のマネジメントが長すぎる
：授業の1/3がマネジメント

○マネジメントの相互作用が多すぎる

○不適切な行動に対して長いマネジメント場面が充てられている

○学習規律が悪い

○

単元名（　　　　　　　　　　　　　　）　　　　　　日付　　　月　　　日（　　　）

ゲームパフォーマンス記録カード

■チーム名（　　　　　　　　　　　　）　■記録係（　　　　　　　　　　　　）

■ゲームパフォーマンスの評価項目と基準････

・意思決定　･･････フリーな味方へパスを出すことができる

・サポート　･･････味方からのパスをもらえるスペースへ動くことができる

・技能発揮①　････フリーな味方に対して正確にパスを送ることができる

・技能発揮②　････味方からのパスを正確にキャッチすることができる

■記録方法････上記の基準に基づいて，パフォーマンスが出現するごとに，該当する項目にレ印をつける

	意思決定		サポート		技能発揮（　）	
名前	適切	不適切	有効	非有効	適切	不適切